Report on
the Reading
Development of
Children in
Rural China

中国乡村儿童阅读调查报告

基于时光益读乡村公益图书馆的社会实践

深圳大学语言文字工作委员会◎编著

中国经济出版社
CHINA ECONOMIC PUBLISHING HOUSE
北 京

图书在版编目（CIP）数据

中国乡村儿童阅读调查报告：基于时光益读乡村公益图书馆的社会实践／深圳大学语言文字工作委员会编著．--北京：中国经济出版社，2023.9

ISBN 978－7－5136－7411－9

Ⅰ．①中… Ⅱ．①深… Ⅲ．①山区-儿童-读书活动-研究报告-中国 Ⅳ．①G252.17

中国国家版本馆 CIP 数据核字（2023）第 147498 号

责任编辑 丁 楠
责任印制 马小宾
封面设计 久品轩

出版发行 中国经济出版社
印 刷 者 北京富泰印刷有限责任公司
经 销 者 各地新华书店
开　　本 710mm×1000mm 1/16
印　　张 16.75
字　　数 261 千字
版　　次 2023 年 9 月第 1 版
印　　次 2023 年 9 月第 1 次
定　　价 78.00 元
广告经营许可证 京西工商广字第 8179 号

中国经济出版社 **网址** www. economyph. com **社址** 北京市东城区安定门外大街 58 号 **邮编** 100011
本版图书如存在印装质量问题，请与本社销售中心联系调换（联系电话：010-57512564）

编 委 会

目录

CONTENTS

上篇　儿童阅读发展报告

下篇　时光故事

上篇

儿童阅读发展报告

第一章　我国儿童阅读发展背景与趋势

一、阅读与阅读能力

在知识经济蓬勃发展的今天，阅读已经成为人们获取信息、认识世界、塑造自我的重要手段，也是交流思想和获取信息的重要途径。

《中国大百科全书》对阅读的定义为："一种能够从书本上获取意义和知识的心理过程就是阅读，此外其还是一种基础性的智力技能，这关乎其是否能够取得学业成功，阅读是这一系列的过程以及行为构成的总和。"《全日制义务教育语文课程标准（实践稿）》对于阅读的定义是："阅读能够进行信息搜集以及处理，同时对于人们提升思维以及认识世界具有很大帮助，此外还能够获得更佳的审美体验。阅读教学同样重要，它是教师和文本、学生之间对话的全部过程。"康吉民将阅读定义为："读者根据自身需求，对阅读材料或视听资料的认知与理解的心智过程。"

阅读心理学认定阅读是一项非常复杂的活动，读者的受教育水平、价值观念等因素对阅读活动都会产生影响，一般来说，我们普遍认为，阅读者运用自身的语言文字素养和知识经验去完成阅读活动，这就是所谓的阅读能力，而这种能力大致可以分成以下几个要素。

认读能力，是一种对于文字符号的辨识能力。它是阅读的基础，仅仅需要一些识字能力来依托。这不是说学生能够读出字音即可，而是要求学生对自己所阅读的内容有进一步的了解。

理解能力，是阅读最基础的能力之一，流利阅读不是良好阅读能力的唯一表现，还要充分并且更加准确地把握阅读内容。简单而言，就是抽象概括能力、综合分析能力和领悟揣摩能力都包含其中，此外鉴赏评价能力也属于这一范畴。

鉴赏能力，就是阅读者具备对作品做出自身理解和欣赏的能力，对阅读内容进行欣赏以及文章写作思路的理性分析都属于这一范畴，此外，还包括对文章写作手法的理解和识别记忆能力。

自学能力，是指阅读者在阅读时，通过自己的理解在不借助他人指导的情况下自身所具备的阅读能力。举例而言：能够合理地使用辅助工具，对于不同的文章体裁，采用合适的阅读方法和阅读步骤；通过自己的独立思考，将所阅读内容进行合理的理解。

二、儿童阅读推广的起源与概念

1. 起源

20 世纪 60 年代，美国教育心理学家布鲁姆在《人类特性的稳定与变化》一书中，通过对千名儿童的追踪分析，提出著名的假设：若假设 17 岁时人的智力发展水平为 100，那么儿童 4 岁时就已发展了 50%，8 岁时达到 80%，剩下的 20% 则是在 9~17 岁的九年间获得的。由此，教育专家们提出与教育密切相关的儿童阅读兴趣的养成、阅读能力的提升、阅读习惯的培养应该越早越好。世界上很多国家已经将儿童阅读提到了国家战略高度，积极实施儿童出生即阅读的各种推广活动。

儿童阅读推广是全民阅读的前提和基础，其重要性不言而喻。20 世纪初的前七年，我国儿童阅读推广处于起步阶段，比如儿童阅读推广人的从无到有、民间儿童阅读推广组织的成立、儿童阅读推广专业论坛的举办、阅读推广书籍的引进与出版、提倡全民阅读等。社会各领域儿童阅读推广工作的陆续展开，拉开了我国新世纪儿童阅读推广运动的序幕。

国内学术界在 2008 年前后开始广泛关注儿童阅读推广。戴网生（2018）[①]认为除管理缺失、情感孤独等问题外，农村留守儿童的精神生活也

① 戴网生. 为留守儿童撑起一片湛蓝的天空——农村留守儿童课外阅读情况调查分析及对策［J］. 小学教学参考：综合版，2008（1）：1.

较贫乏，提出要关注留守儿童的课外阅读情况。王建杭（2018）[①] 在浙江省图书馆学会第十一次学术研讨会上首次提出应加强农村图书馆（室）建设，为农村留守儿童提供图书阅览服务，这是我国学者首次将阅读服务对象瞄准农村留守儿童，对于我国儿童阅读问题的解决具有重要意义。

2. 概念

儿童这一概念在不同学科、不同领域有不同的界定，社会各界根据具体情况对其进行了相关界定。本书对儿童的概念界定主要采用联合国《儿童权利公约》的说法，“儿童是指 18 岁以下的任何人，除非对其适用的法律规定成年年龄低于 18 岁”。

对于儿童阅读推广的概念，阅读推广人阿甲指出，所谓儿童阅读推广，是指基于阅读对儿童所产生的巨大影响，在儿童阅读的正确理念和科学规律指导下，通过各种方法向儿童和有引导能力的成年人介绍优秀阅读素材、阅读指导方法和阅读理念，带动儿童阅读，逐步引导儿童爱上阅读，提升儿童的阅读能力，帮助儿童成为“自觉的、独立的、热诚的终身阅读者”，并同时改善儿童阅读环境的过程。陈蔚 [②]（2012）认为儿童阅读推广是推动和促进儿童阅读的一系列活动，经过多年的发展，已经在社会上引起了广泛的讨论和关注，其理论体系和组织形式也逐步走向成熟。儿童阅读推广的主要任务是让儿童尽早接触阅读、习惯阅读、爱上阅读，并发挥引导作用。它的核心理念是：鼓励儿童阅读经典作品，同时尊重儿童自主选择读物的权利，积极引导儿童进入书本的世界。儿童文学作家漪然认为，“阅读推广很简单，就是在孩子需要一本书的时候，将那本书放在他面前；在孩子需要一个朋友的时候，去做他的朋友；在孩子需要一点爱的时候，给予我们所有的爱”。

通过对以上学者观点的总结，儿童阅读推广的概念可以从阅读推广主体、阅读推广客体、儿童读物推广的目标和方式、阅读推广对象四个方面进行阐释。儿童阅读推广系统如图 1–1 所示。儿童阅读推广的主体是指所

---

① 王建杭 . 为农村留守童提供图书阅览服务［Z］. 浙江省图书馆学第十一次学术研讨会 .2008.

② 陈蔚 . 基于绘本的公共图书馆儿童阅读推广研究［D］. 南京大学，2012.DOI：CNKI：CDMD：2.1012.375965.

有参与儿童阅读推广活动的策划者、组织者、执行者和相关管理人员；儿童的阅读推广客体包括了儿童的阅读兴趣、阅读能力、适宜的读物与所选择的阅读形式四个层面，通常表现为这四个层面的有机结合。儿童阅读推广的方式是指向目标群体进行推广所采取的方法、策略；儿童阅读推广的对象，不仅指儿童，也包括成年人，如家长、老师等。

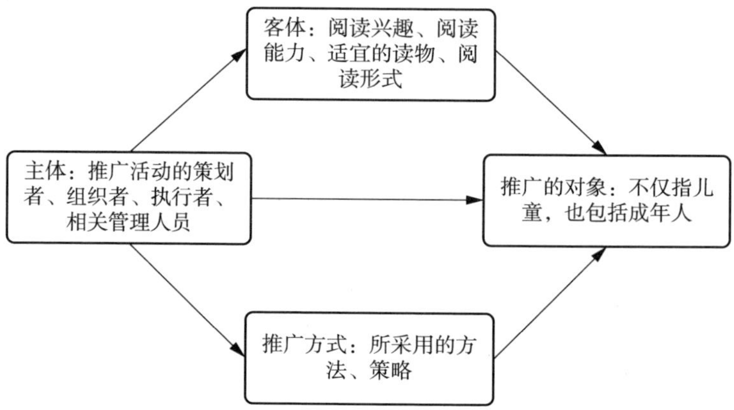

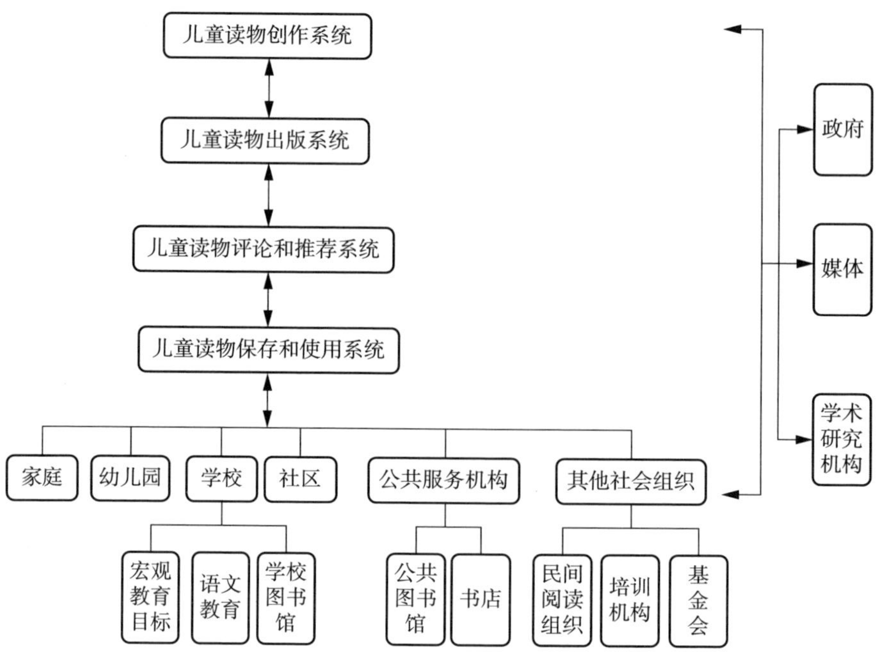

图 1-1 儿童阅读推广系统

综上所述，儿童阅读推广的概念可以概括为基于阅读对儿童所产生的巨大影响，秉持儿童阅读的正确理念，相关组织或者个人通过为儿童提供丰富的阅读信息资源、介绍优秀阅读指导方法和阅读理念、创造良好的阅读氛围和环境，按照儿童不同成长年龄阶段的智力和身体心理健康发展程度来为其制订科学的阅读计划，并注重阅读教育与引领指导，以有效培养儿童的阅读习惯，提升阅读能力，帮助儿童成为“自觉的、独立的、热诚的终身阅读者”的活动。

三、儿童阅读推广的主要特点

1. 以儿童为中心的阅读推广理念

16 世纪捷克教育学家夸美纽斯认为儿童的教育要遵循其自身发展规律，考虑儿童的接受能力，遵循量力性原则。18 世纪到 19 世纪上半叶，以卢梭、福禄贝尔为代表的教育思想家们提出了“儿童本位论”，主张教育要遵循儿童的本性，使其自然发展。教育的目的在于培养完善的人，使人的天赋才能得到和谐发展。我们应该要把儿童带到乡村大自然的淳朴环境中，从社会的不良影响中挽救出来，在教育中保护儿童善良的天性。20 世纪初期，杜威秉承此观点，提出了“儿童中心论”，认为儿童是教育的起点，是中心，而且是目的。儿童的发展、儿童的成长，就是理想所在。他批评以教师和教科书为中心，无视儿童内部本能和倾向的主张，提出儿童应成为教育的素材和出发点，教育的一切措施应围绕儿童转动，这是“和哥白尼把天文学的中心从地球转到太阳一样的革命”。“以儿童为中心”体现在教育过程中，它要求教师考虑儿童的个性特征，使每个儿童都能发展他们的特长，尊重儿童在教育活动中的主体地位。受杜威人文精神的影响，鲁迅形成了“幼者本位”论，认为儿童的世界与成人截然不同，自有其卓然独立的规律，为了儿童的健康成长，对此应先行了解和研究，并且使社会的一切“设施”都围绕着儿童而转动。自此，人们的儿童观才开始逐渐发生了转变。儿童处于人生的初始阶段，其内在精神、独立人格和社会地位逐渐得到了肯定。

21 世纪的儿童阅读推广是以尊重儿童为思想内核的，认为儿童就是儿童，儿童不应该是缩微型的大人。引导儿童进行阅读不应该带有功利性的目的，不应该站在适合成人和社会发展需求的角度为儿童建立标准与框架，而应该充分地观察和寻找适合儿童发展的路径，尽可能地为他们创造阅读的机会，并且要尊重他们的思想和需求。

儿童是尚未成熟的人，蕴含着无限的可能性与可塑性，将儿童本位理念运用到儿童教育中，既是对传统教育观念的突破与完善，也是对儿童天性潜能最大限度的解放，有助于儿童的全面健康发展及人格独立。在理解、尊重儿童心理情智发展的前提下，从儿童立场出发，重视阅读在儿童整个生命过程中的价值和意义，以儿童为中心开展各种阅读推广活动。比如分级阅读理念的推广，在阅读推广中会关注不同年龄段儿童心理层面的需求，为不同年龄段的儿童提供最适合的读物；在公共图书馆推广儿童读书活动，考察相关活动是否符合儿童的认知水平、能否激发儿童的自主创造力、能否给儿童带来审美享受等，针对儿童不同的年龄段推荐引导其阅读不同的书目、创造和装饰不同的阅览区域，给儿童提供适宜的阅读环境；在文化教育界，进行语文教学改革，提倡文学阅读，让儿童接受美的教育。社会各界不断创新阅读形式、丰富阅读活动，并注重收集儿童的阅读反馈，给予儿童更丰富、更完整的情感体验。以尊重儿童、理解儿童、关心儿童，满足儿童的全面需求，促进儿童的全面发展为根本出发点和落脚点，这是21 世纪我国儿童阅读推广的一个重要特点。

2. 儿童阅读推广的专业化程度提高

一是儿童阅读推广人队伍的逐步专业化。由于儿童阅读的重要性，近年来出现了大批儿童阅读推广人。儿童阅读推广人大多是在某一领域或多个领域比较精通、声望比较高的人。这些儿童阅读推广人，广泛宣传儿童阅读的重要性，推广儿童读物。丁琪[①]（2019）将儿童阅读推广人主要划分为五种类型，分别为知名童书作家、中小学和幼儿园教师、公共图书馆工作人员、民间阅读机构的工作人员（公益与私营机构）、出版社的童书编辑和发行营销人员；此外还包括爱好阅读的普通家长以及推广阅读的其他社会名人。

除此之外，各级政府部门也不断推动阅读推广人队伍朝着更加专业化的

① 丁琪．儿童阅读推广人研究［D］．南京大学，2019.DOI：10.27235/d.cnki.gnjiu.2019.001924.

方向发展，主要体现在阅读推广人的培训工作以及相应管理制度的建立方面。2012 年，深圳市政府起草制定了《深圳市阅读推广人管理办法》，对阅读推广人的资格界定、宗旨、业务范围等做出了相关的管理规定，这是全国第一个专门的阅读推广人管理制度。2014 年，中国图书馆学会正式宣布开展阅读推广人培训活动。各级政府部门也在积极组织与培养专业的阅读推广人，例如通过对乡村社区图书室的管理员、乡村书屋的管理员开展阅读专业技能培训、举办讲座等多种方式增强其专业性。可以看出无论是在我国民间的阅读推广组织还是在政府层面，都在努力建设和构造更加专业的阅读推广人才队伍。培育和发展专业的阅读推广人才队伍，激励社会各界广泛参与，是提升阅读水平的重要途径，也是使阅读推广工作走向专业化的一个重要标志。

二是阅读推广研究工作的深入开展。进入 21 世纪以来，以“儿童阅读推广”为主题的文献和学术研究越来越多。目前影响力比较大的有中国儿童阅读推广人论坛、新阅读领读者大会、海峡两岸儿童文学与儿童阅读交流论坛等，参会人员来自社会各界，包括儿童文学研究者、教师、阅读推广人等，研究团队庞大，研究内容涉及儿童阅读现状、儿童阅读心理研究、童书出版、阅读推广模式等多个领域，为促进和推广儿童阅读汇聚了专业力量。此外，阅读推广专业化、阅读推广研究工作的深入开展还体现在阅读推广教材的出版上，比如王余光和霍瑞娟主编的阅读推广人系列教材、南京大学徐雁教授主编的阅读推广系列教材等。

总之，关于儿童阅读和阅读推广的研究工作与活动越来越多，儿童阅读推广人的专业化程度也越来越高，为教育发展和阅读推广提供了创新路径。

3. 儿童阅读推广向多元化方向发展

一是阅读推广渠道和活动形式的不断丰富。进入 21 世纪以来，社会各界针对儿童开展了形式多样的阅读活动，其中主要包括分级阅读、早期阅读、亲子阅读、班级阅读、图画书阅读、经典阅读、书香校园的特色阅读等。其中分级阅读是 21 世纪初期开始出现的影响力较大的一种阅读推广形式，根据儿童不同年龄阶段的心智为其提供不同的读物和科学的阅读计划，是真正以儿童为主体的一种阅读活动；亲子阅读活动是21世纪以来儿童阅读的重要途径，得到了广泛的认可，亲子阅读就是由父母或其他长辈陪伴孩子一起阅读，这种阅读方式对于增强父母与孩子的关系以及培养孩子的阅读兴趣与习惯有着重要意义；21世纪初，我国进行了语文课堂教学改革，班级阅读成为学校开展课堂教学的重要形式，现已作为一种成功的阅读经验得到推广。这些种类丰富的阅读活动形式对培养儿童的阅读兴趣有着深刻影响，极大地促进了儿童阅读活动的开展。

二是阅读推广主体和媒介的多元化。在新媒体环境下，儿童的阅读推广不再局限于单一的卖书、读书会、举办讲座等传统的形式，出版社、书店、民间阅读组织等推广主体借助微博、微信、抖音、小红书等多种媒介，线上推荐与线下活动并行，不断创新阅读推广形式，这些多元化的儿童阅读推广服务，有效激发了儿童阅读的兴趣，也大大提高了儿童阅读推广的效率。

4. 儿童阅读覆盖面扩大，社会各界逐步参与

纵观20世纪以来我国儿童阅读推广的变迁与发展，其覆盖面越来越广，影响力越来越大。儿童阅读推广日益呈现品牌化、专业化的趋势，不仅涌现了众多来自不同领域的儿童阅读推广人，还出现了以阅读服务为主要核心业务的社会机构与民间组织，如"第二书房""亲近母语"等。这些民间组织机构在积极参加阅读推广活动的同时，还开展了一系列的阅读推广专业技能人才培训。例如，悠贝亲子图书馆以亲子式阅读教育培训活动为主，每年都会对阅读推广人进行相关培训。"亲近母语"在我国中小学阅读教育培训体系中成功培养"点灯人"。公益性的阅读推广与营利性的阅读推广两者交织，源源不断地为儿童阅读注入新力量。近年来，以儿童阅读推广为主题的论坛和聚会达到了前所未有的密集度；政府的参与程度也越来越高，通过举办大型品牌阅读活动、出台阅读政策、经费支持等举措推进阅读的发展；儿童读物极其丰富，儿童阅读的指南书越来越多；越来越多的父母愿意陪孩子学习，越来越多的孩子热爱读书。经过20余年的发展，社会各界逐步参与，社会影响力日益增强，理论和实践成果日益增多。从起步到不断发展与成熟，儿童阅读逐渐成为社会聚焦点，可现实情况却不容乐观，课外阅读资源匮乏，实际课外阅读数量、时间和城市存在较大差异，普遍

缺少家长的参与和陪伴……重视儿童阅读推广逐渐成为社会共识，儿童阅读推广还任重道远。

四、国家政策背景

1. 乡村振兴战略

乡村同城镇一样是人类活动空间的重要组成部分，它兼具自然、社会和经济属性，同时包含了生产、生活、生态以及文化等多方面的功能特点。文化是一个国家、一个民族的灵魂。习近平总书记在多次讲话中都提到文化自信的重要性，拥有高度的文化自信才能屹立于世界民族之林。树立高度的文化自信需要文化的繁荣发展，离不开乡村的文化振兴。文化振兴是乡村振兴战略的重要组成部分，是激发乡村振兴的内生动力。推动乡村文化振兴，实现乡村文化的繁荣发展，已刻不容缓。

2017 年 10 月 18 日，习近平总书记在党的十九大上提出实施乡村振兴战略。会议强调，农业农村农民问题是关系国计民生的根本性问题，必须始终把解决好“三农”问题作为全党工作重中之重。次年 9 月，中共中央、国务院印发了《乡村振兴战略规划（2018—2022 年）》，将“产业兴旺、生态宜居、乡风文明、治理有效、生活富裕”作为乡村振兴战略的总要求。文件中明确提出，“健全乡村公共文化服务体系，推动县级图书馆、文化馆总分馆制、发挥县级公共文化机构辐射作用，加强基层综合性文化服务中心建设，实现乡村两级公共文化服务全覆盖”。这些政策体现了国家对乡村文化的重视，对乡村振兴的决心。

2. 全民阅读

改革开放以来，我国政府高度关注乡村基础教育发展，这对于解决教育公平问题具有重要作用。阅读能力作为人类高级认知能力的代表，是获得终身学习能力的重要基础之一。

我国从政策上倡导全民阅读始于 2006 年。2006 年，中宣部、原新闻出版总署、教育部等 11 个部门联合倡议开展全民阅读活动。2010 年，为倡导全民阅读，中央文明办、原新闻出版总署等部门联合提出“让阅读成为常态化”的意见。随即“读更多的书”“读有质量的书”活动走进社区、走进单位、走进乡镇，掀起全民阅读风潮。2011 年颁布的《中国儿童发展纲要（2011—2020 年）》（以下简称《纲要》）从留守儿童阅读的基础设施出发，提出通过增加基层图书馆的数量，为儿童创造优良的阅读环境；通过开展阅读推广活动，引导儿童积极主动阅读，培养他们良好的阅读习惯。2012 年 11 月，党的十八大报告中提出“开展全民阅读活动”。2013 年正式启动全民阅读立法计划。2014 年 3 月，时任总理李克强在《政府工作报告》中首次提出“倡导全民阅读”。2016 年 12 月发布的《全民阅读“十三五”时期发展规划》也对留守儿童的阅读资源提出了要求，即要求在“十三五”期间，加大农家书屋中儿童阅读资源的配备比例，为农村留守儿童的基本阅读提供坚实的保障。

截至 2019 年，“全民阅读”连续六次出现在《政府工作报告》中。伴随着全民阅读被列入《政府工作报告》，社会各界对阅读的认识更加深刻，儿童阅读及推广工作也迎来了发展的新时期。2014 年以来，我国儿童阅读推广走向新的发展阶段，主要体现在阅读推广政策达到新高度、媒介融合趋势下儿童阅读推广的方式更加多元、社会各界更加关注农村儿童的阅读问题这三个方面。

除了政策上的倡导，政府也致力于在实践中推广阅读。2016 年发布的《中华人民共和国公共文化服务保障法》强调：“要增加乡村公共文化产品供给，切实保证农村地区图书和报刊的供应，基本实现城乡公共文化服务均等化。”2017 年，《中华人民共和国公共图书馆法》要求地方人民政府构建乡村图书馆的数字化和网络化服务体系，促进公共图书馆服务向乡村延伸。在国家的倡导下，多种形式的全民阅读活动在各地展开，可以看出政府对全民阅读尤其是乡村阅读的重视。乡村阅读推广是提高乡村人口素质、推动乡村全面协调发展、传承中华优秀传统文化的必由之路，只有在乡村形成良好的阅读环境和氛围，才能真正实现乡村的文化振兴。

第二章　乡村儿童阅读现状及其推广意义

一、当前乡村地区阅读现状与困境

1. 当前乡村儿童阅读现状

（1）乡村阅读量始终与城市阅读量存在差距

从阅读量来看，乡村居民阅读量依然较低。2022 年第十九次全国国民阅读调查显示：2021 年，城镇居民纸质图书阅读量为 5.58 本，图书阅读率为 68.5%；乡村居民图书阅读量为 3.76 本，图书阅读率为 50.0%，城乡居民的阅读量存在较大差距。乡村居民整体受教育水平较低，且忙于生计，对阅读的理解有限，投入的时间也较少；此外，乡村的青壮年大多出去打工，剩余的主要是老人和留守儿童，老年人受身体和知识水平的限制，读书能力有限；留守儿童缺乏有力的管教，部分沉迷于手机，也不会主动阅读；同时现有的硬件设施并不能满足这两类群体的需求，资源配置与实际需求脱节，因此乡村阅读量始终与城市阅读量存在差距。

（2）乡村儿童阅读资源相对匮乏

第十九次全国国民阅读调查显示，2021 年我国未成年人（0~17 周岁）人均图书阅读量为 10.93 本。但睿乐生教育集团（RenaissanceLearning，Inc.）发布的《孩子们在读什么（2022 年版）》显示，在 2020—2021 这一学年中，美国 447 万名从幼儿园到 12 年级学生的人均纸质书阅读量为 28.6 本。

从《国外全民阅读法律政策译介》中可以详细考察到美国儿童阅读相关的法规政策和推广项目，美国儿童阅读推广体系起步早、相对成熟，社会公益意识强，能够覆盖偏远地区和城市贫困社区，大部分儿童在学龄前受益，为小学二年级迅速攀上阅读量的顶峰做好了准备。对比来看，我国数量庞大的乡村儿童缺少学龄前阅读量的足够积累，进入小学之后才得以打开阅读视野，阅读量随兴趣、识字量的增加而逐步上升。

近几年我国大力发展全民阅读，家庭和学校对阅读教育越来越重视，以及童书出版的上升发展态势，都促使儿童阅读环境急剧变化，激发了我国学龄后儿童图书阅读的热情，这就需要我们更为关注乡村儿童的阅读资源和阅读质量。乡村图书馆的服务功能、乡村阅读教育服务体系的建设完善、乡土特色的阅读推广方式等等都是乡村儿童阅读发展的关键环节，需要汇聚各界力量共同推进。

从硬件设施上来看，农家书屋是目前覆盖最广的，从2005年的试点实施，到2019年已基本实现农家书屋在行政村的全覆盖，但经过调查发现大多数的农家书屋只是摆设，所提供的书籍类别和书籍质量与受众对象并不适配，利用率不高。随着新媒体技术的发展，国家也在推进数字时代农家书屋的更新。许多学者指出农家书屋要顺应时代潮流，将科技与阅读相结合，普及数字化教育，缩小数字化鸿沟，方便居民使用，但具体措施学者们还未明确提出，需进一步探索。除政府主导的农家书屋外，也有由社会力量共同资助的图书馆和个人独立出资的图书馆，数量相对较少，大多数默默无闻。

从农家书屋的管理上来看，存在管理不善等问题。尽管农家书屋都张贴了相应的管理规章制度，但在执行过程中流于形式，没有将工作落到实处。大多数农家书屋的管理岗位为地方村干部兼任，一人身兼多职，自身工作比较庞杂、繁忙，而看管书屋又无任何补助和报酬，工作积极性普遍不高，缺乏主动开展工作的热情，对于书屋的运作并不上心；还有一些管理人员工作态度较差，对待村民的问题不耐烦，不按照开放时间值班，直接影响村民阅读的积极性，部分贫困村落更是存在书屋无人看管的现象，使得农家书屋渐渐处于被搁置的境地。基础管理工作都不到位，围绕阅读开展的推广活动更是少之又少。

（3）乡村公共阅读服务能力尚不能匹配

随着心理认知和识字能力的发展，儿童阅读呈现鲜明的阶段性变化，这是儿童分级阅读概念的理论基础。婴幼儿时期到小学低年级，儿童以绘本阅读为主，年龄越小文字量越少，情节也越简单，需要家长陪伴阅读。

近年来，我国对基础教育阶段的阅读极为重视，小学教科书中增加了拓展阅读栏目，开阔了儿童的阅读视野，如教育部编版的小学《语文》设有“快乐读书吧”栏目，每学期推荐 4 本左右儿童经典图书，如果家长或学校图书室能提供相应书籍，教师能指导学生按此步调阅读，那么无论是城市儿童还是乡村儿童，每学期都能保证人均 8 册左右的图书阅读量。事实现状是，乡村学龄前儿童尤其是入园前儿童缺少组织化、体系化的阅读框架。乡村的公共阅读设施虽然一直在建设发展，但面向低龄儿童的优质绘本资源并不丰富，文字类童书较多，且相对于硬件设施的发展速度，乡村公共阅读服务能力尚不能匹配；乡村低龄儿童家庭也少有藏书。

中国新闻出版研究院第十九次全国国民阅读调查显示，2021 年中国 0~8 岁儿童的图书阅读量为 10.33 本。绘本文字量少，朗读一本书仅需要几分钟到十几分钟，10.33 本书背后隐藏着城乡儿童阅读量的巨大落差。2022 年春节期间，青岛大学文学与新闻传播学院大学生寒假社会实践团队开展了“乡村儿童阅读的田野小调查”，调查反馈，有学龄前儿童的乡村家庭基本没有绘本，仅有少量内容质量平庸的简装图画书。由于绘本价格不菲，收入低的乡村家庭特别需要公共文化服务的支持，才能保证低龄儿童拥有足够的阅读资源。

2. 乡村儿童阅读中存在的问题

（1）乡村儿童阅读环境不佳，阅读兴趣欠缺

创设阅读环境，主要指的是为乡村儿童创造一个不受地方和时间限制的阅读环境，为儿童提供更多的阅读机会、阅读体验。阅读环境创设的主要目的是提高儿童阅读欲望、培养阅读态度、养成阅读习惯，让儿童体会到阅读的乐趣、喜欢阅读、亲近书本。

阅读环境分为硬环境与软环境，都是提升乡村儿童阅读水平的前提。受诸多因素的影响，乡村儿童的阅读场所、阅读设施等硬件环境并不理想，有的儿童甚至没有几本合适的书籍，翻来覆去地阅读容易造成“阅读疲劳”，逐渐对阅读失去兴趣。与硬件环境相比，阅读陪伴、阅读引导等软环境更为重要。现状是，由于祖辈与儿童之间的年龄差距较大，且文化程

度偏低，家庭教育方式落后，他们不能承担起陪伴、引导儿童阅读的责任。祖辈们意识不到课外阅读对于儿童课内学习具有的重要作用，更意识不到阅读对于儿童性格塑造、素质提升、情感丰富等都具有重要意义。乡村儿童感受不到阅读带来的乐趣，逐渐对阅读失去了兴趣。

（2）亲子阅读环境的缺失，缺乏正确的阅读指导

亲子阅读不仅可以增进父母和孩子的感情，更是培养儿童良好阅读习惯的开端。良好的阅读习惯能提高阅读能力，而阅读能力是学习能力的核心。但是乡村留守儿童的监护人文化程度普遍不高，虽然认识到了阅读对儿童的重要性，但他们一般只对功课、升学即对考试的分数有要求，极少考虑为儿童的阅读营造一个好的环境。乡村儿童通常生活在祖父母、外祖父母家，其中绝大多数的隔代监护人为小学文化甚至从未上过学，无法尽到教育的责任，致使家庭教育弱化。如果学校和相关单位不及时进行教育、引导，乡村儿童即使进行课外阅读，也难以采用正确的方法，他们只会简单浏览，而不会对阅读内容进行深入研究分析。

（3）“微阅读”的盛行易引发“碎片化阅读”

家庭教育的缺失使大部分乡村儿童完全根据个人喜好度过课余时间。由于缺乏自制力和有效监督，他们大都以自由活动、看电视、听音乐及利用智能手机玩网络游戏等娱乐活动打发时间，很少把课余时间用于阅读。此外，乡村儿童由于课业负担重及教育辅导缺失，没有额外的时间阅读书籍。同时，手机阅读和网络阅读等“微阅读”逐渐在他们中间盛行。乡村儿童会利用手机进行“微阅读”，其在丰富的微阅读文本中，往往是还未及时消化和理解文本的内涵、意义，就被后面的文本信息所覆盖，熔断思考，引发走马观花式的碎片化、浅显化的“浅阅读”的隐忧，同时还极易接触到不良文本，使阅读变味或异化。

二、进行乡村儿童阅读研究的价值

1. 丰富针对乡村儿童阅读领域的研究

与日益丰富和不断创新的阅读推广活动相比，我国相关儿童阅读发展总结报告的发展进程较为缓慢。2016 年发布的《中国城市儿童阅读调查报告》

是全国首份儿童阅读调查报告①。2018年，亚马逊中国携手中国扶贫基金会、北京师范大学中国公益研究院联合发布首个针对中西部资源薄弱地区的乡村儿童阅读报告。2021 年，中国新闻出版研究院和 KaDa 儿童阅读研究院联合发布了《2020 年中国儿童数字阅读报告》，该报告体现了儿童数字阅读付费化、低龄化、数字化趋势。截至目前，其他全国性的儿童阅读报告寥寥无几，针对乡村儿童阅读的更是屈指可数。由此可见，目前我国学术界关于乡村儿童阅读的研究并不多，仍处于初期发展阶段，大众对其关注有限，且研究力度不足。本书希望能抛砖引玉，进一步丰富针对乡村留守儿童阅读领域的研究，为相关部门制定政策提供背景资料和学术支持，提升针对乡村儿童开展阅读推广活动的服务能力，保障农村留守儿童的阅读条件。

本书调查了部分乡村公益图书馆所在地的儿童阅读情况，分析乡村儿童阅读行为、偏好、效能，探讨与研究乡村儿童阅读现状中存在的问题，为面向乡村儿童开展阅读推广活动开拓新的服务模式建言献策，同时以期为持续促进当地乡村儿童的阅读活动奠定基础，帮助乡村儿童快乐阅读、健康成长，更好地融入社会，同时也能为我国其他乡村地区开展适合乡村儿童的阅读推广活动提供借鉴。

2. 探索乡村儿童教育培养模式

由东北师范大学中国农村教育发展研究院完成的《中国农村教育发展报告 2020—2022》显示 2021 年全国义务教育阶段的农村留守儿童仍然高达 1199.20 万人，这些儿童，由于父母一方或双方外出务工，学习和生活只能由祖父母辈或者其他亲戚照顾，由于他们长期生活在一个“不完整”的家庭环境中，缺少亲情，已经引起全社会的共同关注。他们的健康成长关系到国家的兴旺与发展，如何让乡村儿童健康快乐成长是全社会共同努力的目标。阅读是“少儿阶段终身学习”的开始，良好的阅读习惯、广泛的阅读内容是儿童增长知识、愉悦心情、通向成功之路的最佳途径。乡村儿童正处于接受教育的黄金年龄段，当他们处于知识新陈代谢飞快的世界时，如何快速、有效地获取新知识，满足自身阅读需求，将对他们一生的发展

① 佚名.《中国城市儿童阅读情况调查报告》发布 孩子阅读习惯养成 父母影响居首位［J］. 当代图书馆，2016（3）：1.

产生重要影响。乡村图书馆等公共文化服务机构和夏令营等作为家庭教育和学校教育的补充，对于塑造乡村儿童的心灵，形成正确的价值观具有不可替代的作用，因此有针对性地了解乡村儿童的阅读需求，改善乡村阅读环境，不仅关乎乡村儿童的健康成长、乡村教育的可持续发展，也关乎我国和谐社会的建设。

3. 助力各界协同破解乡村儿童课外阅读之困

乡村儿童的健康成长，不仅关系到切实巩固拓展脱贫攻坚的伟大成就，也影响到国家和民族的未来。阅读能够帮助儿童树立正确的观念，指引儿童成长的方向。只有全面提升少年儿童阅读水平，才能使民族文化素养扎牢根基，为社会主义文化强国建设夯实基础，“深入推进全民阅读，建设书香中国”的既定目标才能在“十四五”时期落到实处。

课外阅读资源匮乏，实际课外阅读量、时间和城市存在较大差异，普遍缺少家长的陪伴等均是乡村儿童阅读所面临的问题。要破解这些难题，自然需要学校、家庭、老师、儿童的合力，也需要政策和公益机构等社会力量的支持。各界协同深入贯彻落实习近平总书记“建设书香社会”的重要指示精神，促进乡村儿童阅读实践活动，丰富乡村儿童精神文化生活，引导全社会关心、关爱乡村儿童的学习成长。本书为有关部门和组织推动书香社会建设、加快建设现代化公共阅读服务体系提供参考，对“文化扶贫”“乡村振兴”“全民阅读”等工作都具有重大意义。

综上所述，在建设社会主义新农村、实现农业现代化的过程中，全面了解乡村儿童的阅读需求，以及探索积极有效的乡村文化信息服务供求均衡的实现机制，不仅在乡村儿童研究方面具有数据参考价值，也在国家乡村文化信息服务政策方面具有重要参考价值。

三、开展乡村儿童阅读推广活动的意义

1. 开展乡村儿童阅读推广活动的重要性

早期阅读能力是儿童认知、想象、表达等综合能力的集中体现，对儿童一生的学习和发展具有重要的影响。早期阅读可以为儿童未来的终身学习

打下基础，良好的阅读习惯和阅读能力有助于提高儿童的思维、想象、语言表达等多种能力，为儿童未来的发展奠定基础。

在阅读推广方面，公共阅读空间极具优势。一是资源优势。在家庭和课堂之外，图书馆、书店、绘本馆、大型书展等公共阅读空间是营造儿童阅读环境的重要场所。这些公共阅读空间中有充足和优质的阅读资源供儿童选择，能够最大限度地满足儿童的阅读需求。二是环境优势。与家庭环境相比，公共阅读空间中有着更加浓厚的阅读氛围，能够帮助儿童自觉进入阅读状态。三是人才优势。乡村儿童普遍缺乏城市儿童习以为常的“亲子共读”体验，也很少受到悉心的阅读指导和正向的代际影响。公共阅读空间工作人员的业务能力有一定保障，能更好地为乡村儿童提供阅览服务，帮助儿童在阅读中获取更多有益的知识。

从上述可见，公共阅读空间在开展儿童阅读推广活动方面优势突出，做好这项工作对自身的长远、可持续发展以及为国家培养人才等方面意义重大。

2. 开展乡村儿童阅读推广活动的必要性

由于低龄儿童心智还没有完全成熟，世界观、人生观、价值观也处于形成阶段，此时儿童对社会中很多事物的判断能力较差。公共阅读空间能够通过舒适的阅读环境以及丰富的阅读资源助力儿童培养良好的阅读习惯，进而不断全面提升其综合素养。

首先，阅读有利于开阔儿童的视野，拓宽其知识面。只有阅览群书才能博知，阅读可以让儿童足不出户就能知天下事，帮助他们积累丰富的阅读经验，促进他们的精神成长，在物质生活之外建立自己丰富的精神生活。同时阅读还能塑造儿童的气质，并且帮助儿童建立正确的社会价值观，为其一生的幸福奠基。其次，阅读能够满足儿童智力快速发展的需求。美国神经生物学家莉丝·埃利奥特在她的著作《0—5 岁：大脑发育的黄金五年》中强调 0 至 5 岁是儿童大脑发育的黄金期。在这段时期，如果注意培养儿童的早期阅读能力能够加速孩子大脑的发育和成熟，并促进孩子的智力发展。儿童在持续阅读过程中会得到语言方面的锻炼，思维能力和解决问题的能力得到提高，进而掌握独立学习和思考的能力，通过阅读的方式不断获取知识，接纳新事物，实现自身学习的进步。最后，阅读更有助于培养儿童的想象力。书籍中的世界是广阔无限的，充满想象、好奇与机遇，这对于年龄尚小的儿童而言有着非常大的吸引力，他们能够在阅读中获得极大的满足感，梦想无穷。

通过阅读，丰富儿童内心思想并能够帮助儿童树立远大的目标理想。陶行知主张“教育是要在儿童自身的基础上过滤并运用环境的影响，以培养加强其创造力，使其长得更有力量，以贡献民族与人类”。乡村儿童阅读推广是乡村公共阅读服务体系的一个基础环节，聚焦少年儿童阅读品质整体提升，将会为提高国民整体素质注入持久的动力。

四、乡村儿童阅读推广的目标

1. 直接目标：培养乡村儿童的阅读兴趣和习惯

培养儿童的阅读兴趣和阅读习惯是儿童阅读推广的首要任务和最直接的目标。进行阅读推广是希望更多的儿童能够从中受益，能够爱上阅读、享受阅读、养成良好的阅读习惯，促进其阅读能力和阅读素养的提升。儿童时期是培养阅读兴趣和阅读习惯的关键时期。这一阶段儿童的好奇心和求知欲比较重，这个时期给予儿童什么，儿童就会相应地接受什么。德国的相关阅读专家认为，如果儿童到了 13 岁或 15 岁还没有养成阅读习惯，那这一生就很难再从阅读中寻找到乐趣。因此，把握好这一时期，遵循儿童阅读兴趣的形成规律，通过适当的途径和方式将一些优质图书介绍给儿童，让儿童自然而然地去接触阅读，激发儿童的阅读兴趣。这一时期的阅读推广可以着力于绘本阅读和亲子阅读，以书为媒，以阅读为纽带，让儿童与家长一起阅读、一起分享交流阅读过程。

2. 最终目标：促进儿童阅读文化的建立和发展

儿童阅读推广的最终目标是构建儿童阅读文化，促进文化发展，形成良好的阅读文化氛围。尽管当下社会对儿童阅读的关注度越来越高，但是儿童阅读的整体情况以及阅读的文化氛围还不够好，主要原因就是还没有建立起普遍的有共识的儿童阅读文化。阅读文化是社会活动中相关阅读现象和阅读规律的总和。文化结构由内而外一般分为精神层面、制度层面、物质层面和行为层面，对应在儿童阅读文化中分别是儿童阅读理念、儿童阅读制度、儿童阅读环境和儿童阅读行为。从这四个层面上看，我国儿童阅读文化的建立还任重道远。为此，社会各界应该形成合力，通过开展形式多样的阅读推广活动，不断优化儿童阅读文化的生态环境、拓展儿童阅读文化的多元内涵、更新儿童阅读文化的价值理念，让更多的人认识儿童阅读、了解儿童阅读、参与儿童阅读，共同构建起科学良性的儿童阅读文化。让阅读真正融入儿童的生活，使阅读成为儿童生活中不可缺少的一部分，成为儿童的一种日常生活方式。

第三章　乡村儿童阅读理论基础与研究现状

一、相关理论基础

1. 儿童阅读推广理论研究

图书馆服务的基本模式之一：阅读推广。随着5G、互联网、物联网、大数据技术的发展，越来越多的学者开始关注互联网等智慧阅读的研究，由此也推动了相关理论的构建。建立阅读推广制度需要图书馆学理论的支持。历史上，图书馆学理论曾站立于图书馆事业发展与变革的潮头，以理论推动事业的发展。例如，20世纪后半叶，图书馆学理论家通过研究和普及现代图书馆理念，推动了《公共图书馆宣言》《图书馆权利宣言》等划时代的文献出台，使知识自由、普遍服务、平等服务、多元化服务和包容性服务成为图书馆的核心价值观[①]。

人们在政治学家拉斯韦尔提出“5W分析法”的基础上进行不断升级改良，于1932年，形成了比较科学的“5W+1H”模式。其内容是针对选定的项目、工序或者操作提出六大要素：原因（Why）、对象（What）、地点（Where）、时间（When）、人员（Who）、方法（How），以此作为顶层设计来提升阅读推广的长效机制[②]。从公共图书馆多元智能理论出发，秦丽华[③]选择不同年龄儿童分析他们的阅读心理，提出要丰富阅读推广活动的

① 范并思. 阅读推广：从创新驱动到制度保障［J］. 图书馆建设，2020.6.

② ［美］拉斯韦尔. 传播在社会中的结构与功能［M］. 何道宽，译. 北京：中国传媒大学出版社，2012.

③ 秦丽华. 多元智能理论下公共图书馆少儿阅读推广研究［J］. 传媒论坛，2020，3（12）：106-107.

形式和内容，家庭和学校实现双向联动，共同促进儿童的全面成长。Adam Branson①通过对英国南部克拉彭公共图书馆PPP项目②的研究，提出了如何在政府零投入的情况下建设公共图书馆的模式、流程及图书馆空间划分等问题。PPP模式下的阅读推广具有低成本、高效率、广辐射、精质量的特点，实现了在资金有限的情况下，联合社会资本在短时间内扩大阅读推广受众以及提升质量的目的。

2. 分级阅读理论

所谓“分级阅读”是以儿童群体为目标，按照其不同发展阶段的认知特点、语言能力、阅读兴趣等，来为其制订科学的阅读计划、提供有针对性的读物。“分级阅读”理念最早源自欧美国家。自1836年美国教育家麦加菲在《麦加菲读本》中研制出第一套分级阅读标准以来，就得到了广泛应用，至少影响了五代美国人。经过近百年的实践与发展，到20世纪30年代，英、美等国已经建立了相对完善的分级阅读体系，例如，①通过综合测试、可读性公式ATOS评估学生的阅读水平，再依据评估分数为学生定制阅读目标与策略的Accelerated Reader（读者促进体系）；② Lexile Measure（蓝思分级阅读测评体系）是使用同一套分值体系，分别对读物难易度、读者阅读能力两个方面进行评估，以便读者可以选择与自己阅读能力分值相匹配的图书进行阅读；③测试儿童阅读的准确度、熟练度和理解程度，根据测试结果为之匹配相应读物的Developmental Reading Assessment（发展性阅读评估体系）；④按照阅读能力将学生分级、分组，教师提供与学生能力相适应的读本，引导学生有效阅读的Guided Reading Levels（指导性阅读分级体系）。其中，由美国阅读协会、杜克大学等多所儿童语言发展研究机构主导，由上万名学生和专家配合参与且历时长达55年的蓝思分级阅读测评体系的应用范围最为广泛。在蓝思分级阅读测评体系中，“Lexile是衡

---

① Adam Branson.Building a library without any public money［J］. Library journal，2017（8）：20-21.

② PPT模式泛指社会资本签订长期协议，授权其代替政府建设、运营、管理公共设施并向公众提供公共服务的项目运作模式。PPT模式下，社会资本发挥资金、技术及管理优势，按照政府规定的标准建造、改造、运营、管理公共设施，提公共服务，并向政府部门或使用者收费以获取利益；政府部门负责公共服务的标准确定、履约管理和检查监督，最终达到以更低成本、更高质量提供公共服务的目标。

量读者阅读水平和标识出版物难易程度时使用的单位，读懂一本初级低幼读物与读懂一本百科全书之间差距的千分之一被定义为 1 个 Lexile。蓝思阅读测评体系使用数字加字母 L（Lexile）作为衡量难度的度量标尺，一般以 0L～1600L 来表示难度范围，数字越小表示读物难度越低或读者阅读能力越低，反之则表示读物难度越高或读者阅读能力越高”。简单来说，就是对读者的阅读水平进行测试，得到一个蓝思值，“将阅读者的理解能力、阅读水平和读物难度等因素进行合理匹配，从而有效辅助教授者组织学生进行合理有序的系列阅读”。这是一种有针对性的、行之有效的进阶式阅读教学，它强调了对学生文本解读能力“层递性”规律的重视：针对不同学段学生的认知特点，设置具体的层级目标，引导学生构建差异化的阅读方式，从而使语言学习变得目标清晰、有章可循。

3. 认知发展理论

认知发展理论的核心是青少年儿童的心理发展，其提出者皮亚杰认为青少年儿童的认知发展不仅是由他们自身因素决定的，还受到外部因素的显著影响，在内外因素综合作用的情况下，青少年儿童的认知能力得以不断提升。皮亚杰根据不同年龄段儿童的认知发展情况，将儿童的认知发展过程划分为感知运动、前运算、具体运算和形式运算四个阶段①。

2 周岁以下的儿童处于感知运动阶段，该年龄段的儿童缺乏对外界的认知，主要通过肢体动作传达自身对外界环境的理解，并以此适应外界环境。随着年龄的增长，该年龄段儿童感知和运动的能力逐渐提升，能够初步区分自身和他人的区别，并在此过程中建立自身的认知体系。

2 周岁以上 7 周岁以下的儿童处于前运算阶段，该阶段的儿童开始具有语言能力，能够初步对外界事物进行认知活动，并逐步完善自身的认知体系。由于该阶段的儿童在理解能力上仍有所欠缺，在认知和思考的过程中需要通过想象进行弥补，故该阶段儿童的想象力较丰富。

7 周岁以上 12 周岁以下的儿童处于具体运算阶段，该阶段儿童的逻辑思

---

① 王满. 基于认知发展理论的公共图书馆儿童阅读推广服务策略研究［J］. 河北科技图苑，2020（2）：54-57，47.

维能力发展迅速，能够对数据和图形进行具体的分析。该阶段的儿童在学习和生活中能够通过他人的行为理解外部事物，但仍欠缺判断抽象事物的能力。

12 周岁以上 17 周岁以下的儿童处于形式运算阶段，该阶段儿童的认知体系逐渐完善，兼具抽象和具象的思维能力，能够根据客观事物进行自主推理和演绎。该阶段儿童独立思考问题的能力不断提升，并逐渐从单纯的思考转变为行动，具有一定的发散思维能力。

皮亚杰在认知发展理论中为儿童划分的四个认知发展阶段各具特点，公共图书馆应在开展儿童阅读推广工作的过程中，把握不同认知发展阶段儿童的特殊性，开展有针对性的阅读推广活动。

4. 关键期理论

关键期又称敏感期理论，是由奥地利动物学家洛伦茨在 1935 年通过观察动物的印刻行为而提出的，后来人们将其应用到了关于儿童发展的研究中，提出了儿童的心理发展与关键年龄之间的关系[①]。所谓关键期指的是在个体的发展过程中外界影响可以起到最大作用的时期。这期间儿童在合适的外界环境中学习能力较强，个人能力发展十分迅速，但如果在关键期中缺乏合适的环境则会导致儿童发展迟缓。

5. 最近发展区理论

苏联社会文化历史学派创始人维果茨基于 20 世纪 30 年代在认知发展心理学领域提出“最近发展区”理论，该理论认为儿童发展有两种水平：一种是儿童现有发展水平，即独立活动时所能达到的解决问题的水平；另一种是儿童潜在发展水平，即儿童通过指导、干预所获得的潜力水平。这两种儿童发展水平之间的区域被称为“最近发展区”[②]。

依此理论，为了使儿童有更好的发展，教育指导者应在儿童的“最近发展区”内给予一定的干预和指导，为儿童提供带有难度的内容，调动儿童

---

① 王通讯 . 才能萌发的关键期理论［J］. 中国人才，2008（07）：30-31.

② 王颖 . 维果茨基最近发展区理论及其应用研究［J］. 山东社会科学，2013（12）：180-183. DOI：10.3969/j.issn.1003-4145.2013.12.035.

的学习积极性，激发其潜在能力，从而达到超越“最近发展区”上限、走向下一发展阶段的目标，并在此后继续进行下一个发展区的发展。最近发展区理论对儿童心理发展的社会起源进行了阐释，突出了儿童学习与外界指导间的关系，指出正确的指导对儿童学习的引领作用，展示了同伴对儿童学习和发展的重要影响。

6. 对话式阅读理论

对话是汲取知识、提升认知能力的重要途径，阅读是人类汲取知识的主要手段和认识世界的重要途径。有学者认为阅读的本质就是对话，如加拿大学者阿尔维托·曼古埃尔在《阅读史》中回顾了人类的阅读活动，认为阅读是以言说为基础的思考形式，实际是个体通过多种方式与书对话；戴维·伯姆在《论对话》中探讨了如何交流和沟通这一问题。《义务教育语文课程标准》明确提出：“阅读是运用语言文字获取信息、认识世界、发展思维、获得审美体验的重要途径，阅读教学是学生、教师、教科书编者、文本之间对话的过程。”近年来，图书馆界基于对话理论不断拓宽阅读新路径，积极开展绘本表演游戏、真人图书馆等活动，彰显了对话式阅读的价值，推动了阅读推广体系的完善。

7. 数字鸿沟理论

“数字鸿沟”又称“信息鸿沟”，它是指当代信息技术领域中存在的差距，简言之就是人们对信息的掌握、拥有、控制和使用能力上存在的差别。这既存在于信息技术的开发领域，也存在于应用领域，特别是由网络技术产生的差距。美国商务部 1999 年发布的《定义数字鸿沟》报告指出，收入、教育和种族都是造成“数字鸿沟”的因素。

新兴信息通信技术在全球范围内的发展是极不平衡的，国家之间以及一个国家内部不同地区、不同人群之间出现了差距，就是“数字鸿沟”。据统计，全球 70% 因特网用户在占世界人口 16% 的富裕国家，而占世界人口 40% 的贫穷国家仅拥有全球因特网用户的 8%。新兴信息通信技术在开发、普及和应用方面的不平衡，意味着落后的国家、地区和人群面临着“知识贫困”和“信息贫困”，缺乏发展的能力。

二、国内研究现状述评

随着学者对全民阅读工程构建的深入研究，对于儿童阅读推广的关注度越来越高。

1. 乡村儿童阅读现状的研究

肖乃菲[①]（2016）以贵州山区两所学校的小学生为调查对象对其课外阅读情况进行了调查和分析，发放问卷 900 份，收回有效问卷 832 份。调查对象相对集中，调查内容主要分为阅读环境、阅读习惯、阅读能力、学校图书室和农家书屋的情况几个模块，得出了山区儿童缺乏阅读环境但是有阅读兴趣，同时存在缺乏阅读引导等结论，提出应该发挥政府主导、学校培养作用，加强图书馆建设等建议。

寸会梅[②]（2017）在其研究中针对少数民族地区留守儿童的阅读情况进行了调查，以云南省某县的留守儿童为调查对象，采取调查问卷和访谈等形式对少数民族地区留守儿童的基本情况、阅读心理、阅读行为、阅读教育、阅读建馆等方面和当地阅读设施相关情况进行了调查。调查共发放问卷 1019 份，收回有效问卷 932 份。调查结果显示，当地留守儿童监护人文化程度普遍偏低，以小学、初中文化水平为主，占比近八成，家庭阅读条件和氛围较差。对农家书屋的调查结果显示农家书屋的实际利用率较低，常年关闭无专人管理。对儿童阅读心理的调查显示，大多数儿童能认识到阅读的重要性，也具有较高的主动性。针对以上问题，作者从政府、学校、家庭、公共图书馆等角度分别提出了改善意见。

王彤[③]（2017）从少儿图书馆的角度出发，以金华市四所山区学校的农村留守儿童为调查对象，对如何强化留守儿童的阅读习惯进行了分析思考，总共发放 337 份问卷，共收回有效问卷 277 份，从阅读时间、课外书拥有情况、阅读方式、阅读伙伴、阅读指导、阅读类型等方面展开了调查，发现

---

① 肖乃菲．贵州省山区儿童课外阅读情况调查及分析［J］．宁波教育学院学报，2016，18（04）：84-87.DOI:10.13970/j.cnki.nbjyxyxb.2016.04.023.

② 寸会梅．少数民族地区留守儿童阅读状况研究［D］．云南大学，2017.

③ 王彤．图书馆地方文献整理探索实践——以金华市少儿图书馆为例［J］．内蒙古科技与经济，2017（12）：150-151.

了留守儿童课外阅读时间较少、阅读兴趣不高、家庭藏书较少、游戏沉迷现象严重、缺乏阅读指导、阅读结构不合理等问题。针对此类问题，提出了开展图书流动、推广阅读活动、开展阅读公益讲座等建议。

阮健英[①]（2019）在对粤北山区儿童阅读情况的调查当中，分析了粤北山区儿童阅读存在的阅读环境设施欠缺、阅读资源匮乏、阅读意识落后等问题，提出对贫困地区加大资金投入和政策支持、帮扶实现资源共享、完善教育部门管理制度、加强家庭培育功能、联结社会力量合作等建议。

王雅倩等[②]（2020）基于三元交互决定理论对影响农村留守儿童课外阅读的因素进行了分析研究，将影响课外阅读行为的因素分为控制变量、个体因素、环境因素三大类，以湖北省几个县城的 4~9 年级农村留守儿童为调查对象，发放 1000 份问卷，收回有效问卷 683 份，通过回归分析，发现个体因素中阅读自我效能和阅读沉浸体验，环境因素当中的同伴和老师支持对阅读行为有显著的正向影响，而家长的支持作用并不显著，针对分析的结果，提出了应立足实践体验、激发儿童阅读的内生动力，建设阅读推广队伍加强阅读指导，加强图书馆建设扩展阅读资源等建议。

浙江省未成年人阅读状况调查组[③]（2021）对浙江省未成年人阅读情况（2019—2020）的调查报告中，将问卷分为学前儿童卷、小学生卷、中学生卷三种类型，分别收回有效问卷 5143 份、2600 份、2986 份，总共收回有效问卷 10729 份。调查结果显示，浙江省各年龄段未成年人的阅读率、阅读量和阅读时长都有稳步提升，学龄前儿童的早期阅读更加普及，家长的教育程度对儿童阅读情况有正向作用，数字化阅读率继续提高，听书等形式接受程度提高，年龄与阅读自主性呈正向关系，家长陪伴对于儿童阅读状况的改善有正向作用，校园阅读引导的作用越来越大。

李艳梅和蒋自奎[④]（2022）以阜阳市乡村留守儿童为调查对象，采用调

---

① 阮健英.农村贫困地区儿童阅读推广服务探析——以粤北山区为例［J］.图书馆研究，2019，49（05）：88-94.

② 王雅倩，曹高辉，曹星月.农村留守儿童课外阅读行为影响因素研究［J］.图书馆论坛，2020，40（10）：116-126.

③ 浙江省未成年人阅读状况调查（2019—2020）［J］.新阅读，2021（06）：30-33.

④ 李艳梅，蒋自奎.提升留守儿童阅读能力的策略研究——以阜阳市乡村留守儿童阅读调查为例［J］.新阅读，2022（01）：52-55.

查问卷和访谈等形式对如何提升留守儿童阅读能力进行了研究，从阅读环境、阅读习惯、阅读量和阅读资源等角度展开调查，总共发放了 380 份调查问卷，收回有效问卷 372 份。通过调查发现了阅读时间不足、阅读量不够、阅读环境较差、阅读资源匮乏、缺少阅读引导等问题。针对性提出了政府、学校等主体应该充分保障儿童的阅读时间，加大构建阅读环境的支持力度，提供更充足质优的阅读资源，积极引导阅读，关注留守儿童心理健康建议等。

陈新葵和曾乐媛①（2022）对广东省云浮地区乡村小学生课外书籍的阅读情况进行了调查，分析了他们的阅读偏好以及阅读行为现状，发现乡村儿童的课外阅读偏好有年龄和性别的差异，多以被动学习和阅读为主，分享交流较少，课外阅读行为与自身的语文成绩相关。

2. 阅读兴趣与习惯培养研究

包鑫②（2018）发现阅读场所、阅读材料等有形环境和传统思想、地方观念等无形环境都会影响农村阅读困难群体的阅读行为；郭金丽③（2018）发现良好的家庭阅读氛围有利于改善儿童阅读行为；邓小昭等④（2013）通过实地调研重庆市农村留守儿童的阅读环境，发现农村留守儿童的阅读资源、阅读场所等物理环境和阅读氛围、阅读指导等精神环境都较差。

3. 阅读推广服务的研究

王素芳等⑤（2013）采用科学的层次分析法，思考了如何去衡量一个儿童阅读推广活动举办得成功与否，有三个要素必不可少，即图书馆、用户

---

① 陈新葵，曾乐媛 . 乡村小学生课外阅读行为研究——以广东云浮地区为例［J］. 图书馆研究，2022，52（01）：1-8.

② 包鑫 . 农村阅读困难群体阅读贫困的自我归因分析与启示——基于黑龙江十村的田野调查［J］. 图书馆，2019（06）：94-99.

③ 郭金丽 . 新时代背景下的家庭阅读推广研究——基于社会学习理论和实证分析［J］. 图书馆工作与研究，2018（12）：111-114.DOI:10.16384/j.cnki.lwas.2018.12.019.

④ 邓小昭，张敏，刘灿 . 农村留守儿童课外阅读环境研究——以重庆市为例［J］. 图书情报工作，2013，57（5）：50-55.DOI：10.7536/j.issn.0252-3116.2013.05.009.

⑤ 王素芳，孙云倩，王波 . 图书馆儿童阅读推广活动评估指标体系构建研究［J］. 中国图书馆学报，2013，000（006）：41-52.

体验和社会影响。许真[①]（2017）介绍了大连市中山区图书馆阅读推广的基本情况，对当前国家和政府大力推动全民阅读的导向和数字阅读的新趋势进行了阐述，介绍了中山区图书馆在阅读推广过程中采取建立数字化图书馆、创新性休闲图书馆和建设社区书屋等方式，发挥了图书馆在地方阅读推广过程当中的重要作用。喻小燕[②]（2018）、黄奇杰和侯凤芝[③]（2019）探索出政府主导式、合作推广式、精英推动式和志愿服务式等农村留守儿童阅读推广服务模式。陆俊（2020）研究中外公共图书馆阅读推广活动的方案或措施发现，一个较为成功的阅读推广服务方案大致包含：适宜的战略规划与组织建设、有效的策略选择与活动实施、科学的活动总结与效果评估等三个方面；吴志琳[④]（2019）通过分析农村留守儿童的性格特点和阅读需求，从阅读行为分析、阅读推广服务活动、阅读推广内容的角度设计了符合农村留守儿童阅读特点的阅读推广服务模式；许大文等[⑤]（2020）对嘉兴市学龄前儿童阅读状况进行调查，分析目前乡村学龄前儿童阅读存在的普遍问题与不足，进而阐述嘉兴市图书馆从阅读推广队伍建设、阅读课堂设计、在线平台打造三个维度建立城乡一体化总分馆服务体系。

4. 国内儿童阅读推广的实践

在政府的指导和支持下，社工机构、民间公益组织等社会力量长期致力于流动儿童的阅读服务，形成了一些较有影响力的品牌项目。但国内对于民间公益组织儿童阅读推广研究的学术性文献资料较少，只散见于新闻、报刊、网络等各种媒体的信息之中。大部分文献都在介绍每一个具体的儿童阅读推广项目，以及从事阅读推广的心得体会等。

---

① 许真.公共图书馆为弱势群体服务的挑战与进步——以中山区图书馆为例［J］.河南图书馆学刊，2018，38（01）：45-46+56.

② 喻小燕.农村留守儿童阅读推广服务浅谈——以江西公共图书馆为例［J］.农村经济与科技，2018，29（7）：275-276.

③ 黄奇杰，侯凤芝.社会力量参与留守儿童阅读服务模式研究［J］.中国出版，2017（09）：28-31.

④ 吴志琳.面向农村留守儿童的阅读推广服务模式研究［J］.河南图书馆学刊，2019，39（11）：3.DOI：CNKI：SUN：HNTX.0.2019-11-003.

⑤ 许大文，胡萍，陆艳芳，等.公共图书馆乡村学龄前儿童阅读推广实证研究——以“阅动全家 书香嘉兴”为例［J］.图书馆杂志，2020，39（6）：10.DOI：CNKI：SUN：TNGZ.0.2020-06-011.

进行儿童阅读推广的民间公益组织仅指蒲公英乡村图书馆、公益小书房、三叶草故事家族、满天星青少年发展中心、新教育童书馆、快乐童年公益阅读坊、春晖书屋、中国滋根乡村教育与发展促进会、阳光书屋等相关组织。它们由民间个人或团体发起，一般不受到政府的直接管理和资助，有自己独立的运营机制和融资渠道，当然多数为基金会的资助和社会爱心人士的捐赠，主要从事阅读推广活动，服务对象为18岁以下的儿童，服务地区多数为偏远贫困乡村地区。它们作为民间公益组织，总体来说都在开展着促进儿童阅读推广的实践工作，但是具体的形式和内容各不相同。有的如公益小书房在网络上推荐优秀童书，指导分级阅读和提供免费阅览等服务；有的如蒲公英乡村图书馆深入乡村贫困地区兴建乡村图书馆，捐赠图书，派遣老师和志愿者身临其境指导阅读；有的如三叶草故事家族主要开展亲子阅读活动等。

三、国外研究现状述评

1. 儿童阅读情况的研究

美国教育学专家Wolters等①（2014）以500多名儿童作为样本进行调查研究，调查结果显示，儿童阅读能力和自制能力呈现正相关关系，即自制力越差，阅读能力越差。对于阅读目的，不同的年级也不一样，低年级儿童阅读的目的是让父母和老师对自己感到满意，而高年级的儿童则是证明自己具有一定的能力。荷兰心理学者Suzanne E等②（2014）通过对课外阅读的喜好与学习成绩之间的关系的考察，发现男孩较之女孩更不喜欢阅读，而不喜欢阅读的男孩在学校的成绩也不好，那些喜欢阅读的孩子在高等教育阶段获得了更好的成就，且女孩居多。K Merga等③（2017）等学者以近千名儿童为样本，对数字阅读器和阅读频率之间的关系进行研究，结果发

---

① WoIters，Carolyn A. Denton，Mary J. York. Adolescents' motivation for reading：group differences and relation standardized achievement［J］. Reading and Writing，2014，27（3）：503-533.

② Suzanne E.Mol，Jelle Jolles. Reading enjoyment amongst non-leisure readers can affect achievement in secondary school［J］. Educational Psychology，2014，10（5）：1214-1226.

③ K.Merga，S.Mat Roni.The influence of access to e Readers，computers and mobile phones on children' book reading frequency［J］. Computers & Education，2017，109（6）：187-196.

现电脑、手机等类似的数字阅读器会影响儿童的阅读能力，但是对提升儿童阅读频率却没有多大关系，通过分析结果发现：儿童在进行数字阅读的过程当中可能会浏览其他内容，因此要对儿童使用电子设备情况加以监督。挪威教育心理学家 Åse Kristine Tveita 等[①]（2014）通过对 153 名儿童进行研究，旨在探索使用不同的阅读设备，儿童有着怎样不同的阅读喜好。研究结果发现，阅读设备的选择不仅和性别相关，还和阅读兴趣强烈与否相关。倾向选择阅读纸质书籍的儿童对阅读极其热爱，喜欢阅读电子书籍的儿童大多数空闲时间是不阅读的，其中男女比例分别为 83% 和 56%，只有 31% 的女孩认为电子阅读器可以满足阅读需求，64% 的男孩更喜欢使用电子阅读器进行阅读。处于贫困和边缘化环境中的儿童，尤其是低收入国家的儿童，在一种或多种早期阅读技能方面往往较弱。这些缺陷导致学习阅读和理解文本时出现严重问题。研究表明，在五个非洲国家，只有一小部分二年级儿童掌握了如何阅读。

2. 对儿童阅读能力影响因素的研究

绘本阅读长期以来被视为向幼儿介绍新词的有意义的方式，并支持幼儿的词汇技能。Kirby J R 等[②]（2018）调查了 103 名一至三年级儿童的形态意识对五种阅读措施的影响。结果表明：单词阅读准确性和单词阅读速度、伪单词阅读准确性、文本阅读速度和阅读理解的重要预测因子解释了进一步控制单词阅读后阅读理解的差异。Carcia J R 等[③]（2014）报告了单词阅读能力与阅读理解能力之间的强相关性（r=0.74），提供给不同年龄组和阅读水平的读者。当对不同年龄组的不良单词读者进行分类时，这种关联仍然很强（r=0.64）。Sparks 等（2014）跟踪了 54 名从一年级到十年级的儿童，发现一年级的阅读技能可以预测十年级的语言技能以及小学阅读技能

---

① Åse Kristine Tveit，Anne Mangen.A joker in the class：Teenage readers' attitudes and preferences to reading on different devices［J］. Library & Information Science Research，2014，36（3）：179-184.

② Kirby J R，Bowers P N.The Effects of Morphological Instruction on Vocabulary Learning，Reading，and Spelling［M］. 2018.

③ Garcia J R，Cain K.Decoding and reading comprehension：a meta-analysis to identify which reader and assessment characteristics influence the strength of the relationship in English［J］. Review of Educational Research，2014，84（1）：74-111.DOI：10.3102/0034654313499616.

的增长。Mansor A N等[①]（2013）马来西亚学者通过研究儿童阅读，最终发现儿童养成良好阅读习惯的几个要素：母亲的启蒙教育、由家庭和学校所构建的良好的阅读环境、由父母和学校共同努力所形成的阅读兴趣、拥有同样兴趣爱好的同龄人。Ellen Kleijnen等[②]（2017）以本国的非西方背景儿童为研究对象，旨在探究学校图书馆在学生的阅读态度和阅读行为当中的影响力。结果显示，和图书馆相比，家庭的阅读气氛具有至关重要的作用，父母是学校图书馆阅读推广的重要合作伙伴。Villiger C等[③]（2012）开展了一个实验并布置了可进行良好阅读的环境，让儿童可拥有持久的阅读氛围，实验结果显示，儿童可以反复阅读具有吸引力的内容。这正印证了阅读动机中的两个干预点：个人和情境。情境对阅读的兴趣和动机会产生积极的影响。

3. 阅读与相关能力的关系实证研究

Milne N等[④]（2018）的研究证明，对于英语低等、中等水平的儿童来说，运动能力与阅读前技能（如语音和形态解码）有很强的显著正相关性，这是儿童成为功能性读者所必需的。还有许多研究显示了阅读对发展的益处，如解释世界、改善沟通、建立联系、获得记忆能力、扩展语言和识字能力以及增强意识。儿童使用的各种书籍阅读策略与儿童的语言和识字行为发展相关。阅读理解与提高教育成果、获得和适当使用医疗保健资源以及更多的短期和长期就业机会有关。大量证据表明，阅读理解是缓解美国边缘化和少数群体儿童和成年人之间难以解决的健康差异的一个因素

① Mansor.A.N，M.S.Ranf，R.A.A.et al.Developingand sustaining Reading Habit among Teenagers［J］. Asia Pacific Edu Res，2013，22：357.

② Ellen Kleijnen，Frank Huysmans，Rudy Ligtvoet，et al.effect of a school library on the reading attitude and reading behaviour in non-western migrant students［J］. Journal of Librarianship and Information Science，2017，49（3）：269-286.

③ Villiger C，Niggli A，Wandeler C，et al.Multiple objectives in promoting reading：Results of a comparative intervention study at grade four［J］. Journal for Educational Research Online，2011，2（2）：153-194.DOI：137.

④ Milne N，Cacciotti K，Davies K，et al.The relationship between motor proficiency and reading ability in Year 1 children：a cross-sectional study［J］. BMC Pediatrics，2018，18（1）：1-10.DOI：10.1186/s12887-018-1262-0.

（Mary 等[①]，2007）。阅读在学习、学业成绩、批判性思维、认知和解决问题等技能的发展方面对儿童的生活有重大影响（Williams J P 等[②]，2016）。

4. 国外儿童阅读推广策略的探索

各国儿童阅读推广活动都针对儿童心理，注重趣味性与文化意味，形式丰富多彩，为儿童阅读提供了有力的支撑。目前世界主要发达国家都开展了有针对性的阅读推广活动。

国际图书馆协会联合会（IFLA）[③]十分重视儿童的阅读推广工作，“Sister Libraries”（姐妹图书馆）和“The World through Picture Books”（图画书中的世界）是其进入 21 世纪以来启动的针对儿童的阅读推广项目。其中，“姐妹图书馆”项目强调图书馆之间的帮扶合作，以实现共同发展；“图画书中的世界”项目以儿童的心理发育特征和兴趣爱好为基础，强调资源的共享学习，旨在更好地开展儿童阅读推广服务。可见，共享与交流是全世界儿童阅读推广工作的主旋律。IFLA 于 2018 年发布的《国际图联 0—18 岁儿童图书馆服务指南》显示，其未来仍将致力于帮助世界各个国家和地区的儿童获取更多阅读资源，保障所有儿童拥有公平阅读的权利。

美国把 1987 年确定为“读书年”。从 1995 年以后，美国先后推出了“美国阅读挑战”（America Reads Challenge）、“美国阅读项目”、“卓越阅读方案”（Reading Excellence Program）等项目，来促进儿童阅读[④]。“美国阅读挑战”项目起源于 1996 年，旨在提升儿童的阅读能力，使其能够养成阅读习惯并在三年级前有能力进行自主阅读，不至于输在起跑线上，美国各级学校、图书馆、社会机构、社区团体都参与到了该项目中来，最终形成了全国性的公益阅读推广活动。在漫长的暑假，孩子们常常因远离书本和阅读，而普遍出现暑期滑坡现象——在暑假期间由于停止阅读、学习而造成其在上一学年获得或形成的阅读能力、学习能力下滑。2004 年 4 月 8 日，

---

① Mary, Jo, Larson, et al.Persistent pain is associated with substance use after detoxification: a prospective cohort analysis［J］. Addiction, 2007.DOI: 10.1111/j.1360-0443.2007.01759.x.

② Williams J P, Kao J C, Pao L S, et al.Close Analysis of Texts With Structure（CATS）: An Intervention to Teach Reading Comprehension to At-Risk Second Graders.［J］. Journal of Educational Psychology, 2016, 108（8）: págs.1061-1077.DOI: 10.1037/edu0000117.

③ 国庆丰. 国际图联（IFLA）儿童阅读推广项目研究［J］. 河南图书馆学刊，2021，41（11）：5-7.

④ 王翠萍，刘通. 中美阅读推广比较研究［J］. 情报资料工作，2012（05）：96-101.

美国教育部部长 Rod Paige 宣布，教育部将在 11 个实验区开展中小学暑期阅读计划，确保每一个孩子不会因为暑期的到来而出现阅读能力下降的问题，而且通过课本以外的阅读逐渐使孩子们感到阅读的乐趣与魅力。这项活动的具体做法是事先让参与“暑期阅读计划”的图书馆准备一些儿童感兴趣的阅读资料，再策划一些有趣的学习活动，并鼓励儿童积极参加这些活动，从而帮助他们快乐阅读和学习，鼓励他们在暑假期间爱上阅读。除了阅读，图书馆还举行适合各年龄段儿童的艺术表演活动，通过各种各样的活动丰富学习方式，使阅读不再枯燥无味。该计划填补了从放假至开学这段时间的空白，大大提升了儿童的阅读能力。在这个计划中，儿童家长也是一个至关重要的角色。该计划要求父母监督孩子，帮助孩子坚持阅读，从而最有效地利用整个暑假。

俄罗斯出版与大众传媒署和俄罗斯图书馆联盟于 2006 年共同制定并发布《国家支持与发展阅读纲要》(以下简称《纲要》)，从国家立法的层面肯定了阅读对于实现公民其他权利、从政策层面为孩子们的阅读奠定基础、保障公民融入多阶层多民族社会、促进俄罗斯实现全面现代化以及增强国家综合竞争力等方面的积极作用。《纲要》从相关机构分工、确定发展方案、建立管理方法、筹备统一机构和构建评价指标体系等五个方面出发，不仅提出了俄罗斯发展阅读的基本原则，并且做出了具有现实针对性的规定①。

英国是全球最早关注儿童早期阅读推广服务的国家之一。早在 1992 年，英国图书信托基金会就发起了“Book Start”（阅读起跑线）计划。起初其只是一个小范围的实验项目，2000 年，在英国文化部、教育部的主导下，该计划得到了全面推广②。大英图书馆（The British Library）作为“Book Start”计划的示范成员馆，在推进学前儿童阅读发展的进程中发挥了主导作用。该馆通过实施一系列学前儿童阅读推广项目，拉近了学前儿童与图书、图书馆之间的距离，增强了学前儿童的阅读兴趣与阅读能力，成为全球学前儿童阅读推广的典范③。

---

① 张麒麟.俄罗斯的阅读立法及其阅读推广实践［J］.新世纪图书馆，2014（4）：4.DOI：10.3969/j.issn.1672-514X.2014.04.005.

② 陈永娴.阅读，从娃娃抓起——英国“阅读起跑线”(Bookstart）计划［J］.图书馆理论与实践，2008（1）：4.DOI:10.3969/j.issn.1005-8214.2008.01.039.

③ Wade B，Moore M.A gift for life Bookstart：the first five years；a description and evaluation of an exploratory British project to encourage sharing books with babies［J］. 1998.

德国是欧盟教育、工业、科技强国，阅读已经成为德国民众的一种习惯并得到普及。德国的儿童阅读推广机构包含了政府、读书基金会、图书馆协会、出版商、社会媒体、儿童医院和大量的社会公益组织，职能分明、覆盖面广、多级支撑是德国儿童阅读推广的特色。德国拥有以德国促进阅读基金会（Stiftung Lesen）为首的阅读推广机构和组织超过 200 家，每年通过各种兴趣阅读、知识阅读来促进儿童养成阅读习惯，并促使其在自愿阅读的形式下收获知识、得到快乐①。其中 Antolin 网络阅读活动就是由德国教育机构和各级图书馆协同开展的，通过在线阅读、回答问题、获取阅读证书等系列过程与形式，促进儿童对阅读的认识并助其养成阅读习惯。在社会层面，德国主要的阅读推广活动有“阅读起点——阅读的三个里程碑”项目（源自英国“阅读起跑线”计划），由政府在儿童 10～12 月龄、3 岁和 6 岁三个时期为其免费发放阅读大礼包，涵盖儿童阅读材料和阅读指导（并配备家长使用的阅读和教育说明、本地服务机构等信息）②。在图书馆层面，德国的儿童图书馆（Kinder Bibliothek）具有明确的服务对象层级划分与分级阅读体系，是专门面向儿童的社会服务机构，而且其教育对象不仅包括儿童，还包括儿童监护人和家长。德国部分图书馆还设置有“阅读测量尺”，通过颜色来区分不同的阅读能力阶段与兴趣点，引导家长与教育者适时为儿童提供相应的阅读材料③。

日本的儿童阅读推广起步很早（日本的“儿童”是指所有未满 18 周岁的国民），在 2000 年前后，促进儿童阅读事业发展已经上升为日本的国家战略，日本政府于 2002 年 8 月出台《关于推进儿童阅读活动的基本计划》（以下简称《基本计划》），并每五年修订一次。《基本计划》以“降低儿童的不阅读率”“确保不同儿童的阅读机会”“改善儿童的阅读环境以应对数字社会”和“从儿童角度促进阅读活动”为四大支柱，旨在促进相关部门出台儿童阅读活动的推广措施。此后，日本逐步形成了以政府为主导颁布法律、出台计划，以图书馆为核心载体实施，以民间团体、家庭、学校等力量为有

① 王达.德国促进阅读基金会的推广阅读实践［J］. 山东图书馆学刊，2014（4）：4.DOI：10.3969/j.issn.1002-5197.2014.04.013.

② 芦婷婷.德国儿童阅读推广举措及对我国的启示［J］. 图书馆工作与研究，2016（6）：5.DOI：10.3969/j.issn.1005-6610.2016.06.024.

③ 周剑梅，ZHOU，Jian-mei，等.公共图书馆少年儿童多元化阅读推广研究［J］.四川图书馆学报，2017（5）：4.DOI：CNKI：SUN：TUSH.0.2017-05-017.

益补充的多元合作体系和长效促进机制，在充分发挥政府、图书馆、学校、家庭和民间团体各自作用的同时又彼此协作[①]。张麒麟、姜霖[②]（2020）从行政规划、调查研究、推广项目和图书馆行业四个方面，对日本儿童阅读推广过程中逐步形成的长效促进机制及其经验进行了全面的总结与分析。

四、研究述评

通过文献梳理可以发现，国内外学者从多个角度出发对儿童阅读推广活动展开探索。国外学者研究起步相对较早，研究主要集中在儿童阅读兴趣和影响因素、儿童阅读推广活动形式以及推广策略等几个方面。我国内地目前对儿童阅读推广的研究相对比较集中，很多都是围绕公共图书馆而展开的相关研究，主要是关于图书馆的推广活动及其项目介绍、推广活动中可能存在的主要问题以及解决方案、各地区的儿童阅读推广活动经验介绍等。我国研究大多是一些外在的问题。相比之下，国外的学者在对儿童阅读推广影响因素的研究上则更为细化，对于儿童阅读推广的影响因素进行了较为深入的分析和研究，着眼于儿童的阅读行为与心理，探讨了在儿童我国阅读推广中存在的内部性问题。进入 21 世纪以来，在全民阅读的大背景下，阅读活动得到了广泛的开展，社会各界都逐渐提高了对儿童阅读的关注和重视，即使如此，关注推广乡村儿童阅读的学者依旧不多，关于乡村儿童阅读的研究仍然相对较少。

---

① 曹磊．日本儿童阅读活动政策研究［J］．山东图书馆学刊，2020（1）：7.DOI：CNKI：SUN：SDTG.0.2020-01-022.

② 张麒麟，姜霖．日本儿童阅读推广的长效促进机制［J］．图书馆论坛，2020，40（3）：9. DOI：10.3969/j.issn.1002-1167.2020.03.020.

第四章　乡村儿童阅读推广高校实践

——以“时光益读”公益项目为例

目前，部分政府机构、公共图书馆、高校图书馆、社工机构、公益组织均开展了流动儿童阅读推广的实践探索活动。这些活动多数是阶段性的，缺乏有效的吸引力和持续性，难以产生长期显著的效果。近年来，越来越多的图书馆、社工机构、民间公益组织致力于乡村儿童的阅读推广，努力推动乡村儿童公益图书馆的创建与发展，形成了一些较有影响力的品牌项目，深圳大学“时光益读”公益项目（以下简称“时光益读”）就是其中的典型代表。

在《乡村振兴战略规划（2018—2022 年）》以及《乡村儿童阅读报告》（2018）政策的引领下，时光益读成员在“三下乡”社会实践活动中通过前期调研切实感受到了乡村阅读资源的匮乏和城乡阅读资源的不均，在这种情况下，初代团队发起了时光益读公益项目，致力于乡村儿童阅读推广，努力为乡村儿童带去优质的阅读资源和有趣的阅读体验。时光益读是深圳大学一个专注于乡村儿童阅读推广的学生公益团队，它从中小学教育大纲的规定出发，致力于解决乡村“无书读”“无地读”“不会读”“不愿读”等阅读问题。

自 2018 年成立以来，团队以“跨越城乡，共享阅读时光”为项目口号，通过建设有用的乡村公益图书馆，持续开展有趣的乡村儿童阅读营，同时积极探索地方产业转化以实现自我造血的项目模式，从硬件资源、阅读引导、自我造血三个方面全面构建乡村儿童成长环境系统，着力打造一个充分链接城乡资源的公益阅读文化平台，助力乡村儿童阅读教育发展。

团队主要围绕提供阅读资源、打造阅读环境、组织阅读活动和培养自主阅读者开展服务，如今已经形成三大特色品牌活动：时光图书馆、时光阅读营和时空共读。

一、阅读推广的基础——时光图书馆

1. 图书馆目的

时光图书馆致力于为偏远地区的乡村儿童提供适配的阅读资源，创造良好的阅读环境，营造良好的阅读氛围，将图书馆建设成为当地具有生命力的文化地标，以期进一步丰富村民文化生活、培养大量自主阅读者，助力乡村文化振兴。

2. 图书馆建设

在不断的实践和探索中，图书馆建设已形成一套标准化的流程，从选址到落地，每座图书馆的落成都要历经四个月左右时间，始终围绕为乡村儿童提供合适的阅读场所的目标并因地制宜，为阅读推广打好基础。

（1）社区选址

为确保图书馆建设的合理性及恰当性，团队在建馆前都会进行前期的走访调研，综合当地的人口结构、教育情况、图书资源、区位优势等确定各拟建馆点，并就当地的图书需求、房屋面积、文化特色等情况以及后期开展阅读营的可支持条件进行汇总，因地制宜地保证图书资源使用最优化。

图 4–1　“时光之禄”乡村公益图书馆选址

（2）标准馆建设

在图书馆选址确定后，团队统一招募师生志愿者前往当地进行建馆，出发前建馆小队会就拟建馆点的图书需求、房屋面积、文化特色等实际情况设计一套建设方案，并根据方案购置相应的建馆物资。每座图书馆均由标准物资和特色物资组成，标准物资是每座图书馆都会配备的硬装物资，如书籍、绘本架、桌椅、白板等；除了标准物资外，每个图书馆也会配备不同的软装物资以符合当地的特色，如墙绘、墙贴等。表 4-1 展示了一座标准图书馆的建设资金预算情况。

表 4-1　标准图书馆的建设资金预算

标配物资	单价（元）	总费用（元）
书籍（3000 本）	20.0	60000.0
绘本架（18 个）	200.0	3600.0
桌椅（4 套）	390.0	1560.0
白板和笔（1 套）	95.0	95.0
小黑板（1 个）	35.9	35.9
地球仪（1 个）	33.0	33.0
标语（1 套）	50.0	50.0
地图（2 张）	10.0	20.0
五色纸（72 张）	3.0	216.0
条形码（4000 个）	0.1	400.0
室内软装预算（1 套）	800.0	800.0
总计	66809.9	

注：以上标准图书馆以 60 名乡村儿童为基础来进行物资配备，资金预算根据当年市场实际价格会有上下浮动。

（3）朋辈伴读

每座时光图书馆落地后，时光志愿者都会走访当地，邀请儿童及家长前来参加开馆仪式，并进行为期两天的伴读活动。一方面，宣传所建图书馆，提升当地人的阅读意识，吸引更多的儿童前来阅读。另一方面，了解当地儿童的阅读现状，有针对性地提供一定的阅读引导，激发当地儿童的阅读兴趣。

3. 图书馆运营

时光益读乡村公益图书馆的运营由馆长和团队成员配合完成，而馆长在其中发挥着不可替代的作用，团队对馆长的选拔、职责、监督和激励都制定了规章制度，以保证图书馆的运营质量。

（1）选拔

综合考虑各个因素，馆长的选拔标准主要集中在两个方面：背景与能力。首先，馆长可以是图书馆建设地的常住居民且有时间、精力管理图书馆。同时，由于馆长职能的重要性与烦琐性，其需具备一定的知识水平。因此馆长的理想目标人群为乡村学校教职工及其家属。其次，馆长还可以是当地有意愿当馆长的村民。除此之外，馆长须认同了解“时光益读”的公益理念和“馆长手册”相关内容。根据实际情况，团队会根据职能分配做出调整。

图 4–2　“时光之林”建馆前后对比

（2）职责

馆长职责主要包括三方面：常规性工作、专题性工作和总结性工作。

①常规性工作主要包括图书馆日常的管理和运营，配合远程课程的开展。针对每个图书馆的具体情况设立“阅读存折”，把儿童进馆次数和奖励联系在一起。馆长需要在日常的运营中统计好每位小朋友的进馆次数和专题活动参与情况，并汇总相应数据。

②专题性工作包括图书馆定期举办的阅读活动，如阅读小天地、小小书友会等，以及播放城市志愿者为乡村儿童专门录制的书籍导读课程以及远程课程的协助等内容，以上活动由团队提供方案设计，可有效控制馆长的执行难度。

③总结性工作主要包括日总结和月总结，总结工作须对图书馆各个方面进行评估反馈，从而在一定程度上打破因时空局限而产生的团队和图书馆之间的信息壁垒和情感脱节。

此外，团队也会组织乡村儿童志愿者和团队成员一起辅助馆长的工作，共同维护图书馆的日常运营。

（3）监督

馆长的监督机制通过三个主体间的交互来实现。一是来自当地小志愿者团队，乡村地区儿童经过选拔组建图书馆小志愿者团队，并将开馆情况、馆长的管理情况进行记录，从而对馆长的工作内容进行监督。二是项目组定期回访图书馆，项目组定期对图书馆内的书籍管理和运营情况进行考察，从而对馆长的工作进行直接监督。三是馆长自身工作内容本就包括复盘环节。总结性工作是馆长日常工作中的重要一环，例如建立“全国馆长交流微信群”，馆长在开馆时记录并上传工作日志、馆内照片以及实时视频。

4. 现有成果

多年来，团队深入西藏、云南、贵州、广西、湖南、江西和广东等地的50多个边远乡村或欠发达地区进行实地调研，已经建成并运营了35座“时光益读”乡村公益图书馆，配置图书超135000册，覆盖超过10000名儿童。

二、阅读推广的核心——时光阅读营

时光阅读营致力于通过向乡村儿童开展趣味阅读营活动，提升乡村儿童的阅读能力，增加其阅读兴趣，从而解决“不会读、不愿读”的痛点。

团队面向乡村儿童打造合适的阅读营课程体系，秉承“激发兴趣，掌握方法”的课程理念，组织高校师生志愿者利用寒暑假在各地的乡村图书馆内开展趣味阅读营，通过多样、有趣的课堂形式激发乡村儿童的阅读兴趣，培养其良好的阅读习惯，使其掌握更多阅读方法与技巧，并增强当地儿童与图书馆的情感联结。另外，团队还利用周末开展线上阅读课程，持续为阅读赋能。

截至2023年，团队已开展41期寒暑期阅读营和82期线上远程课，服务超过 10000 名乡村儿童，累计服务 68000 余小时；参与的志愿者除深圳大学本校师生外，还动员吸纳了来自全国各高校的当地返乡大学生。

图 4-3　云南省曲靖市罗平县“时光之林”阅读营

1. 课程设置

（1）课程体系

阅读营课程以“激发兴趣，掌握方法”为教学宗旨。在上课过程中，教师志愿者将以趣味方式引导儿童培养良好的阅读习惯，激发阅读兴趣，并增强儿童与图书馆的情感联结，力求寓教于乐、教学相长。

阅读营课程体系为“1+1+1”，即文化类阅读课程、英语兴趣类课程和惊喜课程。

每期阅读营以文化类阅读课程为主，包括传统名著、生活俗语、古典诗词、外国文学、神话传说。文化类阅读课程侧重于带领儿童感知阅读带来的满足感以及探索个人喜爱的文学风格，重点聚焦在文学阅读方面，而具体选择何种题材，根据志愿者的特长进行安排。英语兴趣类课程以开阔儿童视野为主，开展创新类课程，如文学或影视情节演绎、歌曲教学、绘本带读等，在不带来过多课业压力的情况下提高儿童对英语的兴趣。惊喜课程需志愿者提出非上述两类课程却令众人耳目一新、极具开展意义的课程建议才开设，如手工类、艺术鉴赏类、体育类、特长教学类（如棋类教学、书法教学、绘画教学）等，此大类课程是灵活开展的，非课程体系的硬性指标。

阅读营课程体系采取分级制，分为初级、中级和高级。一到二年级为初级，课表安排三个时段，文化类阅读课程可尝试生活俗语、神话传说、诗歌阅读，以绘本为主；英语兴趣类课程可尝试物品认识、简单交际口语。三到四年级为中级，课表安排四个时段，文化类阅读课程可尝试情节阅读，以绘本为主；英语兴趣类课程可尝试绘本类简易文章。五到六年级为高级，课表安排五个时段，文化类阅读课程可尝试整书阅读；英语兴趣类课程可尝试文本知识类讲解。课程分级制的具体实施依据当地儿童的情况进行调整，从儿童的具体情况出发，开设符合学情与特征的优质课程。表 4-2 为 2022 年暑期云南省保山市“时光之粒”阅读营课表。

表 4-2　2022 年暑期云南省保山市“时光之粒”阅读营课表

<table>
<tr><th rowspan="2">阅读营流程</th><th>周日</th><th>周一</th><th>周二</th><th>周三</th><th>周四</th><th>周五</th><th>周六</th></tr>
<tr><th>7 月 10 日</th><th>7 月 11 日</th><th>7 月 12 日</th><th>7 月 13 日</th><th>7 月 14 日</th><th>7 月 15 日</th><th>7 月 16 日</th></tr>
<tr><td>10:40~11:20</td><td rowspan="7">深圳—广州南—大理</td><td rowspan="3">新寨</td><td rowspan="3">打扫卫生和宣传招生</td><td rowspan="3">招生</td><td>早读</td><td>电影或纪录片鉴赏</td><td>早读</td></tr>
<tr><td>11:30~12:10</td><td>阅读</td><td>文字</td><td>性教育</td></tr>
<tr><td>12:20~13:00</td><td>数学</td><td>英语</td><td>合唱</td></tr>
<tr><td>13:00~13:20</td><td></td><td></td><td></td><td></td><td></td><td></td></tr>
<tr><td>13:20~14:00</td><td rowspan="3">打扫卫生和宣传</td><td rowspan="3">招生</td><td rowspan="3">开营仪式</td><td>手工</td><td>性教育</td><td>阅读</td></tr>
<tr><td>14:10~14:50</td><td>手工</td><td>合唱</td><td>数学</td></tr>
<tr><td>15:00~15:40</td><td>快乐健身</td><td>舞蹈</td><td>体育</td></tr>
<tr><th rowspan="2">阅读营流程</th><th>周日</th><th>周一</th><th>周二</th><th>周三</th><th>周四</th><th>周五</th><th>周六</th></tr>
<tr><th>7 月 17 日</th><th>7 月 18 日</th><th>7 月 19 日</th><th>7 月 20 日</th><th>7 月 21 日</th><th>7 月 22 日</th><th>7 月 23 日</th></tr>
<tr><td>10:40~11:20</td><td>电影或纪录片鉴赏</td><td>英语</td><td rowspan="3">运动会</td><td>电影或纪录片鉴赏</td><td>早读</td><td>电影或纪录片鉴赏</td><td>早读</td></tr>
<tr><td>11:30~12:10</td><td>手工</td><td>阅读</td><td>数学</td><td>文字</td><td>阅读</td><td>英语</td></tr>
<tr><td>12:20~13:00</td><td>手工</td><td>数学</td><td>性教育</td><td>英语</td><td>性教育</td><td>手工</td></tr>
<tr><td>13:00~13:20</td><td></td><td></td><td></td><td></td><td></td><td></td><td></td></tr>
<tr><td>13:20~14:00</td><td>文字</td><td>性教育</td><td rowspan="3">运动会</td><td>阅读</td><td>合唱</td><td>合唱</td><td>合唱</td></tr>
<tr><td>14:10~14:50</td><td>合唱</td><td>合唱</td><td>文字</td><td>合唱</td><td>合唱</td><td>合唱</td></tr>
<tr><td>15:00~15:40</td><td>快乐健身</td><td>班会</td><td>体育</td><td>快乐健身</td><td>舞蹈</td><td>班会</td></tr>
</table>

续表

阅读营流程	周日	周一	周二	周三	周四	周五	周六
	7月24日	7月25日	7月26日	7月27日	7月28日	7月29日	7月30日
10:40~11:20	放假	文字	阅读	电影或纪录片鉴赏	早读	电影或纪录片鉴赏	排练
11:30~12:10		英语	数学	性教育	文字	数学	
12:20~13:00		性教育	英语	文字	英语	文字	
13:00~13:20							
13:20~14:00	放假	阅读	手工	合唱	数学	英语	文艺会演、结营仪式、颁奖典礼、篝火晚会
14:10~14:50		数学	手工	合唱	阅读	合唱	
15:00~15:40		快乐健身	舞蹈	体育	班会	合唱	

（2）课程实施

①课程内容组织。

志愿者讲师准备的课程大纲需遵循课程体系“1+1+1”中文化类阅读课程、英语兴趣类课程和惊喜课程的要求。为儿童推介阅读书籍时，选取的阅读书目需根据儿童年龄特点和知识储备，并基于时光益读所提供的书目资料，选取最具代表性的作品为儿童导读。同时，志愿者讲师对儿童进行阅读指导，讲授阅读方法，引导儿童在理解的基础上，对文中描绘的形象、表达情感等各个特点进行欣赏，或引导其对文本描绘形象、事物的多元思考。鼓励志愿者讲师组织读书交流，鼓励儿童谈阅读后的感受，对感兴趣的人物和事件有自己的感受和想法，并乐于与他人分享。对儿童的学习成果进行展示，开展多种课堂趣味阅读游戏或安排一定的实践活动，比如开一场故事分享会，加深儿童对这本阅读书目的认识和理解。

②课程准备与实施。

在课程准备阶段，志愿者讲师的教案应遵循一定的格式要求，其内容包括教学目标、教学准备、教学重难点、活动过程（应分板块描写，有步骤顺序）以及课程反思。志愿者讲师提前制订阅读实施计划、课时安排，每本绘本或读物按其内容合理划分课时，需有指导、推进、汇报等阅读教学节奏，稳步开展课程。同时，志愿者讲师需要了解班级规模并熟悉场地，提前做好场地安排（如室外游戏活动需要的地方），确认多媒体投影等设备运行正常、教学工具准备齐全。

在课程实施阶段，课程组织形式可分为集体活动、小组活动和个别活动。以集体教授为主，以小组分组形式安排，培养合作能力，在一定情况下可进行个别活动。志愿者讲师通过创设情境，提供知识信息源，给儿童阅读内容提供一个切入点，便于儿童更好地理解文本内容。营造宽松、和谐的课堂氛围，讲师作为课堂教学的组织者、引导者，以积极热情的情绪状态，结合儿童特点，以游戏激发兴趣，发挥儿童的主体作用。讲师可以把自己课外阅读的积累、读书体验的（点滴）感受等融合自己的教育智慧在课堂上与学生共享读书乐趣。鼓励志愿者讲师结合实际选择恰当方法，多开展有趣的阅读游戏或阅读比赛，灵活安排教学内容。

2. 阅读营＋远程课堂

（1）假期阅读营

每年寒暑假，时光益读团队依靠“三下乡”假期社会实践项目，组织大批志愿者讲师前往时光图书馆所在地开展为期 14～20 天的阅读训练营活动。部分时光图书馆号召当地返乡大学生在馆内担任阅读营志愿者讲师，团队为其提供远程支持，帮助他们独立地在家乡开展阅读营活动，为家乡公益事业贡献自己的一份力量。在改善乡村儿童阅读现状的同时，增强当地大学生的社会责任感，培育他们反哺家乡的青年情怀。

每期时光阅读营会招收 30～100 名儿童，志愿者队伍在课程体系的框架下，结合当地儿童的综合情况，共同讨论并制定适合合力开展的阅读营课程，在阅读营活动期间全身心投入教学活动中，与当地儿童和队员彼此陪伴，共同成长。

（2）远程课堂

自 2021 年 4 月起，团队开始了远程课的探索，招募擅长远程授课的志愿者讲师，每周末在校内为乡村儿童开展线上课程，打破时空界限，以期更好地保持假期阅读营的效果，增强当地儿童与时光图书馆的情感联结。

团队在部分网络条件较好的乡村馆址，安装了多媒体信息设备，并培训馆长学会操作远程课堂。在每周末的授课时间之前，由馆长组织儿童来到馆内，通过腾讯会议等平台与志愿者讲师连线上课。

图 4-4　江西省赣州市崇义县思顺乡“时光之思”2022 暑期阅读营课堂

图 4-5　云南省怒江州贡山县丙中洛镇小茶蜡村“时光之虹”2022 暑期阅读营

图 4-6　云南省曲靖市罗平县九龙镇恩勒村“时光之林”2022 暑期阅读营

图 4-7　广西壮族自治区桂林市全州县绍水柳甲村“时光之柳”2022 暑期阅读营运动会

三、阅读推广的城乡链接——时空共读

1. 活动目的

“时空共读”作为时光益读的子项目，以其极富创造力的独特形式为乡村儿童配捐了大量优质图书。时光益读以“阅读 + 公益”为理念，致力于通过开展“时空共读”活动号召更多的儿童、老师及社会人士培养阅读习惯，以阅读结交志同道合的书友，并结合阅读捐书的公益形式共同打造属于乡村儿童的阅读空间，营造书香处处的社会氛围。

图 4-8　“时空共读”读书分享会

2. 活动流程

①主要面向高校在校大学生和社会人士开展此活动，活动前期通过线上（以微信公众号为主）线下（以海报为主）联动宣传以发布活动信息并启动报名仪式，成功报名即可参与活动。

②参与者每天至少阅读半小时并打卡，若其成功达成任务指标，团队将以其名义向乡村地区儿童捐赠与参与度（如阅读时长）相匹配的书籍数量并发放捐赠证书。

③在活动中参与者可参与话题讨论和时光茶话会活动，分享观点和阅读感悟，打造一场沉浸式多元互动体验。

④活动期间举办“见字如面”活动，加强城乡互动，即“时空共读”参与者就捐赠的童书为乡村地区儿童写寄语或分享阅读感悟，由团队举办阅读营活动或建馆活动时直接交与当地儿童。

⑤作为回馈，乡村地区儿童会在团队引领下完成手工作品，由团队制作成文创产品并交与参与者。

⑥活动结束后，所建立的微信群不解散，进行社群运营，巩固粉丝基础。

“时空共读”活动介绍见表 4–3。

表 4–3　“时空共读”活动介绍

活动名称	14 天线上共读
活动目的	帮助城市参与者养成良好的阅读习惯 为乡村地区儿童筹募书籍 增强城乡情感互动
活动周期	10~30 天
活动对象	以高校学生为主体的在校学生、社会人士等
打卡平台	微信群或小程序
活动任务	每天阅读半小时以上并打卡
活动运营	每日打卡提醒、话题讨论、每日颁奖、时光茶话会
激励机制	以成员的名义向乡村地区儿童捐赠一定价值的书籍， 并获得捐赠证书
活动产出	阅读感悟、信件、微信群等
资金支持	公益基金会、企业、BeeBeeNice 养蜂奶奶 在时光益读积分平台上认捐书籍

四、项目成果

三大特色品牌活动（时光图书馆、时光阅读营和时空共读）从探索、发展到长期稳定运行离不开优秀的公益团队。团队运营成员均有丰富的公益志愿服务经验，自 2018 年以来，时光益读立项“乡村图书馆建馆”“阅读训练营”等多场志愿服务活动，累计认定义工时超过 7 万小时；阅读讲师志愿者队伍不乏儿童教育相关经验者，其中师范专业志愿者比例高达 46%，有儿童教育经验者比例高达 79%。另外，团队运营成员和志愿者覆盖本科生和硕士生，来自深圳大学多个学院，包括经济学院、传播学院、师范学院、物理与光电工程学院、电子与信息工程学院、管理学院、政府管理学院、微众银行金融与科技学院等，涵盖十几个专业，其中也有来自港澳地区和外国的同学。团队运营成员的跨学科思维给团队各品牌活动的开展提供了多维度的思路，想法多元更能碰撞出创新火花，从专业多维的角度助力项目全面可持续性的发展。不同专业背景的志愿者融合学科知识和自身特长，为乡村儿童带去别样的学习体验。此外，港澳地区学生和外国留学生也结合自身学习和生活经历为乡村儿童开展特色课程，拓宽乡村儿童的国际视野。同时，团队对成员人才的培养路径与延续机制进行了长期的探索与实践，加上成员对自身发展要求的规划，团队会在个人成长与整体进步中不断进行自我完善，实现可持续发展。

多年来，团队在《乡村振兴战略规划（2018—2022 年）》有关精神的指导下，在深圳市汇心承爱慈善基金会、深圳市荣昇信息科技有限公司、深圳大学创业园、深圳大学语言文字工作委员会以及深圳大学校内各相关部门和各届优秀校友的支持下积极开展运营。近年来“时光益读”项目团队通过不懈的努力，实现了从无到有、从萌芽到发展的美丽蜕变，取得了一系列项目成果。

①以深圳大学为主体，覆盖全国近 670 名高校师生志愿者，共开展 41 期实地阅读营和 82 期线上远程课，为 3000 多名乡村儿童开展了朗诵、剧本、英语、历史、地理、美术、摄影、音乐、舞蹈、体育、理财以及青少年性教育等一系列素质教育活动及课程。2022 年开创“儿童自制绘本计划”项目，完成自制绘本 15 本。项目聚焦于构建绘本阅读新模式，探索绘本游戏多元化方式，让儿童走进绘本丰富的知识、情感、艺术和想象力世界；促

进志愿者教师提升专业素养，创新绘本解读思路，点燃儿童的阅读和探索兴趣，让儿童爱上绘本、爱上阅读，从而促进其综合素质的提高。

②团队创建并开展“时空共读”线上“阅读 + 捐赠”活动。该活动迄今为止已举办了 16 期，通过互联网集结读书爱好者超 7 万人次，累计超过 67000 小时的阅读时长，由此转化的阅读积分共为乡村儿童配套捐赠 23510 本图书。“时空共读”活动已实现城市支线的顺利落地，与广东外语外贸大学、广东医科大学、广东技术师范大学等粤港澳大湾区高校实现合作，助力大湾区“人文湾区”建设，另外也和郑州大学、大连理工大学等省外高校跨时空联动，让阅读深入更多校园，也证明了该活动模式在各大高校具有较高的可复制性与较大的影响力。

③多年来，时光益读创建“有心的图书馆”，举办“有爱的阅读营”，链接“有情的时空共读”等系列志愿服务活动，累计认定义工工时超过 7 万小时。

④成功孵化“BeeBeeNice 养蜂奶奶”蜂饮品牌，将优质的云贵蜂蜜资源带到城市，携手助力乡村地区的教育扶贫和产业扶贫，帮助云南蜂农累计销售蜂蜜超过 1200 斤，增加了超过 150000 元的收入，其营收部分作为公益基金反哺“时光之初”公益图书馆的日常运作与开展阅读营的费用。

⑤以“行走课堂出真知”作为指导思想，通过助人自助、自助助人不断叠加团队成员之间的人文关怀，孕育浓厚的人文气息，培育出德行兼备的高校青年人才。

多年来，团队先后获得第四届“互联网 +”大赛省级银奖、第八届“互联网 +”大赛项目省级铜奖、粤港澳大湾区公益联合创投二等奖、第十三届“挑战杯”广东省大学生创业计划竞赛银奖、中国公益慈善项目大赛“优秀项目”等十余项省市级比赛奖项；成功立项大学生创新创业项目 7 个，其中国家级 4 个、省级 3 个；共完成 80 次“三下乡”社会实践活动，获得共青团中央“2021 年全国社会实践活动优秀品牌”认证，是广东省唯一获得此殊荣的高校团队；2022 年 9 月，团队获得“深大首届青年先锋奖章”荣誉；“时光益读”项目已被《中国青年报》、《广州日报》、深圳广播电视台、《深圳晚报》、《曲靖日报》、罗平融媒体等 50 多家知名媒体、报刊及网站报道，项目通过校友会、基金会等渠道筹得款项超过 200 万元，为乡村阅读和知识扶贫提供了有效的保障，为我国乡村振兴作出了贡献。

第五章　图书馆参与乡村儿童阅读的实践及策略

胡振宁[①]

阅读是人民群众享有的最基本的文化权利，也是现阶段社会主义文化强国建设进程中人民最为普遍与持久的文化需求。2012 年 11 月，党的十八大提出建设社会主义文化强国必须为人民提供丰富的精神文化生活，报告中首次出现“开展全民阅读活动”；2014—2022 年，全民阅读连续 9 年写入政府工作报告中。从“倡导”到“深入推进”，阅读推广愈向纵深发展。

在乡村振兴战略的大背景下，乡村地区的阅读推广工作备受瞩目。2018 年，中共中央、国务院印发的《乡村振兴战略规划（2018—2022 年）》明确指出，我国人民日益增长的美好生活需要和不平衡不充分的发展之间的矛盾在乡村最为突出，通过推动全民阅读进家庭、进农村，提高农民科学文化素养，是乡村振兴战略的重要内容之一[②]。2020 年 10 月，中宣部印发《关于促进全民阅读工作的意见》，要求到 2025 年基本形成覆盖城乡的全民阅读推广服务体系。2021 年政府工作报告提出推进城乡公共文化服务体系建设，创新实施文化惠民工程，倡导全民阅读，针对性提出推动乡村地区全民阅读[③]。

儿童阅读是全民阅读的重要组成部分，被称为“根的工程，花的事业”。乡村儿童作为一个特殊的儿童群体，受多种因素限制，基本阅读需

① 胡振宁，教授，深圳大学图书馆馆长。

② 中国政府网. 中共中央国务院印发《乡村振兴战略规划（2018—2022年）》[EB/OL][2018-09-26] http://www.gov.cn/xinwen/2018-09/26/content_5325534.htm.

③ 中国政府网. 中宣部印发《关于促进全民阅读工作的意见》深入推进全民阅读 [EB/OL][2020-10-22] http://www.gov.cn/xinwen/2020-10/22/content_5553414.htm

求无法得到有效满足。《中国儿童发展纲要（2011—2020 年）》提出，要为乡村儿童阅读图书创造条件，广泛开展图书阅读活动，鼓励和引导儿童阅读[①]。在现阶段提倡全民阅读的大环境下，如何让乡村儿童积极参与阅读活动，共享文化发展成果是图书馆界和全社会亟需解决的一个现实问题。

一、乡村儿童阅读的现状及问题

从文献及相关调查报告看，当前我国乡村儿童的阅读情况并不乐观。

据第十九次全国国民阅读调查报告显示，2021 年 0–8 周岁儿童图书阅读率为 72.1%，9–13 周岁少年儿童图书阅读率为 99.1%，人均图书阅读量为 10.21 本[②]。由此可见我国儿童阅读群体潜力巨大。但是，城乡儿童拥有的图书资源比例却严重失衡。根据中国乡村发展基金会联合中国新闻出版研究院、南方电网公司 2022 年 12 月发布的《2022 年乡村小学阅读状况调查报告》数据显示，乡村小学生每天用于手机、电脑、电子阅读器、Pad 等设备进行阅读或听书的时间超 30 分钟，阅读课外纸质图书的时长仅为 18 分钟，人均纸质图书阅读量为 3.3 本。同时，报告总结乡村小学生阅读存在三大问题：乡村小学生图书阅读数量相对较低，缺乏良好的阅读习惯；校园阅读教育服务能力有待加强；乡村儿童家庭阅读氛围有待提高[③]。结合中国青少年发展基金会和 21 世纪教育研究院于 2017 年发布的《城乡少年阅读现状白皮书》数据显示，乡村少年儿童在课外读物的来源和种类方面与城市少年儿童存在明显差异，有一半的乡村少年儿童过去一年的阅读量不足 4 本，超过 7 成的少年儿童明显缺乏父母陪伴等阅读指引，“孤读”现象令人担忧。这些现象都表明，乡村儿童阅读还有巨大的进步空间。

相关文献对此进行了原因分析。何敏霞在 2019 年调查了佛山市高明区的 270 余名留守儿童，发现他们普遍存在阅读意识低、阅读态度差、阅

---

① 百度百科 .《中国儿童发展纲要（2011—2020 年）》[EB/OL][2023-1-22] https://baike.baidu.com/item/%E4%B8%AD%E5%9B%BD%E5%84%BF%E7%AB%A5%E5%8F%91%E5%B1%95%E7%BA%B2%E8%A6%81%EF%BC%882011-2020%E5%B9%B4%EF%BC%89/652802?fr=aladdin

② 中国出版网 . 中国新闻出版研究院发布第十九次全国国民阅读调查结果 [EB/OL] [2022-4-24] http://192.168.0.5:8080/pub/zgxwcbyjy/yw/202204/t20220424_31774.html

③ 《2022年乡村小学阅读状况调查报告》：听书深受乡村小学生欢迎 https://baijiahao.baidu.com/s?id=1751086756536838455&wfr=spider&for=pc

读时间短、阅读书籍量少等问题，影响留守儿童去图书馆阅读的主要因素为图书馆距离较远、图书馆书籍不能满足需求、图书馆服务较差等①。邓倩（2015）对重庆市1200名农村留守儿童的阅读现状进行调查发现，他们的阅读时间不足、纸质阅读渠道狭窄、数字化阅读增加、缺少有效的阅读指导、阅读环境欠佳等②。针对数字化阅读体验，余凯璇、章忠平（2018）调查了江西安义县三所小学的1803名留守儿童的手机阅读情况，发现了留守儿童手机阅读意识淡薄、阅读兴趣欠缺、阅读主动性不强、阅读方法不当、阅读能缺乏等问题，“碎片化阅读”“浅阅读”“快餐式阅读”成为留守儿童阅读的主流方式③。

从目前有关乡村儿童阅读状况的研究来看，研究者普遍认为影响乡村儿童阅读的因素主要有三个：①缺乏良好的家庭阅读环境。家庭文化背景、经济情况、对阅读的认识等是影响乡村儿童阅读的重要因素④。家长的文化程度低，没有阅读习惯，家中藏书量小，对阅读不太重视，家庭环境不利于乡村儿童阅读兴趣的培养⑤。②乡村公共阅读服务体系发展滞后。公共图书馆与农家书屋都处于欠发展状态，基层政府的精力与财力投入不够，“空壳化”严重，工作仅停留在文件与口号上的现象较为普遍⑥。乡村学校图书室没有为儿童课外阅读提供足够支持⑦。同时乡村公共阅读体系中专业的儿童阅读推广人才较少⑧。此外乡村互联网普及率低，数字阅读发展显著低于城市⑨。③社会关注不够。由于社会发展不平衡，在地区差距、城乡差距、贫富差距背景下，数量庞大的乡村儿童在发展中处于不利地位，在发展的各

① 何敏霞.留守儿童图书馆阅读的影响因素分析——基于调查问卷的实证分析［J］.图书馆学刊，2020，42（8）：81-84

② 邓倩.农村留守儿童阅读现状的调查分析——以重庆市为例［J］.出版发行研究，2015（1）：80-83.

③ 余凯璇，章忠平.公共图书馆面向农村留守儿童开展手机阅读服务的思考［J］.图书馆理论与实践，2018（3）：86-92.

④ 周国清. 农村学龄前儿童图书阅读情况调查与思考——基于湖南省中东部农村地区的调查研究［J］. 中南林业科技大学学报（社会科学版），2013（6）：175-179.

⑤ 亓娜. 我国当代儿童阅读现状及其影响因素研究［D］.济南：山东艺术学院，2012.

⑥ 阳云华.农村小学高年级学生课外阅读现状研究——以湖南省隆回县S小学为例［D］.昆明：云南大学，2017

⑦ 邓小昭，张敏，刘灿.农村留守儿童课外阅读环境研究——以重庆市为例［J］.图书情报工作，2013，57（5）：50-55.

⑧ 牛波.公共图书馆提高农村儿童阅读率的途径探微［J］.四川图书馆学报，2017（1）：13-16.

⑨ 邓倩. 农村留守儿童阅读现状的调查分析—以重庆市为例［J］.出版发行研究，2015（1）：80-83.

个方面均不同程度地落后于城市儿童[①]。

乡村儿童阅读状况差的原因很多，其中重要原因之一即缺乏支持阅读的相关环境，例如图书馆服务缺乏。王子舟等（2015）者尝试通过田野调查和行动研究，探索如何有针对性地建设专门为乡村儿童服务的图书馆设施。研究指出，援建乡村图书馆，质量更重于数量，多方力量合作建设民间图书馆是一种可行的方式；乡村图书馆援建的重心是如何有效运行；激活民间图书馆自身发展活力是努力的方向[②]。

二、图书馆开展乡村儿童阅读服务研究现状

国内外学者持续关注图书馆参与乡村儿童阅读的问题，主要研究角度有儿童对于图书馆的定位认知态度、图书馆推动乡村儿童阅读的作用、图书馆参与儿童阅读的实证研究以及图书馆开展儿童阅读的模式研究。

学者研究儿童对于图书馆的认知和态度。何靖怡等（2016）调查发现“图书馆缺乏足够空间和信息化设备，依然被视为重要的学习空间”“很少儿童在图书馆从事看电影和玩游戏等娱乐活动，读者活动缺乏且期待度低”“图书馆开馆时间与少儿作息时间不一致”[③]。肖鹏等（2019）对广州市乡镇图书馆和流动与留守儿童利用行为的考察发现，“图书馆不仅仅是借阅场所，更是交流空间，不少流动/留守儿童在图书馆成为朋友和玩伴”[④]。王素芳、谭清安（2022）对湖南湘西某乡村中学的学生调查发现，乡村留守儿童对图书馆的认知都停留在传统借阅和提供学习环境层面，如“在书多的环境中更能看进书”。希望图书馆能够更多支持学习、社交、娱乐、信息等多元功能[⑤]。国外也有学者进行此类研究。Cook S J等（2005）对美国616

① 闫裕. 农村儿童课外阅读指导的行动研究［D］. 长春：东北师范大学，2008.

② 王子舟，邱璐，戴靖. 安徽乡村留守儿童图书馆援建纪行——肥东县阳光小学图书馆、岳西县留守儿童服务中心图书馆［EB/OL］. 山东图书馆学刊，2015（3）：120-122.

③ 何靖怡，陈丽纳，肖鹏. 少儿对街镇图书馆的使用与认知调查研究［J］. 图书馆建设，2016（4）：58-73.

④ 肖鹏，陈润好. 消失的读者：基层图书馆视角下外来务工人员子女的阅读特征与需求［J］. 图书馆，2019（5）：92-98，111.

⑤ 王素芳，谭清安. 乡村振兴背景下贫困地区农村面向青少年的数字文化环境建设——基于留守儿童网络使用和图书馆服务需求的调查分析［J］. 农业图书情报学报，2022，34（1）：16-37.

名六至九年级学生对公共图书馆的态度进行了调查，他们主要利用图书馆进行学校研究、寻找书籍、光顾图书馆餐厅、玩电子游戏，以及与同龄人社交①。Howand（2011）对加拿大青少年对公共图书馆态度的调查发现“最理想的特征是社交空间”。21 世纪以来在数字化背景下，儿童图书阅览空间从无趣、传统、装满书籍的阅览空间向拥有私密、合作、共享、讲故事、多媒体以及各种体验展示的多样化学习空间转变成为趋势②。

学者均认可图书馆对儿童阅读的促进作用。Joe Matthews（2015）认为公共图书馆能促进中小学生阅读③；Gouldinga A 等（2017）剖析了奥特罗亚图公共图书馆的阅读推广活动，认为公共图书馆影响着幼儿阅读习惯和阅读素养④。Ian Dyson（1990）从坎伯兰乡村图书馆入手，认为乡村地区可借助移动图书馆为边远地区读者提供图书资源和阅读服务，提倡相应的资金向乡村倾斜，并认为在乡村图书馆开展阅读推广可将视角触及农村儿童⑤。

更多学者从实证调研角度分析图书馆参与儿童阅读现状，并提出多维的建议。高岩（2016）从政府主导层面探讨了公共图书馆少儿阅读推广存在的问题，指出公共图书馆的少儿阅读推广活动缺乏国家法律保障、财税政策支持和组织机构统领⑥。许大文等⑦（2020）阐述嘉兴市图书馆开展学龄前儿童阅读推广中的创新举措，提出乡村儿童阅读可完善儿童社会性发展，对于提升国民素质以及缩小城乡差距具有指导意义。王素芳等⑧（2013）从儿童阅读推广活动的综合评估指标体系入手，基于实证分析的视角构建“图书馆—用户感知—社会影响”的多维度指标。

---

① Cook S J, Parkers, Petti Johnce. The public library: an earlyteen’s perspective［J］. Public Library, 2005, 44（3）: 157-161.

② 赖彤，王平. 美国公共图书馆儿童服务实践：基于网络内容的分析［J］. 国家图书馆学刊，2015（1）：64-69

③ Joe Matthews. Evaluating summer reading programs: suggested improvements［J］. Public Library, 2010（8）：34-40.

④ Goulding A, Dickie J, Shuker M J. Observing preschool storytime practices in Aotearoa New Zealand’s urban public libraries［J］. Library & Information Science Research, 2017, 39（3）：199-212.

⑤ Ian Dyson Mobile libraries in rural areas, with special reference to clwyd［J］. Library Management, 1990, 11（2）：15-32

⑥ 高岩. 公共图书馆少儿阅读推广问题举要［J］. 图书馆学刊，2016（3）：36-39.

⑦ 许大文，胡萍，陆艳芳，等. 公共图书馆乡村学龄前儿童阅读推广实证研究——以“阅动全家书香嘉兴”为例［J］. 图书馆杂志，2020（6）：67-76.

⑧ 王素芳，孙云倩，王波. 图书馆儿童阅读推广活动评估指标体系构建研究［J］. 2013，39（208）：41-52.

三、图书馆参与乡村儿童阅读的实践案例

图书馆是文化教育事业的重要组成部分，是进行素质教育的重要阵地，倡导阅读、为农村留守儿童提供阅读指导是图书馆义不容辞的责任。图书馆作为社会公共文化服务的重要机构，在全民阅读、儿童阅读上发挥着重要作用。

纵观已有实践，公共图书馆、乡村学校图书馆、乡村图书馆、高校图书馆等不同类型的图书馆通过各种方式参与乡村儿童阅读推广工作。

1. 公共图书馆

公共图书馆是保障民众平等获取信息的社会机构，从其诞生以来，就担负着支持正规教育、终身教育、培养青少年阅读习惯等重任。公共图书馆是全民阅读的主阵地，在阅读文献资源、专业技术人员以及社会文化共享平台等方面具有优势。这些优势同样作用于乡村儿童阅读。《中华人民共和国公共图书馆法》要求建立以县级公共图书馆为总馆，乡镇（街道）综合文化站、村（社区）图书室为基层服务点的总分馆制，促进公共图书馆服务向城乡基层延伸[①]。

整体而言，受限于经费、距离、人员等因素，我国的县市、乡镇公共图书馆在乡村儿童阅读上发力还不够。同时，我们看到，部分公共图书馆克服困难，积极探索可行的乡村儿童阅读路径，走出了各具特色的乡村儿童阅读模式。

（1）重庆图书馆蒲公英梦想书屋

“蒲公英梦想书屋——重庆市公共数字文化工程乡村留守儿童关爱行动”由重庆图书馆发起，是着力解决乡村留守儿童纸质读本、电子学习资源缺乏的困难而创建的公益行动。“蒲公英梦想书屋”项目以 1+6X 的活动形式为留守儿童服务。1 是指建立乡村留守儿童学校蒲公英梦想书屋，梦想书屋解决留守儿童看纸质书和电子资源难的问题，项目特意选中农村留守儿童比较集中的留守儿童学校。针对农村留守儿童学校设施设备缺乏的特点，

① 中国人大网. 中华人民共和国公共图书馆法 http://www.npc.gov.cn/npc/c12435/201811/3885276ceafc4ed788695e8c45c55dcc.shtml

项目向学校赠送1000册图书和10台电脑供孩子们学习使用，并提供重庆图书馆电子资源的免费使用权。6X”是指“梦想书屋”——蒲公英梦想书屋共建、“拜师学艺”——传统手工艺雕版印刷互动体验、“科技初体验”——VR体验、“时光照相馆”、相伴成长巡回讲堂、爱心文化集市以及举办当地特色活动等活动。截至2019年9月，重庆市共建成蒲公英梦想书屋36个，现场活动服务留守儿童18000余人次，落成书屋服务50000余名留守儿童①。

（2）郴州市图书馆“春苗书屋”

“春苗书屋”是郴州市图书馆和郴州福城志愿者协会联合打造的阅读推广长期实践项目。此项目于2010年开始策划并试行，2011年3月正式启动。该项目招募具有专业知识的志愿者，建立流动图书站点，以政府投入、公益捐赠为保障，开展阅读推广、阅读指导、阅读展示、图书漂流等活动，促进全民阅读，构建政府、企业、学校、公益机构、志愿者、家长共同参与的阅读推广平台，用优秀的课外图书和阅读推广活动改善郴州儿童的阅读状况，让农村儿童与城市儿童一样共读、共享阅读资源，促进其身心健康发展。

郴州市图书馆为“春苗书屋”活动项目投入购书经费和办公经费，福城志愿者协会设立春苗基金，提供日常运营经费。“春苗书屋”阅读推广的所有活动不收取任何费用，无偿为乡村儿童服务，活动工作经费由春苗基金承担，志愿者的生活费用由个人承担②。截至2020年底，春苗书屋公益儿童图书馆遍布城中四面，形成东南西北纵横网，拥有图书50万余册、有效持证读者5万多人，开展活动8000余场次，借还图书近800万册次；拥有固定服务点393个，包括7个公益图书馆、10个校园图书馆、10个幼儿园绘本馆、14个乡村图书馆及352个班班图书角③。

春苗书屋面向乡村儿童阅读的具体举措有五个方面④。①建立爱心图书室，丰富乡村校园阅读资源。爱心图书室建立点均选择在教育资源相对薄弱的乡村学校及城区农民工子女较集中的民办学校、子弟学校，迄今为止

① 蒲公英梦想书屋. https://www.cqlib.cn/?q=node/4251

② 云凤丽. 农村儿童阅读推广实践——以郴州市图书馆“春苗书屋”为例［J］. 湘南学院学报，2020，41（4）：116-119.

③ 云凤丽，徐畅. 民间公益儿童图书馆建设研究［J］. 河南图书馆学刊，2022，42（4）：87-90.

④ 云凤丽. 农村儿童阅读推广实践 ——以郴州市图书馆“春苗书屋”为例［J］. 湘南学院学报，2020，41（4）：116-119.

在 26 个学校建立了爱心图书室。②建立乡村绘本图书室，兼顾低龄儿童。在条件成熟的地方建立绘本图书室作为市图书馆分馆，以适合低年龄段的儿童阅读绘本为主，现已建立 10 个乡村绘本图书室。乡村绘本图书室由志愿者管理，由志愿者负责陪伴儿童读书、讲故事、做游戏。③设立“快乐小陶子”流动图书站。将农村儿童作为服务对象，以绘本、科普图书为载体，由志愿者定期将书送到定点学校，供儿童阅读。目前已在全市建成了 15 个固定点，定期定时开展阅读活动。④设立班级图书角。在农民工子女集中的学校，以班级为单位开展读书活动，作为学生的第二课堂，培养其阅读习惯，现已在城郊学校建立 60 多个班级图书角。⑤组织“快乐同行”乡村夏令营活动。利用暑期安排城市儿童和农村儿童在乡村共同生活、共同劳动、共同阅读，结合实地环境开展各种丰富有趣的活动，促进城市儿童和乡村儿童的交流，搭建共同成长的平台。

（3）嘉兴市图书馆“阅动全家书香嘉兴”项目[①]

“阅动全家书香嘉兴”是嘉兴市图书馆于 2018 年全面启动的阅读推广项目，以“三三三”课程暨好家长课堂、好宝贝课堂和领读者课堂为主要实施途径，围绕如何做一个让孩子爱上阅读的好父母、如何给学龄前儿童进行阅读指导、如何开展阅读推广三个主题进行课堂架构，依托嘉兴市城乡一体化公共图书馆服务体系，联合阅读社工组织开展公益阅读指导活动，在各村（社区）、文化礼堂、农家书屋、智慧书房和图书流通站等有计划、持续性地进行点对点推广服务，打造城乡亲子阅读指导知识的第一课堂。“阅动全家书香嘉兴”项目并不建设图书室，而以阅读指导、阅读培训及平台搭建为重心，推动乡村学龄前儿童阅读。

项目的主要举措有：①采取内部孵化 + 专家培训的方式，培育专业阅读推广社工组织。项目组设计了一系列具有针对性的阅读推广人培训课程，从阅读推广理论、教育学心理学等基础课程到策划和组织阅读推广活动的实践课程，多角度提高阅读推广人的阅读技巧和能力。②打造“三三三”课堂服务设计模式，构建全方位阅读指导体系。从活动空间、时间、对象、内容等角度出发，顾及儿童、家长和阅读推广人三者密不可分的关系，打

① 许大文，胡萍，陆艳芳，等. 公共图书馆乡村学龄前儿童阅读推广实证研究——以“阅动全家书香嘉兴”为例［J］. 图书馆杂志，2020（6）：67-76.

造成立体式系列课堂，普及阅读指导知识并建立完善的阅读指导实际操作模板。③搭建线上阅读推广人志愿者平台，畅通阅读供需双方的有效对接渠道。镇（街道）分馆、村（社区）分馆、农家书屋等阵地可通过平台发布阅读活动需求，阅读推广志愿者或组织根据自身能力和需求在平台上提交活动申请，嘉兴市图书馆派专人负责志愿申请审核及阅读活动预约对接工作，真正把阅读活动资源引入基层及其他的需求方。

“阅动全家书香嘉兴”项目在推进过程中举办的阅读推广活动，将学龄前儿童阅读推广服务延伸至基层，切实解决农家书屋、图书流通站、文化礼堂这些场所“只有资源、没有服务”的困境。

此外贵州省图书馆推行“新布客”书屋项目，在流动人口学校及乡村学校建图书室，定期为贫困地区儿童开展阅读活动①。梅州市剑英图书馆与乡镇幼儿园合作，开展惠及贫困地区农村儿童的阅读推广活动②。平度市图书馆自 2017 年实施“行走的书箱”乡村阅读推广项目，并探索出乡村图书馆阅读推广的“平度模式”③。这些举措也值得称赞和肯定。

（4）国外公共图书馆的代际阅读和图书伙伴项目

在国外，一些公共图书馆开展的两种跨年龄阅读模式探索（青少年志愿者—儿童、老年人志愿者—儿童），为我国公共图书馆在老龄化社会不断加剧和全民阅读大背景下的服务提供新途径。

2011 年 9 月，国际图书馆协会联合会明确提出图书馆应利用丰富的基础设施和资源开展跨代阅读推广项目，将老年人和年轻人组织起来，促进阅读、相互理解和照顾双方的利益，为图书馆的阅读推广工作指明了新的努力方向。代际阅读（Intergenerational Reading）通过将老年人和儿童聚集在一起，共同阅读并分享阅读的积极体验，把阅读作为消除社会代沟和促进不同世代对阅读集体关注的有效途径。

文献可追溯的早期代际阅读是 1980 年加利福尼亚州南湾图书馆合作系统开展的暑期代际阅读项目。莫顿公共图书馆“星期一早上读者俱乐部”

---

① 段宇锋，王亚宁，周媛. 新布客书屋：托起贫困地区儿童的希望［J］. 图书馆论坛，2020，40（4）：7-11

② 李梦霞. 贫困地区农村儿童阅读推广之“馆园合作”模式探索——以梅州市剑英图书馆为例［J］. 图书馆理论与实践，2019（10）：83-87

③ 王忠友，韩雷，林风谦. 乡村振兴战略下乡村阅读实践探索——以平度市“行走的书箱”乡村阅读推广项目为例［J］，国家图书馆学刊，2021（1）：77-83.

是莫顿公共图书馆和当地学校合作的项目，服务对象为贫困家庭儿童以及社区内有阅读障碍的儿童。图书馆通过当地的老年群体、教堂和其他社区组织、图书馆主页等社交媒体，以及个人询问的方式招募老年志愿者，并审查有兴趣参与的志愿者的犯罪记录，以确保孩子们的安全。每个儿童有自己的“图书日志”，记录他们在项目中阅读的书籍，每阅读完 7 本书便有资格获得一个奖品。阅读越多，获得的奖品也越多，以激励儿童的持续参与。每次活动有 90 分钟，其中有 30 分钟为馆员和孩子们的“俱乐部会议”时间，由馆员向儿童读故事书、谈论他们获得的奖品或跟儿童一起做文字游戏，享受阅读的快乐。

美国很多图书馆还开展将青少年志愿者和儿童聚集在一起共同阅读的项目，且取得了很好的效果。例如福克斯湖区图书馆的“斗牛犬伙伴”项目。该项目招募高中生与 K3 年级的学生一起进行为期 10 周的阅读。志愿者和学生每周见面 45 分钟，前 30 分钟一起阅读，后 15 分钟为娱乐时间，可选择一起做作业、玩电脑、猜谜题或聊天。项目结束后，图书馆会为参与的儿童和家庭、志愿者举办一场大聚会，让阅读伙伴们相互表达感谢，分享在一起阅读的欢乐体验。项目取得了很大的成功，父母注意到孩子阅读水平提高的积极效果，常常期待图书馆开展下一次活动；对志愿者来说，项目不仅让他们获得了必要的志愿学分，还培养了他们的社区责任，结识了新的朋友。

2. 乡村学校图书馆

中小学图书馆是保证学校对青少年和儿童进行卓有成效教育的必备，是保证学校取得教育成就的基本条件，也是整个图书馆事业的组成部分。随着基础教育改革的深入开展，当前，我国城乡小学图书馆（室）普及率已经达到较高水平。乡村学校是农村教育最广泛最基础的一个层面，乡村学校图书馆作为学生的“第二课堂”，其设施的优劣、利用情况的好坏、图书流通率的高低，对学生阅读兴趣的培养、知识的更新和拓展具有不可替代的作用。然而，许多乡村学校图书馆因为缺乏资源采购经费、阅读教育意识淡漠等原因，逐渐沦为只能看不能用的“摆设”。

黄国英、叶翠（2019）调研了湖南省长株潭地区的六所乡村小学，发现这些学校在完成教育部规定的生均 25 册指标后，农村小学图书室往往很少进行资源更新，同时现有藏书的内容和质量也不高[①]。孟新在2014年调研了湖南省小学图书馆建设现状，发现仅有近14%的湖南乡村小学设置了专任图书管理人员，其余学校均由科任老师兼任图书管理员，图书管理人员流动性较大[②]。陈梦玲（2022）调查了湖南省桐山乡九年一贯制学校，发现学校图书馆中仅有五分之一的图书适合于1~9年级的中小学生及教师阅读[③]。张卉（2016）对苏北21个乡镇的89所村小图书室进行调查发现，馆设配备参差不齐、藏书数量不均衡、借阅方式手工化、图书流通率低、图书室人员配备严重不足是乡村学校图书馆存在的主要问题[④]。

针对这些问题，部分社会团体或公益机构通过多种途径来改善乡村学校图书馆的现状。南阳市义务工作者联合会就设立了南阳乡村小学爱心图书室，2019年8月起至今，南阳义务工作者联合会携手河南省慈善总会，在腾讯公益平台发起“乡村学校爱心图书室”项目，共筹集社会资金30多万元，先后为卧龙、镇平、内乡、新野、方城、淅川、唐河、邓州等8个县区的乡村学校捐建图书阅览室14个，共捐赠书柜90余组、阅读桌20张、椅子200把、图书23000余册[⑤]。河南省慈善联合总会的一本书公益基金专门面向农村学校图书馆，通过互联网技术手段，改善乡村阅读环境，同时号召一切可以号召的力量，通过募捐图书和善款，向乡村学校援建“一本书·希望图书室”，向乡村援建“一本书·云端书馆”，以解决限制书香乡村建设的各种软硬件问题，目前已经募捐7.6万册图书，捐赠了55所学校，覆盖12000多名乡村儿童[⑥]。

总体来说，乡村学校图书馆在儿童阅读推广上还有较大的进步空间，若要充分发挥其作用，需要从资源、阅读环境、专业人员支持等方面加大支持力度。

---

① 黄国英，叶翠．乡村小学图书室建设调查分析——以长株潭地区为例［J］．图书馆，2019（8）：99-103，111.

② 孟新．湖南省小学图书馆建设现状与对策研究［D］．长沙：湖南大学，2014.

③ 陈梦玲．农村学校图书室建设与管理困境探析——以湖南省桐山乡九年一贯制学校为例［J］．农村经济与科技，2022，33（7）：264-267.

④ 张卉．苏北乡村小学图书室现状及思考［J］．中国现代教育装备，2016（16）：18-20.

⑤ 卧龙区优秀志愿服务项目展示——乡村学校爱心图书室

⑥ 一本书公益 .http://www.du100.com/

3. 乡村图书馆

乡村图书馆是具备公共图书馆基本功能，由政府、社会团体或个人创办的，建立在农村地理范围内的，为农村人口的生产、生活、学习和娱乐等服务的阅读空间和知识交流中心。依据我国行政区划的实际，县级以下农村地区的图书馆可统称为乡村图书馆，包括村级图书馆、文化站、农家书屋及具有相似功能的信息文化机构①。

乡村图书馆作为公益性文化组织，面向农村居民，包括农民、留守儿童和老人，以群众性、无门槛、零消费为服务宗旨，通过公益性服务吸引周边村民的广泛参与，有效弥补城乡公共图书馆的不足。

曹继华创建的位于山东省沂南县曹家小河村的小河图书馆，十年来借阅超万人次，附近各村的儿童占了绝大多数。小河图书馆因时常更新的图书以及便利的阅读环境，成为周边儿童闲暇时最喜爱的乡村文化空间②。河南省村民李翠利以自家超市为阵地，创办零门槛借阅的“微光书苑”，十几年来一直致力于推广乡村阅读，面向儿童开展亲子阅读、板报创作、影音展播、民俗传承、孝老敬亲、旧物改造、科学试验等系列阳光微课堂等活动，至今已提供30万余次借阅服务③。

广西天等县鹿溪公益图书室，以贫困山区青少年弱势群体（包括孤儿、留守儿童和贫困学生等）为主要关注对象，除了坚持图书室常规“阵地服务”，还积极开展辐射乡村的“延伸服务”：到偏僻的山村建立爱心流动图书角；用大篷车将丰富多彩的阅读活动送到大山深处的留守儿童身边；举办主题读书会、“最美家乡”征文征画成果展、城乡小读者联谊会、暑期快乐英语学习、关注孤儿成长的交流联谊活动等丰富多彩的阅读活动，既融入了乡村儿童的生活，也滋润了他们的童心④。

深圳大学经济学院牵头，深圳市汇心承爱慈善基金会、深圳市荣昇信息科技有限公司、深圳大学教育发展基金会、深圳大学创业园共同开展的

---

① 张亚萍. 乡村振兴战略下河南乡村图书馆阅读推广提升策略研究——信息减贫视角［D］. 山西：山西财经大学，2022.

② 王爱云，王晓兵. 小河图书馆：公民参与公共文化服务体系建设的山东样本［J］. 图书馆杂志，2017（8）：52-58.

③ 微光润书香 乡梓洒阳光 https://baijiahao.baidu.com/s?id=1690020268616252689&wfr=spider&for=pc

④ 王子舟，邱璐，戴靖，等. 乡村民间图书馆田野调查笔记［M］. 北京：国家图书馆出版社，2019.

“时光益读”项目，从2018年起至今已经建立了35座乡村的“时光益读”图书馆，购置儿童课外图书超过135000万册，覆盖超过10,000名儿童，通过开展时光阅读营、“时空共读”、“见字如面书信”等活动，提升乡村儿童阅读条件，为乡村儿童的茁壮成长提供助力。

乡村图书馆开展的众多贴近乡土、富含地方特色的服务活动，最终为当地阅读环境带来了根本性改变，有力助推了乡村儿童阅读环境的改善。

4. 高校图书馆

高校图书馆目前参与乡村儿童阅读较少。四川工商学院图书馆利用地缘优势与周边乡镇社区合作开展阅读推广活动，并取得了较好的成效。活动内容包括送书下乡、宣传馆藏资源、办理校外读者会员、组织馆员和校内学生参加村里的文化（文艺）活动、推荐学生到社区参与实践、指导地方文化团舞蹈、馆员去村里举办文化讲座、协助乡镇文化站搞好图书资料建设、组织相关中小学学生参观图书馆、组织青年志愿者到郫都区团结学校开展阅读推广活动、开展乡村少年儿童阅读实践活动等。同农家书屋开展乡村少年儿童阅读实践活动，利用寒暑假期间在中小学生当中开展“我爱读书”主题活动，提倡“读一本书、写一篇读后感、开一次读书心得交流会”，激发中小学生的读书热情，促进校外文化建设①。贵州民族大学图书馆与贵州省图书馆、花溪区久安乡政府共同建设久安乡布客书屋，同时打造“茫父少儿图书馆”，作为贵州民族大学图书馆的少儿阅读活动实践基地。

三、图书馆参与乡村儿童阅读面临的问题及解决举措

从已有研究及相关实践来看，乡村儿童阅读并非简单的将书籍提供给儿童，而是要持续进行阅读活动，并让儿童在此过程中获得知识、培养阅读兴趣，整个过程中需要社会各方发挥不同的作用。

作为社会公共文化传播的主要机构之一的图书馆，面对乡村儿童阅读存在的困境及难题，并未逃避，而是积极作为，努力寻找发展出路。但不同

---

① 伍芳芳，张慧诚. 乡村振兴战略下高校图书馆的乡村阅读推广工作——以四川工商学院图书馆实践为例［J］. 出版广角，2020（13）：83-85.

类型的图书馆，由于自身所处环境条件不一，在参与乡村儿童阅读上各有优劣势。例如乡村图书馆、乡村学校图书馆的主要优势是接近用户，可以随时开展儿童阅读推广，但劣势是经费不足、适合儿童阅读的图书资源缺乏、阅读推广意识不够、专业人员素养不足、社会合作较少等。公共图书馆和高校图书馆的图书资源和经费更多、图书管理人员专业性强，有体系化的阅读推广能力，可合作的社会平台更广，但其远离乡村，缺乏服务乡村儿童的必要手段。图书馆要深入地参与到乡村儿童阅读事业中去，应根据不同的定位及优劣势来举措。

1. 公共图书馆

公共图书馆可以从资源支持、能力支持、活动支持、社会支持、体系支持等多方面助力乡村儿童阅读。

在资源支持上，公共图书馆可以积极开展“送书下乡”和“爱心捐书”活动，提供阅读条件；加强数字资源建设，通过网络将优质的儿童阅读资源提供给乡村儿童。

在能力支持上，公共图书馆应为乡村儿童分级推荐阅读书目，并加强在阅读方式上的指导，改善乡村儿童持续性阅读欠缺的现状。同时开展乡村阅读推广人的培养。充分借助志愿者的力量，通过多种方式培养热爱乡村、熟悉农民、根植于本土的专业管理人员与志愿者相结合的人才队伍。

在活动支持上，公共图书馆可以联合乡村学校图书馆及乡村图书馆开展更多的阅读陪伴活动，例如亲子阅读、图书伙伴、代际阅读等。开展特色阅读活动，提升乡村儿童阅读积极性，还可以定期指导、培训大学生志愿者，使他们与孩子建立情感认同与联系，同时发挥民间公益阅读组织等社会力量的作用，提高乡村儿童课外阅读的积极性。

在社会支持上，应协调社会各界资源，引导各类公益组织、社会团体、企业和有关国际组织参与乡村儿童阅读体系建设，补充乡村儿童阅读资源，鼓励社会力量参与图书馆服务，鼓励爱心企业以捐赠资金、设施设备等形式参与对乡村留守儿童的帮扶，建立常态化的留守儿童志愿服务组织，吸引社会人士参与到项目中。

在体系支持上，公共图书馆可以尝试将农家书屋、乡村图书室、乡村学校图书馆纳入县级以上公共图书馆管理，文献资源统一调配、集中编目，实现文献资源的共享。采取统一的图书馆管理系统，实现图书馆管理的自动化，为包括留守儿童在内的乡村读者提供丰富、多样、多类型的公共文化服务内容。

2. 乡村学校图书馆

乡村学校图书馆可以从以下方面支持儿童阅读。①改善儿童阅读环境，乡村学校图书馆应该在经费和资源方面主动争取更多的政府和社会支持，并将这些支持用于改善学校阅览室和读书角课外书偏旧、数量偏少等问题；②开展老师阅读指导技能培训，改变阅读活动均由语文老师包办的形式，设置专职老师或专业的图书馆人员来负责学生阅读课程，提高学生阅读效率；③适时增加中小学阅读导读类课程，对学生进行阅读辅导，教授正确的阅读方法，提高学生阅读的辨识与选择能力，培养学生阅读兴趣；④重视学生的假期课外阅读，学校图书馆可以采取推送阅读文章、出借学校课外读物、寒暑假每周定点开放阅览室等方式，解决学生假期缺乏阅读场所的问题[①]。

3. 乡村图书馆

应充分发挥乡村图书馆的区位优势，推进乡村儿童阅读工作的开展。面对乡村图书馆资源不足、活动不足，阅读推广指导不足的现状，可以从以下方面逐渐推动。第一，乡村图书馆应当优化馆藏配置，增加适合儿童阅读的书籍，例如中外经典名著、科普读物、人文历史读物、绘本等。第二，乡村图书馆可以尝试与县级图书馆、大中城市公共图书馆及其他相关文化机构建立流通关系，充分利用其丰富的纸质及电子儿童图书资源，以解决资金短缺和图书更新缓慢的困境。第三，根据不同年龄层的儿童在生理、心理、兴趣爱好等方面的差异，开展导读服务，提供有针对性的阅读计划，为不同年龄段的留守儿童选择不同的读物，指导他们掌握科学的阅读方法，引导他们多读书、读好书，使他们在阅读中获取知识。第四，可以联合村委会和学校定期开展面向乡村儿童的文化活动，如读书讲座、征文比赛、

---

① 陈涛．农村未成年人阅读贫困与干预机制研究——以云南民族地区为例［J］．图书馆，2020（5）：106-111.

诗歌朗诵、播放音像视频等，培养乡村儿童的阅读兴趣。

4. 高校图书馆

高校图书馆可以通过直接或者间接的方式助力乡村儿童阅读事业。直接方式是高校图书馆通过帮扶方式，向乡村图书馆或者乡村学校图书馆捐赠儿童读物，就地开展阅读推广活动或阅读推广培训活动；间接方式有两种。其一，高校图书馆可以在培养专业阅读推广人才队伍方面下功夫，扩大兼职阅读推广人队伍建设，招募大学老师、主持人、儿童心理学导师、作家等各种专业背景人员，为他们提供交流的平台，定期举办交流会，鼓励其信息分享，提升其自主策划能力。其二，高校图书馆可以通过公益活动的形式鼓励高校老师和大学生志愿者组织开展面向农民群体的专业阅读辅导和推广服务。高校老师和大学生通过图书馆推出的阅读推广专业课程学习，熟悉阅读辅导技巧，可以就阅读内容、方法等为农民群体提供专业指导。

四、结语

乡村儿童是祖国的未来，而阅读则关乎乡村儿童的未来。乡村儿童的阅读是涉及儿童社会性发展、国民素质提高、城乡教育差距的重要问题。为乡村儿童营造良好的阅读环境，正确引导和满足他们的阅读需求，培养他们良好的阅读习惯，实现和保障乡村儿童的阅读权利是作为社会文化教育机构的图书馆义不容辞的责任。各级各类图书馆应积极重视乡村儿童的阅读，履职尽责，搭建乡村儿童阅读推广服务平台，与政府、学校、公益机构、社会一道改善乡村儿童阅读的现状，为乡村振兴提供坚实的文化力量。

第六章　乡村儿童阅读状况数据分析

一、调查背景、目的

1. 调查背景

儿童是国家和社会发展的未来，2018 年民政部公布的数据显示，我国有 1 亿儿童居住在乡村。第十九次全国国民阅读调查显示，2021 年 0~8 周岁儿童的图书阅读率为 72.1%，9~13 周岁少年的图书阅读率为 99.1%，14~17 周岁青少年的图书阅读率为 90.1%。其中 0~8 周岁儿童的图书阅读率在三组未成年年龄分段中最低。幼儿时期的阅读关乎其未来一生的阅读能力，科学掌握其阅读需求、阅读条件、阅读困境等现实状况尤为重要。

时光益读关注乡村儿童阅读状况与未来发展，积极助力乡村儿童阅读“脱贫脱困”，通过建设有心的图书馆，为偏远乡村儿童提供适配的阅读资源，创造良好的阅读环境，营造良好的阅读氛围，致力于将图书馆建设成为当地具有生命力的文化地标，以期进一步丰富村民文化生活、培养大量自主阅读者，助力乡村文化振兴；通过开展有爱的阅读营，线下与线上相结合，积极赋能乡村儿童阅读。随着项目的持续深入推进，在实地落实相关阅读赋能活动时仍然存在较多的问题，项目推行情况和阅读提升效果还有很大的上升空间。因此，我们有必要持续就乡村儿童阅读情况进行调研，充分了解当前乡村儿童阅读的基本情况，探索如何更好地提高乡村儿童的阅读能力，从而促进乡村儿童阅读政策支撑与社会支持的有力提升，使乡村儿童好读书且读好书，以阅读点亮梦想和未来。

2. 调查目的

本项调查通过对乡村儿童的深入调研，了解乡村儿童的阅读状况，探询乡村儿童的阅读需求，为科学开展乡村阅读教育提供坚实支撑，为乡村的精神文明建设和乡村振兴战略提供助力，推动全民阅读和国家语言文字工作的发展。

二、调查方法、样本情况

1. 问卷的设计方案

本次研究采取调查问卷的形式，从广东省、广西壮族自治区、云南省、湖南省、江西省和西藏自治区进行了问卷收集，调查对象为时光益读乡村公益图书馆所在地的乡村儿童，主要调查内容为乡村儿童的阅读现状，分为人口学信息、阅读行为、阅读内容、数字阅读、阅读需求、阅读心理、阅读方式、阅读能力、阅读环境、阅读支持、阅读效能、阅读困难、阅读设备、阅读消费、阅读效果等 15 个主要方向，由访员在实地对调查对象进行了问卷调查，经过筛查，剔除了无效问卷后，共得到了 2732 份有效问卷。调查指标及内容见表 6-1。

表 6-1　调查指标及内容

调查指标	调查内容
人口学信息	性别、年龄、父母职业、父母受教育程度、所在地
阅读行为	图书阅读率、全年图书阅读量（纸质书、电子书）、每天阅读时长（纸质书、电子书）、听书率
数字阅读	数字化阅读方式接触率、手机每天接触时长、娱乐信息阅读时长
阅读内容	故事绘本、科普读物、卡通漫画、游戏益智、文学经典、教材教辅、报刊、成人读物
阅读需求	学习文化、增长知识、休闲放松、同伴交往、打发时间
阅读心理	阅读的重要性、态度、动机
阅读方式	自己阅读、大人朗读、互动式阅读、分享式阅读、游戏式阅读
阅读能力	读图能力、识字能力、读完整本书的能力、读完复述故事的能力
阅读环境	图书馆数量、图书馆藏书数量、图书馆开放时长、父母或照看者是否读书
阅读支持	获得图书渠道、基层图书馆服务、家长支持程度、教师阅读培训状况、阅读推广活动

续表

调查指标	调查内容
阅读效能	目标、信念、自我评价、解决困难、使用策略（量表题）
阅读困难	没有合适的书读、不知道读什么、不知道怎么读、注意力不集中、缺少阅读兴趣、没有大人伴读、大人不知如何指导
阅读设备	家中藏书数量、家中手机数量、家中小汽车数量
阅读消费	年购书量、购书种类、购书金额
阅读效果	增加阅读动机、培养自主阅读能力、提高语言表达能力、促进书写能力

2. 调查问卷

见附录 1。

3. 调研地区基本情况

见附录 2。

4. 调查对象基本情况

样本来源的地区分布如表 6-2 所示，样本来源主要分布于我国西南地区和南方地区的偏远乡村，本次调查在广东省、云南省、江西省、湖南省、广西壮族自治区、西藏自治区范围内共获取了 2732 份乡村儿童阅读数据；调查对象主要来自广东省肇庆市、汕尾市、河源市，共收集到 804 份数据，在所有数据中占比为 29.43%。调查累计在 30 余个自然村中开展，其中江西省、西藏自治区、广西壮族自治区数据较少。

表 6–2　样本来源地区分布

地区（简称）	选择次数	百分比（%）
云南舍恰村	15	0.55
云南恩勒村	34	1.24
云南铁厂村	436	15.96
云南秋那桶村	5	0.18
云南小茶腊村	15	0.55
云南迪政当村	9	0.33

续表

地区（简称）	选择次数	百分比（%）
云南知青社区	8	0.29
云南新寨村	21	0.77
云南小平田村	9	0.33
江西思顺乡	185	6.77
广西柳甲村	149	5.45
广东曲潭村	134	4.90
广东各安村	14	0.51
广东德庆县	229	8.38
西藏墨脱县	271	9.92
广西那坡县百都乡	115	4.21
湖南白果镇	470	17.20
江西上堡乡	38	1.39
江西涧田乡	78	2.86
西藏察隅县	51	1.87
其他	446	16.33
总计	2732	100

在2732份样本中，男孩有1355人次，占比49.60%；女孩有1377人次，占比为50.40%，男女比例相对均衡。在年龄分布上，如图6–1所示，样本的主体人群为9~12岁的儿童，对应的上学年级为四至六年级，占比为59.59%，选择以这部分年龄段的儿童为主体的原因是该年龄段的儿童具备了一定的阅读能力，并且是阅读习惯养成的年龄段。其他年龄段占比情况为6~8岁占比为15.45%，对应的上学年级为一至三年级；13~15岁年龄段占比为20.46%，对应的上学年级为初中；这三个年龄段合计占比超过95%。6岁以下年龄段占比为1.28%，16岁及以上年龄段占比为3.22%。

样本的主要照顾者（父母）受教育程度的统计如图6–2所示，根据统计调查的结果，22.91%的样本父母受教育程度为小学及以下，即超过五分之一调查对象的父母没有初中文凭。初中/中专及以下受教育程度的样本父母占比达到了76.24%，样本父母中有超过一半仅完成了初中/中专教育，超过四分之三的人未接受高中/职高阶段的教育，而完成了高中/职高阶段

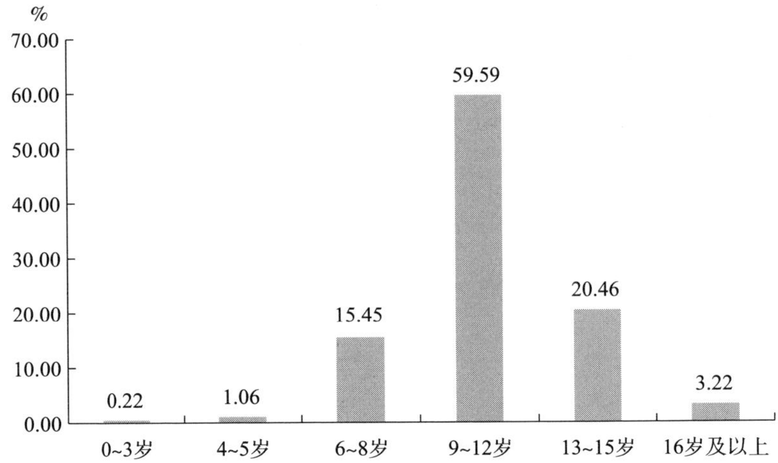

图 6-1　样本年龄分布

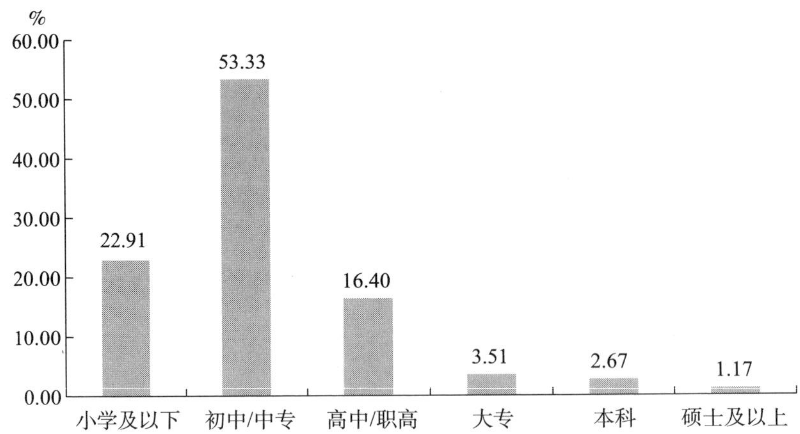

图 6-2　样本父母受教育程度

教育的样本父母占比为 16.40%，即高中 / 职高及以下学历累计占比达到了 92.64%，大专及以上文化程度占比仅为 7.35%，这一统计数据反映了乡村居民受教育程度普遍偏低。根据国家统计局发布的全国第七次人口普查公报（第六号）关于人口受教育情况的报告，2020 年 11 月 1 日零时，全国人口中大学及以上人口平均占比为 15.47%，比样本数据比例高出了一倍多。

样本的父亲职业情况如图 6-3 所示。受限于调查对象的年龄，问卷的设计要简洁化，此处选取父亲作为样本以了解调查对象家庭经济来源，未考虑母亲供养家庭等其他情况，其他情况主要体现在“其他”选项当中。根据调查结果，工人和农民是调查对象父亲主要的职业，占比分别为

35.21%和36.13%，合计占比达到71.34%，也有少量从事手工业、个体私营、教师、医生等职业的，但总体占比相对较低。

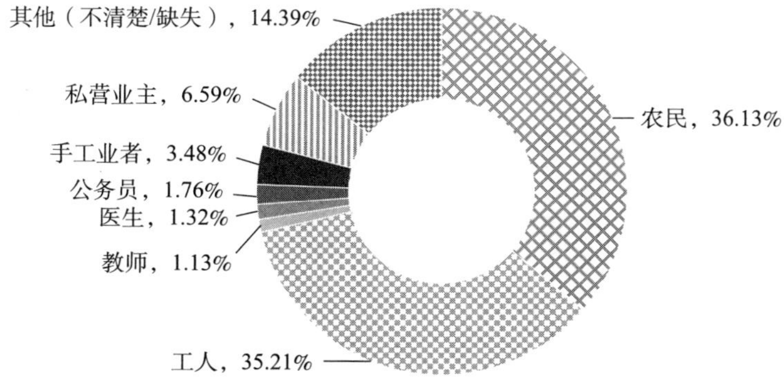

图 6-3　样本父亲职业情况

考虑到调查对象的年龄和认知程度，调研利用“家庭汽车拥有量”这一指标来对家庭经济情况进行调查，问卷调查的结果如图 6-4 所示。没有汽车的家庭占比为 30.64%，拥有 1 辆汽车的家庭占比为 42.06%，拥有 2 辆及以上汽车的家庭占比为 27.31%。根据公安部交通管理局公布的数据，2022 年全国千人汽车保有量为 225 辆，平均百户家庭拥有汽车 60 辆，这里的统计数据与全国平均水平相比较高，可以从两个方面进行解释，一是乡村交通不便，在很大程度上需要自备交通工具，在自有交通工具的需求上相对更大；二是从调查对象的角度出发，可能存在没能区分汽车、摩托车或农用机动车的情况。

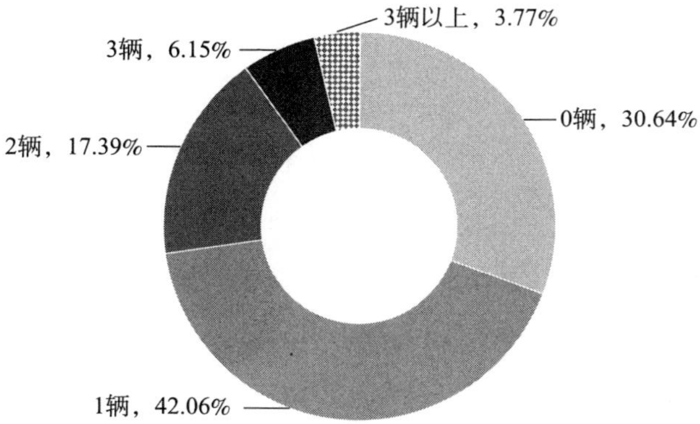

图 6-4　家庭汽车拥有量情况

三、主要发现与结论

1. 描述性统计结论

①调查对象的阅读量和阅读率偏低，听书率远低于我国儿童的平均听书率。

②调查对象存在比较严重的每日手机使用时间过长问题。

③调查对象最喜欢的四种读物类型分别是“卡通漫画”“故事绘本”“小说”“游戏益智”。

④调查对象最主要的阅读目的是“增长知识”“学习文化”“休闲放松”“满足好奇心”，其中“增长知识”的占比最大。

⑤调查对象普遍存在缺乏阅读场所、拥有图书数量少以及购买图书数量少等问题，并且“家里购买”“图书馆借阅”是调查对象的主要图书来源。

⑥在阅读方式方面，调查对象主要采取的阅读方式是自己独立阅读，此外，教师带读是另一种调查对象主要的阅读方式。

⑦在阅读能力方面，大部分调查对象具备基本的读图能力和识字能力，缺乏读完整本书的能力、读完复述故事的能力。

⑧在阅读环境方面，超过半数的调查对象附近有 1~3 家阅读场所，调查对象附近阅读场所的平均数量区间为 1.0797 家至 2.4839 家；超过半数的调查对象反映周围的阅读场所的开放时间能满足自己的阅读需求；调查对象的主要照顾者是否具有阅读习惯具有较大差异。

⑨在阅读效能方面，调查对象具备了较好的阅读目标，在阅读的使用策略方面有所欠缺。

⑩在数字阅读设备方面，调查对象中手机的使用情况最为普遍，使用手机作为数字阅读设备的人数占比最高，达到了 70.10%。

⑪在阅读困难方面，阅读过程注意力不集中、不知道读什么、缺少阅读兴趣、没有合适的书读以及不知道怎么读是影响调查对象阅读的重要原因，占比分别为 35.97%、34.11%、32.25%、30.49%、23.87%。

⑫在阅读效果方面，有超过一半的受访者认为阅读能够使他们的词汇更加丰富、能够提高独立阅读的水平，对于更清晰地思考也有帮助。

2. 性别与阅读统计结论

①调查对象的性别与阅读率之间存在显著差异，具体表现为女生的阅读率显著高于男生。

②调查对象的性别与阅读内容之间存在显著差异，具体表现为女生更喜欢读“故事绘本”“文学经典”“小说”“教材教辅”类型的图书，男生更喜欢读“卡通漫画”“科普读物”“游戏益智”类型的图书。

③调查对象的性别与阅读需求之间存在显著差异，具体表现为以“学习文化”为阅读目的的调查对象中女孩较多，以“打发时间”为阅读目的的调查对象中男孩较多。

④调查对象的性别与阅读态度之间存在显著差异，具体表现为更多的女生认为阅读“十分重要”和“重要”。

⑤调查对象的性别与阅读方式之间存在显著差异，具体表现为偏向于采用“听大人朗读”“边做游戏边阅读”阅读方式的调查对象中男孩更多，偏向于采用“自己独立阅读”“边讨论内容边阅读”“边分享感受边阅读”和“阅读后把想法画（或写）下来”的阅读方式的调查对象中女孩更多。

⑥调查对象的性别与阅读能力之间存在显著差异，具体表现为“能够读完整本绘本”和“能够用自己的语言复述书中的故事”的调查对象中女孩更多。

⑦调查对象的性别与阅读困难之间存在显著差异，主要是男孩在阅读方法和能力方面的困难高于女孩，女孩在阅读支持方面的困难高于男孩。

⑧调查对象的性别差异在2~5分的分数段中没有明显区别，但在使用策略方面自我评价“非常不满意”的女孩的选择比例低于男孩，并且除了阅读困难维度，在其他维度中女孩的自我评价均高于男孩的自我评价。

3. 年龄与阅读统计结论

①调查对象的课外书拥有量、年阅读量、日均阅读时长等情况随着年龄的增长而提升。

②调查对象的日均使用手机时长、日使用手机浏览娱乐内容时长随着年龄的增长有明显增长。

③ 6~8 岁、9~12 岁、13~15 岁三个年龄段的调查对象最喜爱阅读的图书类型分别是“卡通漫画”“故事绘本”“小说”。

④ 6~8 岁、9~12 岁两个年龄段的调查对象最主要的阅读目的是“增长知识”，13~15 岁年龄段的调查对象最主要的阅读目的是“休闲放松”。

⑤ 6~8 岁、9~12 岁、13~15 岁三个年龄段的调查对象最主要的阅读困难分别是“不知道读什么”“在阅读过程注意力不集中”“没有合适的书读”。

⑥ 9~12 岁、13~15 岁两个年龄段的调查对象最主要的书籍来源是“家里购买”，6~8 岁年龄段的调查对象最主要的书籍来源是“图书馆借阅”。

四、描述性统计分析、交叉分析

1. 描述性统计分析

（1）阅读行为

针对调查对象阅读行为，对所收集问卷的问题 1 至问题 4 的数据进行分析。

①图书阅读率与阅读量。

图 6−5 为所有调查对象 2021 年图书阅读率的分布情况。从图 6−5 中可以看到，所有调查对象在 2021 年的图书阅读率为 90.38%，仅有 7.86% 的调查对象过去一年没有阅读。

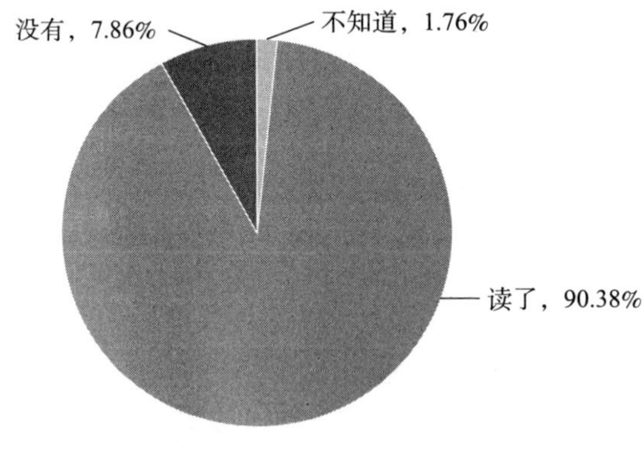

图 6−5　调查对象 2021 年阅读率的分布情况

表 6−3 为 6~15 岁各年龄段的阅读率情况，可以看到，6~8 岁的调查对象 2021 年的图书阅读率为 93.13%，在三个年龄段中阅读率最高；9~12

岁的调查对象 2021 年的图书阅读率为 90.41%；13～15 岁的调查对象 2021 年的图书阅读率为 88.19%，在三个年龄段中阅读率最低。

表 6-3　调查对象 2021 年的阅读率情况　　（%）

是否有阅读	不知道	读了	没有	总计
6~8 岁	0.24	93.13	6.64	100.00
9~12 岁	1.54	90.41	8.05	100.00
13~15 岁	3.58	88.19	8.23	100.00
总计	1.76	90.38	7.86	100.00

图 6-6 为调查对象在 2021 年图书阅读量的分布情况，横坐标为年阅读量分段，纵坐标为各个阅读量的占比。从图 6-6 中可以看到，73.72% 的调查对象年阅读量在 10 本以下，仅有 10.80% 的调查对象年阅读量在 20 本以上。

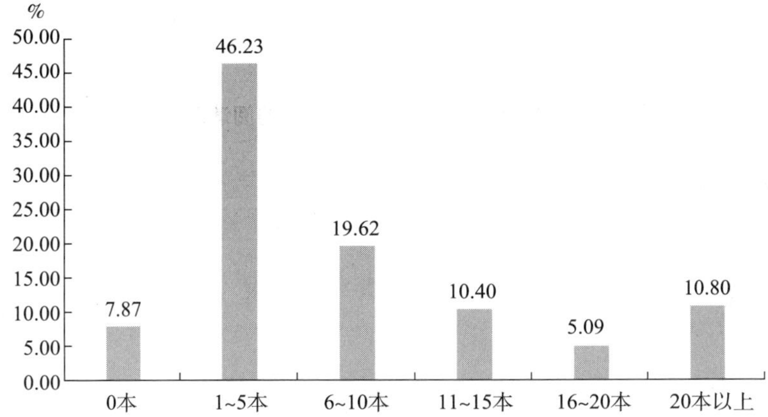

图 6-6　调查对象 2021 年阅读量分布

第十九次全国国民阅读调查结果显示，2021 年 0~8 岁儿童图书阅读率为 72.1%，人均图书阅读量为 10.33 本；9～13 岁儿童图书阅读率为 99.1%，人均图书阅读量为 10.21 本。从阅读率以及阅读量上看，本次调研的调查对象的阅读量和阅读率偏低。

②每日阅读时长。

在研究调查对象平均每天的阅读时长时，团队采用调查对象在被调查时的过去一周平均每天的阅读时长来代替平均每天的阅读时长。

图 6-7 为所有调查对象在被调查时过去一周平均每天的阅读时长情况，横坐标为阅读时长分段，纵坐标为各个阅读时长分段的占比。从图 6-7 中可以看出，所有调查对象中仅有 12.30% 的儿童过去一周内平均每天的阅读时长在 60 分钟以上，超过一半的儿童过去一周内平均每天的阅读时长在 30 分钟以内，平均每天阅读时长在 11～20 分钟的儿童占比为 24.23%，为最大的阅读时长分段。

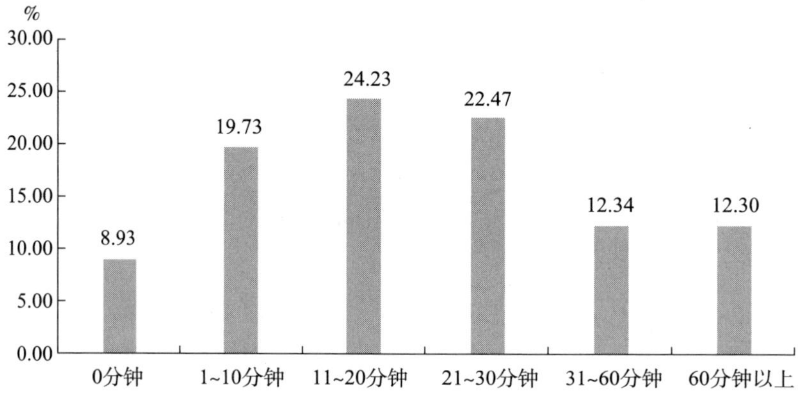

图 6-7　调查对象过去一周平均每天的阅读时长情况

③听书率。

在所有调查对象中会采用广播或音频听书的儿童占 18.34%，另外有一名调查对象会采用 MP3 听书，一名调查对象填写了会采用电视听书。根据第十九次全国国民阅读调查，2021 年我国 0～17 岁儿童的听书率为 32.7%，9～13 岁儿童的听书率为 31.4%。相比之下，本次所调查儿童的听书率远低于我国儿童的平均听书率。

（2）数字阅读

针对调查对象阅读行为，对所收集问卷的问题 4 至问题 6 的数据进行分析。

①数字化阅读方式接触率。

图 6-8 为调查对象 2021 年使用过数字化阅读方式的情况，其中“手机”“广播或音频听书”在所有数字化阅读方式中所占比例超过 70%，是调查对象数字化阅读的主要方式。另外，“平板电脑”也是比较常见的数字化

阅读方式。

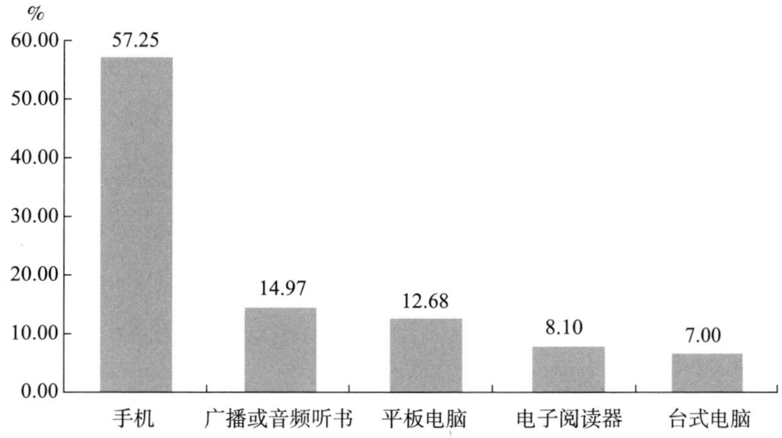

图 6-8　调查对象 2021 年使用过数字化阅读方式的情况

②手机每天接触时长。

在研究调查对象平均每天的手机使用时长时，采用调查对象在被调查时的过去一周平均每天的手机使用时长来代替平均每天的手机使用时长。

图 6-9 为调查对象过去一周平均每天使用手机时长的情况，可以看到所有调查对象中平均每天使用手机时长在一个小时以上的超过三成，共占 31.11%，仅有 12.48% 的调查对象过去一周没有使用手机。平均每天使用手

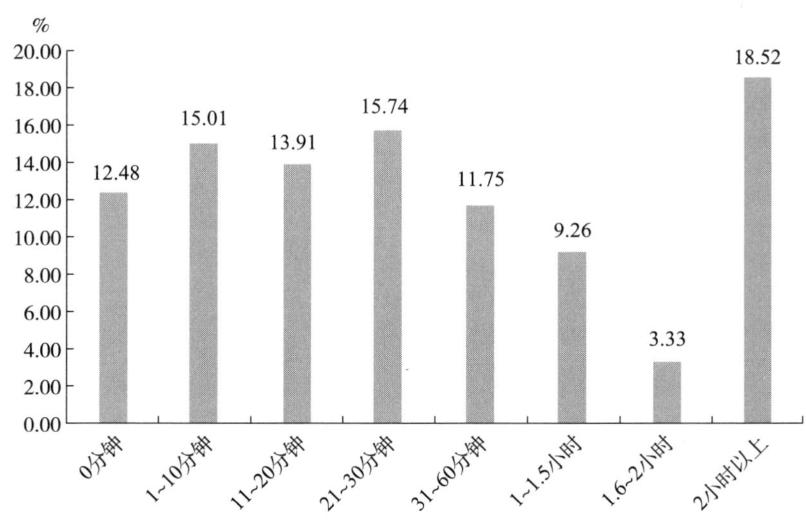

图 6-9　调查对象过去一周平均每天使用手机时长的情况

机时长在 2 小时以上的调查对象占比最大，达到 18.52%，多数调查对象平均每天使用手机的时长在 1~30 分钟。可以看出，乡村地区儿童的每日手机使用时间过长的问题比较严重。

③娱乐信息阅读时长。

在研究调查对象平均每天娱乐信息阅读时长时，团队采用调查对象在被调查时过去一周平均每天的娱乐信息阅读时长来代替过去平均每天的娱乐信息阅读时长，娱乐信息包括短视频、动画片、网络聊天、娱乐新闻等。

多数调查对象每天均会阅读娱乐信息，仅有 17.68% 的调查对象不阅读娱乐信息，21.89% 的调查对象每日使用手机阅读娱乐信息的时长超过 1 小时，每日使用手机阅读娱乐信息时长在 2 小时以上的调查对象占比最大，达到 18.52%。

（3）阅读内容

针对调查对象阅读内容，对问卷的问题 7 所得数据进行分析。

图 6-10 为调查对象喜欢的读物类型，从图 6-10 中可以看到，“卡通漫画”“故事绘本”“小说”“科普读物”是调查对象最喜欢的四种读物类型，其中“卡通漫画”最受调查对象的欢迎，占 52.49%；喜欢阅读“报纸杂志”的调查对象最少，仅占 4.54%。在填写“其他”选项中，有一名调查对象喜欢阅读《孙子兵法》、一名调查对象喜欢电影解说、一名调查对象喜欢英语短句。

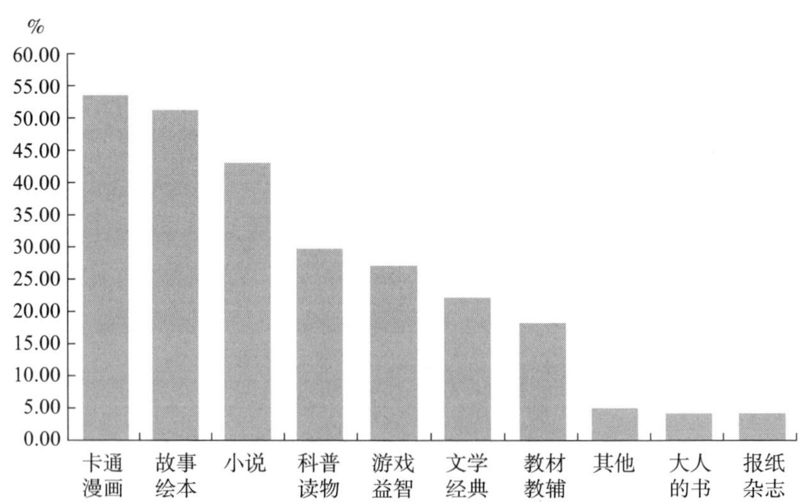

图 6-10　调查对象喜欢的读物类型

（4）阅读心理

针对调查对象阅读心理，对所收集问卷的问题 8 至问题 9 的数据进行分析。

①阅读动机。

图 6-11 为调查对象的阅读动机，从图 6-11 中可以看到所有调查对象主要的阅读目的是“增长知识”“学习文化”“休闲放松”“满足好奇心”，其中“增长知识”的占比最大，达到 27.11%，以“打发时间”为阅读目的的调查对象最少，占 6.92%。

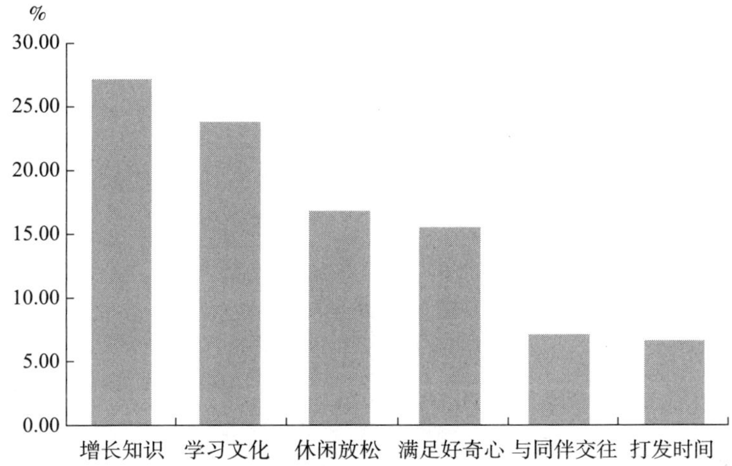

图 6-11　调查对象的阅读动机

②阅读态度。

图 6-12 为调查对象的阅读态度，从图 6-12 中可以看到，调查对象在对阅读重要性的看法中，有 41.69% 的人认为阅读“重要”，有 44.80% 的人认为阅读“十分重要”，仅有 7.17% 和 1.13% 的人认为阅读“不太重要”和“不重要”，可见多数调查对象拥有较为良好的阅读态度。

（5）阅读支持

在分析乡村儿童阅读支持方面，对问卷第 12 题、第 14 题、第 15 题和第 20 题的数据进行分析。

①农家书屋数量。

统计所有调查对象家附近的阅读场所（包含学校图书室、农家书屋、公益图书馆等）数量，可以从图 6-13 的饼状图直观地看到超过六成的调查对象家附近有 1~3 个阅读场所，但仍有 31.70% 的调查对象家附近没有阅读场所。

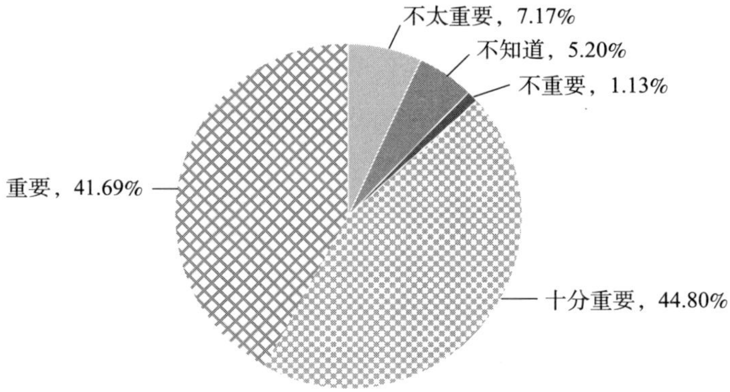

图 6-12　调查对象的阅读态度

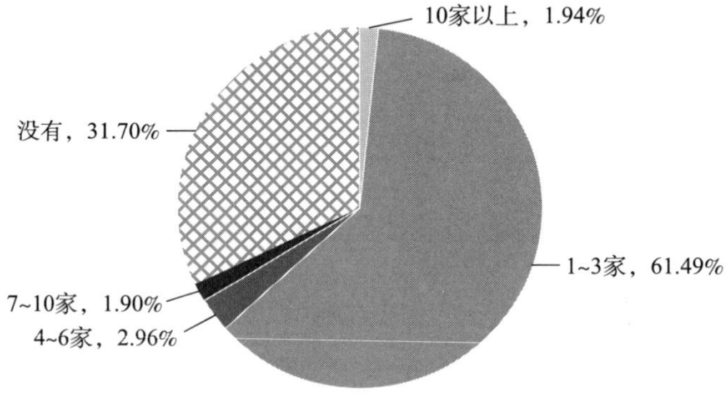

图 6-13　调查对象家附近阅读场所的数量情况

选取分段区间的中点值作为阅读场所数量的平均指标，即将选择“0 家”的样本值设为 0、将选择“1~3 家”的样本值设为 2、将选择“4~6 家”的样本值设为 5，将选择“7~10 家”的样本值设为 8.5，将选择“10 家以上”的样本值设为 12。对样本进行描述性统计分析，得到结果见表 6-4。

表 6-4　所有调查对象家附近的阅读场所数量描述性统计结果

项目	数值
平均	1.772694
标准误差	0.039343

续表

项目	数值
中位数	2
众数	2
标准差	2.056404
方差	4.228796
最小值	0
最大值	12
观测数	2732

从表 6–4 中可以看到，每一位调查对象家附近的阅读场所平均约有 1.77 家，标准差为 2.056404，可以看出各个调查对象家附近的阅读场所数量存在较大差异。

②拥有图书数量。

图 6–14 为调查对象拥有图书数量情况，从图 6–14 中可以看到，多数（92.23%）的调查对象拥有自己的图书，仅有 7.76% 的调查对象没有图书。但从拥有图书数量上看，仅有 17.24% 的调查对象拥有 20 本以上的图书，调查对象拥有图书数量少的现象比较普遍。

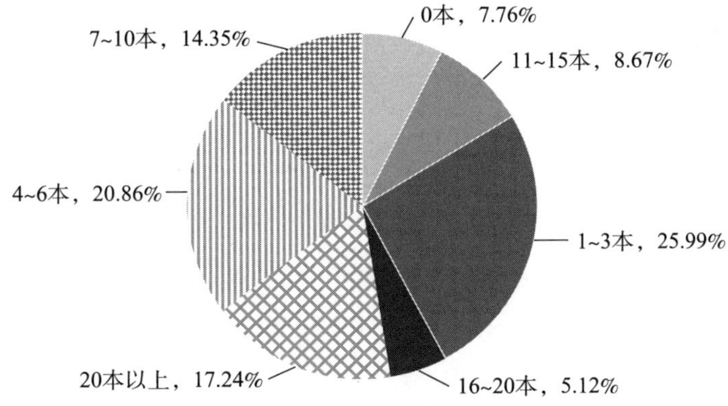

图 6–14　调查对象拥有图书数量情况

③图书来源分析。

在分析调查对象的图书来源时，团队将图书来源不详、不明确以及缺失的样本进行了剔除。

图 6–15 为调查对象的图书来源，从图 6–15 中可以看到“家里购买”和“图书馆借阅”是调查对象的主要图书来源，并且“家里购买”是调查对象最主要的图书来源，仅有不到 20% 的调查对象是通过“他人赠送”和“跟朋友交换”的方式获取图书。

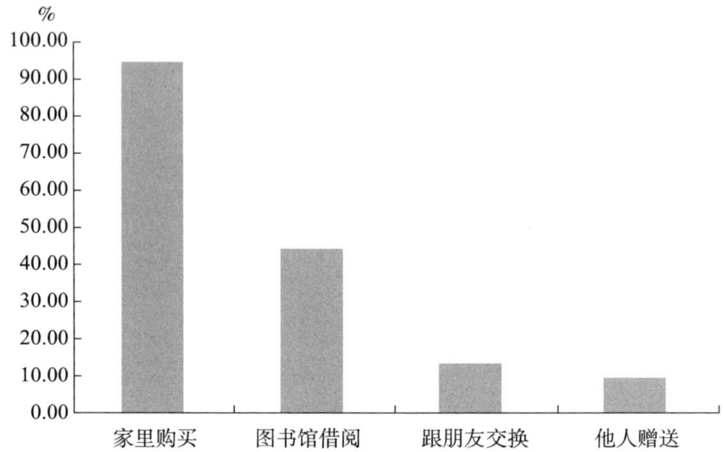

图 6–15　调查对象的图书来源

④图书购买情况。

图 6–16 为调查对象在 2021 年购买的课外书数量情况，从图 6–16 中可以看出购买了 1~3 本课外书的调查对象占比为 31.37%，购买了 10 本以上的调查对象占比为 16.11%，此外，有 19.88% 的调查对象在 2021 年没有购买课外书，调查对象在购买的课外书数量上存在较大差异。

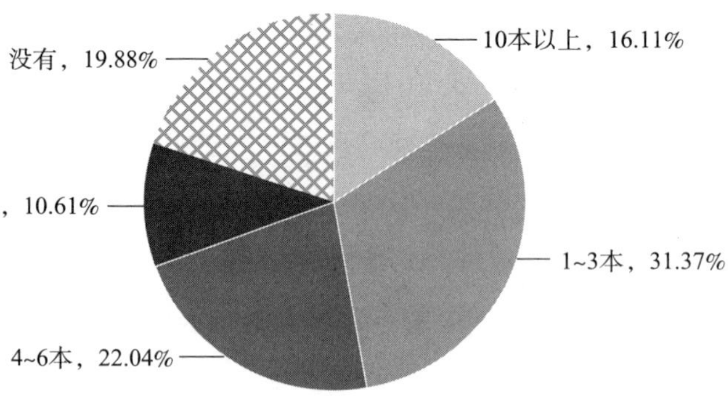

图 6–16　调查对象在 2021 年购买的课外书情况

从本次调查对象的阅读支持情况可以看出，乡村儿童普遍存在缺乏阅读场所、拥有图书数量少以及购买图书数量少等问题，并且“家里购买”“图书馆借阅”是乡村儿童的主要图书来源。

（6）阅读方式

在分析乡村儿童阅读方式时，主要对问卷第10题所收集的数据进行分析。数据频数为2732，共被选择5544次。由于该题第8个选项为“其他，请注明”，通过具体数据可发现大部分自填项为前7个选项的不同表述方法或前7个选项的细节，因此将选择第8项的数据进行文本处理，分类至前7项，进行多重响应分析（见表6–5）。

表6–5　阅读方式的响应率和普及率

选项	响应		普及率（n=2732）
	n	响应率	
自己独立阅读	2182	39.36%	79.87%
听大人朗读	470	8.48%	17.20%
老师带领一起阅读	1009	18.20%	36.93%
边讨论内容边阅读	585	10.55%	21.41%
边分享感受边阅读	569	10.26%	20.83%
边做游戏边阅读	235	4.24%	8.60%
阅读后把想法画（或写）下来	494	8.91%	18.08%
汇总	5544	100%	202.93%
拟合优度检验：χ^2=3250.636，p=0.000			

从表6–5可知选项的差异程度，拟合优度检验呈现显著性（χ^2=3250.636，p=0.000<0.05），即各项的选择比例具有明显差异性，可通过响应率或普及率具体对比差异性。响应率用于对比各个选项的相对选择比例情况，普及率用于某项的选择普及情况。具体来看，“自己独立阅读”和“老师带领一起阅读”两个选项的响应率和普及率明显较高。说明调查对象最主要采用的阅读方式是“自己独立阅读”，“老师带领一起阅读”的响应率和普及率较高的原因可能为部分调查对象的学校中开展阅读课，进行分享式带读或者领读。

从图6–17中可以看出，除了“自己独立阅读”“老师带领一起阅读”两个选项之外，“边讨论内容边阅读”“边分享感受边阅读”也是调查对象阅读方式的重要项，说明互动式阅读、分享式阅读是调查对象经常使用的阅读方式。与独立阅读和老师带读这两种更注重“输入”的方式相比，互动式阅读和分享式阅读更注重“输出”，更能提高儿童的表达能力和阅读的趣味性，因此在乡村儿童阅读推广中应提高互动式阅读和分享式阅读两种阅读方式的比例。

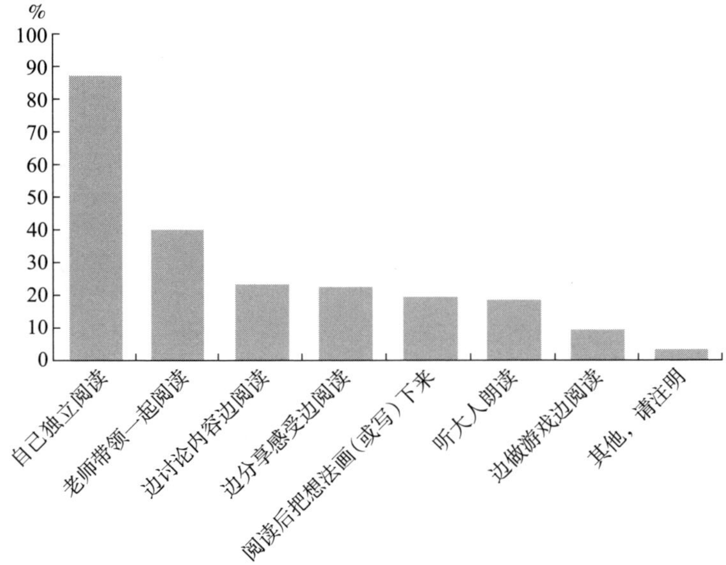

图 6-17 调查对象的阅读方式

（7）阅读能力

在探究乡村儿童阅读能力方面，主要对问卷第 11 题进行多重响应分析。数据频数为 2732，共被选择 6759 次。

问卷收集到的数据为定性数据，因此团队对该题的各选项进行编码处理。由于题目使用绘本作为目标读物进行研究，因此各选项之间没有严密的程度递增的逻辑关系，故仍然对每个选项采用“未选择该项”编码为“0”、“选择该项”编码为“1”的方式进行编码。

从表 6-6 中可以看出，虽然“认识图片中的物品和角色”以及“能够辨认一些文字”两项能力的响应率较高（分别为 25.92% 和 24.23%），但大部分调查对象“可以一字一句地读出书上的文字”“能够读完整本绘本”和“能够用自己的语言复述书中的故事”，可见调查对象具有较好的读图能力和识字能力。这两个选项的响应率和普及率较高的原因可能在于此题使用绘本来说明阅读能力，且大部分调查对象为 9~12 岁的儿童。此外，只有 41.65% 的调查对象表示“能够读完整本绘本”，表明大部分调查对象不具备读完整本书的能力。

根据表 6-6 及其结论对 9~12 岁儿童的阅读能力进行推断，大部分处于该年龄段的儿童可以做到认识图片中的物品和角色、辨认一些文字以及一字一句地读出书上的文字。

表 6-6　阅读能力的响应率和普及率

选项	响应		普及率（n=2732）
	n	响应率	
认识图片中的物品和角色	1752	25.92%	64.13%
能够辨认一些文字	1638	24.23%	59.96%
可以一字一句地读出书上的文字	1168	17.28%	42.75%
能够读完整本绘本	1138	16.84%	41.65%
能够用自己的语言复述书中的故事	1063	15.73%	38.91%
汇总	6759	100%	247.40%
拟合优度检验：χ^2=299.577，p=0.000			

同时，调查中发现，“能够读完整本绘本”和“能够用自己的语言复述书中的故事”属于调查对象阅读能力的不足项，说明对于调查对象来说，与读图和识字能力相比，读完整本书的能力和复述故事的能力有所欠缺，特别在复述故事方面，只有大约三分之一的调查对象能够做到。

（8）阅读环境

在分析乡村儿童阅读环境方面，团队主要使用问卷第 12 题、第 13 题和第 19 题的数据进行描述性统计分析，并对这三题的数据进行了交叉分析，以探究它们共同对阅读环境的影响。

根据图 6-18 可知，在阅读场所的数量上，有 866 名调查对象表示附近没有学校图书室、农家书屋、公益图书馆等阅读场所，在全体调查对象中占比为 31.70%；表示附近有 1~3 家阅读场所的调查对象有 1680 名，占比为 61.49%；有 81 名调查对象表示附近有 4~6 家阅读场所，占比为 2.96%；表示附近有 7~10 家阅读场所的调查对象有 52 名，占比为 1.90%；剩余的 53 名调查对象表示附近有 10 家以上的阅读场所，占比为 1.94%。

从频数上看，超过半数的调查对象附近有 1~3 家阅读场所。但仍有 31.70% 的调查对象表示周围并没有阅读场所。可见有部分地区已经具备了与阅读配套的基础设施，各个地区之间的阅读场所数量存在差异，阅读配套的基础设施建设仍需完善。

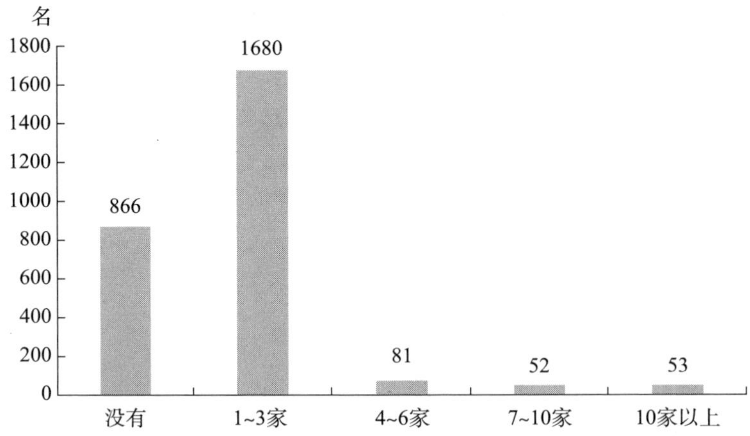

图 6-18　图书馆等阅读场所频数

为了探究调查对象附近阅读场所的平均数量区间，团队以各个数量区间的所占比例作为权数，对每个数量区间上限和下限进行加权平均。得到的调查对象附近阅读场所的平均数量区间为 1.0797 家至 2.4839 家。

从平均数量区间上看，调查对象附近阅读场所的数量能基本满足其阅读需求。

从图 6-19 中可以看出，在阅读场所的开放时间上，有 1505 名调查对象表示平时想看书或借书的时候这些地方开放，在全体调查对象中占比为 55.09%；表示不知道开放时间的调查对象有 801 名，占比为 29.32%；有 426 名调查对象表示平时想看书或借书的时候阅读场所不开放，这部分调查对象的占比为 15.59%。

从频数上看，超过半数的调查对象反映周围的阅读场所的开放时间能满足自己的阅读需求，有近三分之一的调查对象表示不知道周围阅读场所是否开放。

从图 6-20 中可以看出，在主要照顾者的阅读习惯方面，有 406 名调查对象表示他们的主要照顾者经常看书，只占全部调查对象主要照顾者的 14.86%，968 名调查对象表示他们的主要照顾者偶尔看书，占比为 35.43%，还有 26.39% 的调查对象的主要照顾者基本不看书。说明调查对象的主要照顾者大部分没有固定的阅读习惯，且差异较大。

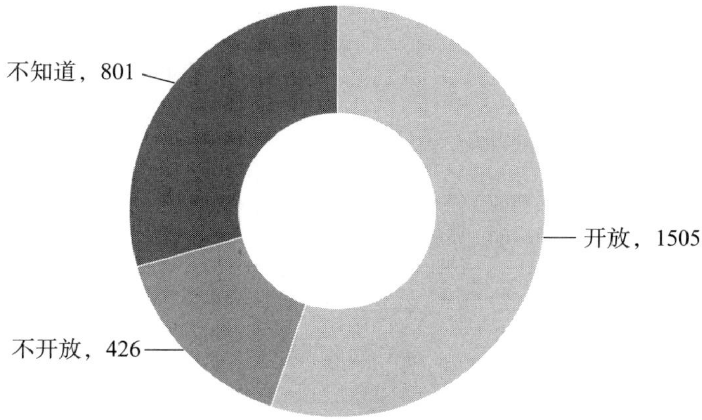

图 6-19　图书馆等阅读场所开放情况频数

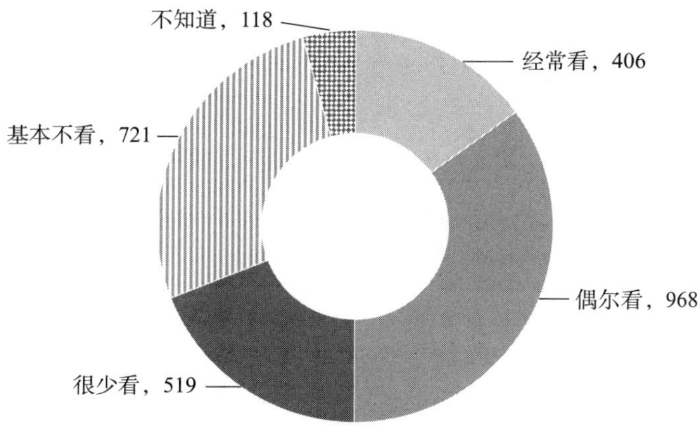

图 6-20　主要照顾者阅读情况频数

（9）阅读效能

在分析乡村儿童阅读效能方面，团队主要对问卷第 17 题（矩阵量表题）的数据进行分析。该题通过对五个题项进行评分，对应阅读目标、阅读信念、自我评价、解决困难、使用策略五个维度对调查对象的阅读效能进行调查。1 表示“十分不同意”，2 表示“不同意”，3 表示“中立”，4 表示“同意”，5 表示“非常同意”。

①题目的信度和项目分析。

由于问卷第 17 题为态度量表题，数据的可靠性和有效性需要检验。因此先对所得数据进行信度分析，若信度不通过，则需重新设计题目。具体结果见表 6-7。

表 6-7　Cronbach 信度分析

名称	校正项总计相关性（CITC）	项已删除的 α 系数	Cronbach α 系数
如果我尽力去做，我总能找到想读的图书	0.392	0.719	0.728
对我来说，坚持阅读这件事并达成目标是能够实现的	0.560	0.654	
只要我努力，读到有难度的书也能克服并学会	0.537	0.663	
即使遇到困难，我也能找到解决阅读问题的方法	0.509	0.673	
我能很好地参与阅读活动并学到阅读方法	0.453	0.696	
标准化 Cronbach α 系数：0.731			

由表 6-7 可知：信度系数值为 0.728，大于 0.7，因而说明研究数据信度质量良好。任意题项被删除后，信度系数并不会有明显的上升，因此说明题项不应该被删除处理。针对“CITC 值”，第一项对应的 CITC 值小于 0.4，删除此项或者保留此项均可，本书对该项数据进行保留。综上所述，研究数据信度系数值高于 0.7，说明数据信度质量高，可用于进一步分析。

为确定问卷量表研究项目是否有效和合适，是否有足够的区分度，团队对该题进行项目分析。具体结果见表 6-8。

表 6-8　项目分析（区分度）结果

名称	组别（平均值 ± 标准差）		t（决断值）	p
	低分组（n=1094）	高分组（n=914）		
如果我尽力去做，我总能找到想读的图书	2.67 ± 1.36	4.45 ± 0.82	36.011	0.000**
对我来说，坚持阅读这件事并达成目标是能够实现的	2.65 ± 1.16	4.61 ± 0.66	47.552	0.000**
只要我努力，读到有难度的书也能克服并学会	2.67 ± 1.18	4.56 ± 0.67	45.008	0.000**
即使遇到困难，我也能找到解决阅读问题的方法	2.56 ± 1.27	4.49 ± 0.68	43.569	0.000**
我能很好地参与阅读活动并学到阅读方法	2.45 ± 1.30	4.34 ± 0.86	38.919	0.000**

注：** 代表 5% 的显著性水平。

项目分析的目的在于确定问卷量表研究项目是否有效和合适。其原理是先对分析项求和，进而将其分成高分组和低分组（以 27% 和 73% 分位数为界），然后使用 t 检验去对比高分组和低分组的差异情况，如果有差异则说明量表题项设计合适，反之则说明量表题项无法区分信息，设计不合理，应该进行删除处理。

从表 6-8 可知，针对 5 个题项进行项目分析，并且对此 5 项进行求和后，分成高低组别，并且使用 t 检验进行差异对比，高低两组对于 5 个选项全部呈现显著性（$p<0.05$），意味着这 5 项均具有良好的区分性，均应该保留。

②描述性统计分析。

由表 6-9、表 6-10 可知，5 个题项之间的平均值和标准差差距不大，说明调查对象在阅读效能的自我评价方面只存在微小的差距。

表 6-9　调查对象检验阅读效能结果的特征数据

题项内容	平均分	标准差	方差	最小值	最大值	样本量
如果我尽力去做，我总能找到想读的图书	3.50	1.36	1.86	1	5	2732
对我来说，坚持阅读这件事并达成目标是能够实现的	3.53	1.28	1.63	1	5	2732
只要我努力，读到有难度的书也能克服并学会	3.58	1.27	1.62	1	5	2732
即使遇到困难，我也能找到解决阅读问题的方法	3.46	1.32	1.74	1	6	2732
我能很好地参与阅读活动并学到阅读方法	3.32	1.40	1.95	1	5	2732

表 6-10　调查对象检验阅读效能结果的基础数据　（%）

题项内容	1（十分不同意）	2（不同意）	3（中立）	4（同意）	5（非常同意）	合计
如果我尽力去做，我总能找到想读的图书	11.97	12.63	21.01	22.44	31.95	100
对我来说，坚持阅读这件事并达成目标是能够实现的	7.87	14.90	24.41	22.29	30.53	100
只要我努力，读到有难度的书也能克服并学会	8.09	13.47	21.45	26.02	30.97	100
即使遇到困难，我也能找到解决阅读问题的方法	11.13	14.02	19.88	28.00	26.97	100
我能很好地参与阅读活动并学到阅读方法	14.24	16.65	18.85	23.02	27.24	100

在阅读目标方面，该项的均值为3.50分，有31.95%的调查对象在“如果我尽力去做，我总能找到想读的图书”这一问题中选择了非常同意，11.97%的调查对象选择了十分不同意。总体来说，大部分调查对象在阅读目标这一维度上具有较好的表现。

在阅读信念方面，该项的均值为3.53分，标准差为1.28，在所有调查对象中，有30.53%的调查对象选择了非常同意，7.87%的调查对象选择了十分不同意。说明调查对象在阅读信念方面的差距较小，大部分调查对象对于自己在这方面表现的评价处于中等。

在自我评价方面，该项的均值为3.58分，高于前两个维度，标准差为1.27。在“只要我努力，读到有难度的书也能克服并学会”这一问题中，8.09%的调查对象表示十分不同意，30.97%的调查对象表示非常同意。与前两个维度相比，该维度中选择同意的调查对象显著增加，占比为26.02%，说明大部分调查对象对于自己在阅读方面的表现较为满意。

在解决困难方面，该项的均值为3.46分，标准差为1.32。与其余4个维度相比，选择非常同意的调查对象数量较少，占比仅为26.97%，说明在阅读时遇到问题解决困难方面，大部分调查对象给自己的评分偏低。

在使用策略方面，该项的均值为3.32分，标准差在5个维度中是最大值，为1.40。说明调查对象在该维度对自己的评价有较大的差异。14.24%的调查对象表示十分不同意，反映出调查对象需要在阅读方法等方面得到提高。

从具体的分数上看，得到1分最多的题目为“我能很好地参与阅读活动并学到阅读方法”，说明与其他维度相比，调查对象在使用策略方面存在欠缺。题目“如果我尽力去做，我总能找到想读的图书”为得到5分最多的题目，说明大部分调查对象具备了较好的阅读目标。

（10）阅读设备情况

阅读设备的调查主要从家庭藏书和数字设备阅读方面进行了统计，课外书拥有情况的调查结果如图6–21所示，仍然存在7.76%的调查对象一本课外书都没有，仅拥有1~3本课外书的调查对象也占到了25.99%，课外书拥有量在10本以内的调查对象数量占比达到了68.96%。这一情况说明在纸质课外书籍的拥有上乡村儿童的情况是不容乐观的，根据2022年发布的第十九次全国国民阅读调查，2021年我国0~8岁儿童人均图书阅读量为10.33本；14~17岁青少年人均图书阅读量为13.10本；9~13岁少年人均图书阅读量为 10.21 本。2021 年我国 0～17 岁未成年人的人均图书阅读量为 10.93 本。与全国未成年人的阅读量相比，乡村儿童在课外书拥有量上总体较低，主要通过学校、图书馆等途径进行课外阅读，因此图书馆等外部阅读场所的支撑对于提高乡村儿童的阅读量具有重要作用。

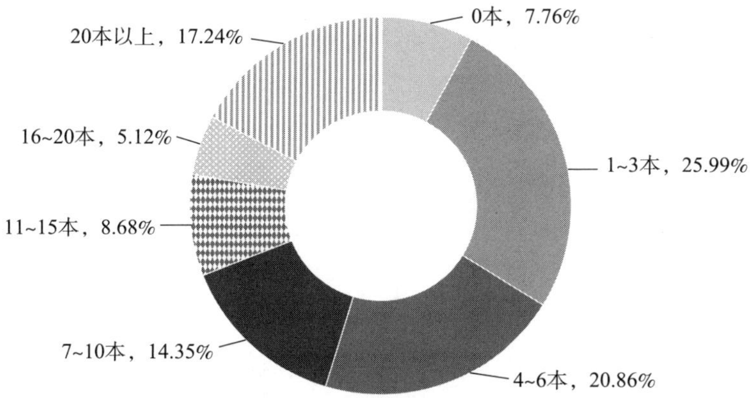

图 6-21　调查对象的课外书拥有情况

使用数字设备进行阅读的情况调查如图 6-22 所示，从中可以看到手机的使用情况最为普遍，使用手机作为数字阅读设备的调查对象人数占比最高，达到了 70.10%。其次为“其他”选项，达到了 23.13%，选择这个选项的原因主要是这部分调查对象不使用数字设备进行阅读。选择广播或音频听书、平板电脑、电子阅读器、台式电脑等数字设备进行阅读的比例分别为 18.34%、15.52%、9.92%、8.57%。可以看到相较于平板电脑、台式电脑、

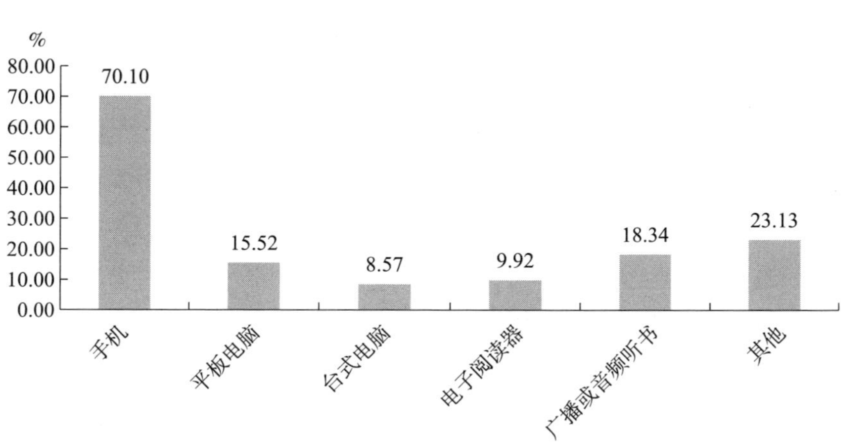

图 6-22　使用数字设备进行阅读的情况

电子阅读器等形式，通过广播或音频听书进行阅读的调查对象人数更多。同时，台式电脑和电子阅读器的使用相对而言比较少。

（11）阅读消费情况

在阅读消费方面，团队统计了调查对象 2021 年的课外书购买量，结果如图 6-23 所示，调查对象在 2021 年没有购买课外书的人数占比为 19.88%，购买 1~3 本课外书的调查对象人数占比为 31.37%；购买 4~6 本课外书的调查对象人数占比为 22.04%；购买 7~10 本课外书的调查对象人数占比为 10.61%；购买 10 本以上课外书的调查对象人数占比为 16.11%，总体来说，调查对象在课外书的消费上偏低，存在很大比例在 2021 年并未在课外书上进行消费的情况。

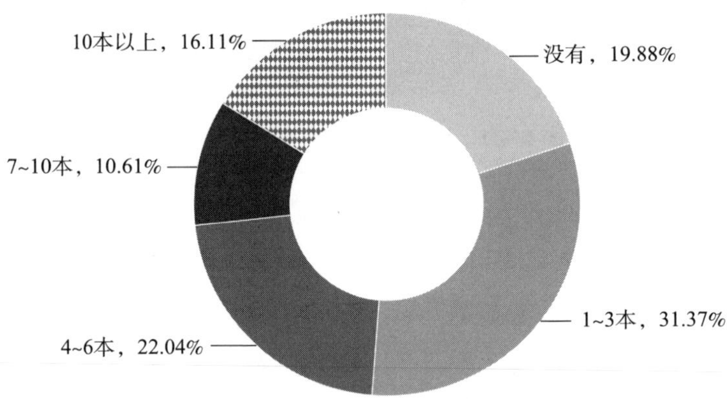

图 6-23　2021 年调查对象的课外书购买量

（12）阅读困难

儿童在阅读上存在的困难是需要重点关注的问题，只有了解了阻碍阅读的问题所在，才能根据问题提出对应的解决方案。针对阅读困难，团队从阅读条件、阅读内容、阅读方法、阅读兴趣、阅读引导、阅读支持等多个方面展开了调查，结果如图 6-24 所示。调查对象反映影响阅读最多的问题是在阅读过程中注意力不集中，占比为 35.87%，这是符合儿童身心状态的，儿童生性活泼，相比于安静的阅读，他们往往偏向于互动性更强的户外游戏。除此之外，不知道读什么、缺少阅读兴趣、没有合适的书读以及不知道怎么读也是影响调查对象阅读的重要原因，占比分别为 34.11%、32.25%、30.49%、23.87%。这些问题主要集中在阅读引导和阅读支持等方面，通过建设图书馆和开展阅读营等活动能够在这些问题的解决上提供很大的助力，从而提高儿童的阅读水平。

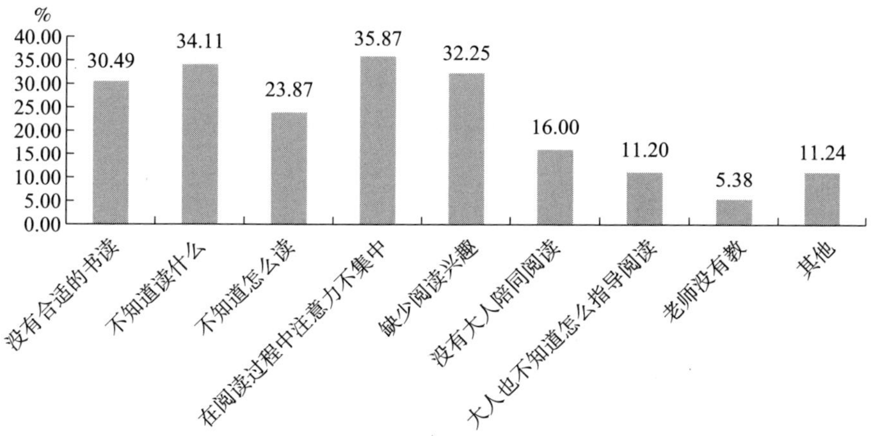

图 6–24　存在的阅读困难

（13）阅读效果

关于阅读效果的统计结果如图 6–25 所示，有超过一半的调查对象认为阅读能够使他们的使用词汇更加丰富、能够提高独立阅读的水平、对于更清晰地思考事情也有帮助，同时也有 39.20% 的调查对象认为阅读能够激励他们读更多的书。还有 36.60% 的调查对象认为阅读能够使他们的书写更流畅，而选择“其他”选项的 6.59% 的调查对象主要是不能清晰地认识阅读带来的帮助的儿童。以上的结果表明绝大多数的调查对象都能够相对清晰地认识到阅读在提高思维认知、改善读写能力等方面所能带来的帮助。

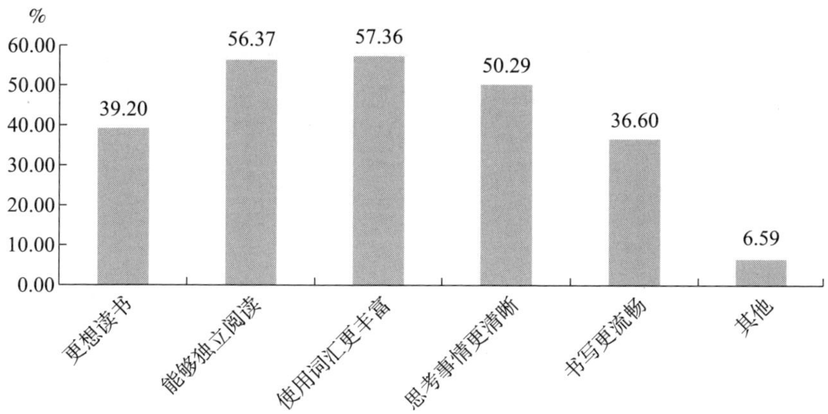

图 6–25　阅读效果的统计

2. 交叉分析

（1）性别

①性别与阅读行为。

为探究所有调查对象中性别与阅读行为各项指标的关系，此处使用Pearson 卡方分析的方法对其进行分析。

性别—阅读率。表 6–11 为性别与阅读率的卡方分析结果，从中可以看到，性别与阅读率的卡方分析显著性 p 值为 0.001，1% 水平上呈现显著性，拒绝原假设，即所有调查对象的性别与图书阅读率存在显著的差异。

表 6–11　性别与阅读率交叉（卡方）分析结果

阅读率	性别		总计	χ^2	p
	男	女			
读了	1265	1187	2452	13.758	0.001***
没有	94	137	231		
不知道	18	31	49		
合计	1377	1355	2732		

注：*** 代表 1% 的显著性水平。

性别—阅读量。表 6–12 为性别与图书阅读量的卡方分析结果，从中可以看到，性别与图书阅读量的卡方分析显著性 p 值为 0.129>0.05，不呈现显著性，接受原假设，即不认为所有调查对象的性别与图书阅读数量存在显著差异。

表 6–12　性别与阅读量交叉（卡方）分析结果

阅读量	性别		总计	χ^2	p
	男	女			
0 本	94	121	215	8.535	0.129
11~15 本	147	137	284		
16~20 本	79	60	139		
6~10 本	272	264	536		
1~5 本	625	638	1263		
合计	1217	1220	2437		

性别—阅读时长。表 6–13 为性别与阅读时长的卡方分析结果，从中可以看到，性别与阅读时长的卡方分析显著性 p 值为 0.065<0.1，10% 水平上呈现显著性，拒绝原假设，即认为所有调查对象的性别与阅读时长存在显著差异。

表 6–13　性别与阅读时长交叉（卡方）分析结果

阅读时长	性别		总计	χ^2	p
	男	女			
1~10 分钟	269	270	539	10.38	0.065*
21~30 分钟	321	293	614		
31~60 分钟	178	159	337		
11~20 分钟	343	319	662		
60 分钟以上	165	171	336		
0 分钟	101	143	244		
合计	1377	1355	2732		

注：* 代表 10% 的显著性水平。

②性别与数字化阅读方式。

为探究所有调查对象中性别与数字化阅读方式两项指标之间的关系，此处使用 Pearson 卡方分析的方法分别对性别与各种数字化阅读方式的关系进行分析。

表 6–14 为性别与数字化阅读方式的卡方分析结果，从中可以看到，性别与“手机”“平板电脑”“电子阅读器”“广播或音频听书”的数字化阅读方式的卡方分析显著性 p 值均大于 0.05，不呈现显著性；而性别与“台式电脑”的数字化阅读方式的卡方分析显著性 p 值为 0.010，1% 水平上呈现显著性，即认为性别与“台式电脑”的数字化阅读方式存在显著差异。

表 6–14　性别与数字化阅读方式交叉（卡方）分析结果

数字化阅读方式		性别		总计	χ^2	p
		男	女			
使用手机阅读	无	391	426	817	1.411	0.235
	有	964	951	1915		
合计		1355	1377	2732		
使用平板电脑阅读	无	1149	1159	2308	0.206	0.650
	有	206	218	424		
合计		1355	1377	2732		

续表

数字化阅读方式		性别		总计	χ²	p
		男	女			
使用台式电脑阅读	无	1220	1278	2498	6.708	0.010***
	有	135	99	234		
合计		1355	1377	2732		
使用电子阅读器阅读	无	1233	1228	2461	2.523	0.112
	有	122	149	271		
合计		1355	1377	2732		
使用广播或音频听书	无	1120	1111	2231	1.777	0.182
	有	235	266	501		
合计		1355	1377	2732		

注：*** 代表 1% 的显著性水平。

③性别与阅读内容。

为探究所有调查对象中性别与阅读内容两项指标之间的关系，此处使用 Pearson 卡方分析的方法分别对性别与各种读物的关系进行分析。

表 6–15 为性别与阅读内容的卡方分析结果，从中可以看到，除了“报纸杂志”和“大人的书”以外，性别与其他阅读内容的卡方分析显著性 p 值均小于 0.1，10% 水平上呈现显著性，拒绝原假设，即性别与“故事绘本”“卡通漫画”“科普读物”“游戏益智”“文学经典”“小说”和“教材教辅”的阅读内容存在显著差异；而性别与“报纸杂志”“大人的书”不呈现显著性。

表 6–15　性别与阅读内容交叉（卡方）分析结果

阅读内容		性别		总计	χ²	p
		男	女			
故事绘本	无	805	555	1360	99.709	0.000***
	有	550	822	1372		
合计		1355	1377	2732		
卡通漫画	无	622	676	1298	2.784	0.095*
	有	733	701	1434		
合计		1355	1377	2732		

续表

阅读内容		性别		总计	$χ^2$	p
		男	女			
科普读物	无	908	1021	1929	16.756	0.000***
	有	447	356	803		
合计		1355	1377	2732		
游戏益智	无	856	1141	1997	134.613	0.000***
	有	499	236	735		
合计		1355	1377	2732		
文学经典	无	1109	1024	2133	22.325	0.000***
	有	246	353	599		
合计		1355	1377	2732		
小说	无	824	749	1573	11.518	0.001***
	有	531	628	1159		
合计		1355	1377	2732		
教材教辅	无	1146	1085	2231	15.242	0.000***
	有	209	292	501		
合计		1355	1377	2732		
报纸杂志	无	1295	1313	2680	0.076	0.783
	有	60	64	124		
合计		1355	1377	2732		
大人的书	无	1291	1309	2600	0.069	0.793
	有	64	68	132		
合计		1355	1377	2732		

注：***、* 分别代表 1%、10% 的显著性水平。

④性别与阅读需求。

为探究所有调查对象中性别与阅读需求两项指标之间的关系，此处使用 Pearson 卡方分析的方法分别对性别与各种阅读需求的关系进行分析。

表 6-16 为性别与各种阅读需求的卡方分析结果，从中可以看到，性别与“学习文化”“打发时间”的卡方分析显著性 p 值小于 0.05，5% 水平上呈现显著性，拒绝原假设，即认为所有调查对象的性别与“学习文化”“打

发时间”的阅读需求存在显著差异，与其他各项阅读需求不呈现显著性。

表 6–16　性别与阅读需求交叉（卡方）分析结果

阅读需求		性别		总计	χ^2	p
		男	女			
学习文化	无	598	536	1134	7.629	0.006***
	有	757	841	1598		
合计		1355	1377	2732		
增长知识	无	510	480	990	2.284	0.131
	有	845	897	1742		
合计		1355	1377	2732		
满足好奇心	无	820	871	1691	2.169	0.141
	有	535	506	1041		
合计		1355	1377	2732		
休闲放松	无	816	790	1606	2.29	0.13
	有	539	587	1126		
合计		1355	1377	2732		
与同伴交往	无	1125	1133	2258	0.265	0.607
	有	230	244	474		
合计		1355	1377	2732		
打发时间	无	1113	1174	2287	4.868	0.027**
	有	242	203	445		
合计		1355	1377	2732		

注：***、** 分别代表 1%、5% 的显著性水平。

⑤性别与阅读心理。

为探究所有调查对象中性别与阅读态度两项指标之间的关系，此处使用 Pearson 卡方分析的方法对上述两项指标间的关系进行分析。

表 6–17 为性别与阅读态度的卡方分析结果，从中可以看到，性别与阅读态度的卡方分析显著性 p 值小于 0.01，1% 水平上呈现显著性，拒绝原假

设，即认为所有调查对象的性别与阅读态度存在显著差异。

表 6–17　性别与阅读态度交叉（卡方）分析结果

阅读态度（认为阅读的重要程度）	性别		总计	x^2	p
	男	女			
十分重要	648	576	1224	39.153	0.000***
重要	597	542	1139		
不重要	9	22	31		
不太重要	65	131	196		
不知道	58	84	142		
合计	1377	1355	2732		

注：*** 代表 1% 的显著性水平。

⑥性别与阅读方式。

为探究所有调查对象中性别与阅读方式两项指标之间的关系，此处使用 Pearson 卡方分析的方法对性别与各种阅读方式的关系进行分析。

表 6–18 为性别与各种阅读方式的卡方分析结果，从中可以看到，性别与“老师带领一起阅读”的卡方分析显著性 p 值大于 0.05，不呈现显著性，接受原假设，即认为所有调查对象的“老师带领一起阅读”不存在显著差异；除此以外，性别与“自己独立阅读”“听大人朗读”“边讨论内容边阅读”“边分享感受边阅读”“边做游戏边阅读”和“阅读后把想法画（或写）下来”的卡方分析显著性 p 值均小于 0.05，5% 水平上呈现显著性，拒绝原假设，即认为性别与“自己独立阅读”“听大人朗读”“边讨论内容边阅读”“边分享感受边阅读”“边做游戏边阅读”和“阅读后把想法画（或写）下来”的阅读方式存在显著差异。

表 6–18　性别与阅读方式交叉（卡方）分析结果

阅读方式		性别		总计	x^2	p
		男	女			
自己独立阅读	无	303	247	550	8.313	0.004***
	有	1052	1130	2182		
合计		1355	1377	2732		

续表

阅读方式		性别		总计	χ^2	p
		男	女			
听大人朗读	无	1100	1162	2262	4.927	0.026**
	有	255	215	470		
合计		1355	1377	2732		
老师带领一起阅读	无	849	874	1723	0.195	0.659
	有	506	503	1009		
合计		1355	1377	2732		
边讨论内容边阅读	无	1097	1050	2147	8.991	0.003***
	有	258	327	585		
合计		1355	1377	2732		
边分享感受边阅读	无	1114	1049	2163	15.079	0.000***
	有	241	328	569		
合计		1355	1377	2732		
边做游戏边阅读	无	1202	1295	2497	24.739	0.000***
	有	153	82	235		
合计		1355	1377	2732		
阅读后把想法画（或写）下来	无	1138	1100	2238	7.756	0.005***
	有	217	277	494		
合计		1355	1377	2732		

注：***、** 分别代表 1%、5% 的显著性水平。

⑦性别与阅读能力。

为探究所有调查对象中性别与阅读能力两项指标之间的关系，此处使用 Pearson 卡方分析的方法对性别与各种阅读能力的关系进行分析。

表 6–19 为性别与各种阅读能力的卡方分析结果，从中可以看到，性别与“能够读完整本绘本”“能用自己的语言复述书中的故事”阅读能力的卡方分析显著性 p 值小于 0.05，5% 水平上呈现显著性，拒绝原假设，即认为所有调查对象的性别与“能够读完整本绘本”“能用自己的语言复述书中的故事”两种阅读能力存在显著差异。

表 6-19　性别与阅读能力交叉（卡方）分析结果

阅读能力		性别		总计	χ^2	p
		男	女			
认识图片中的物品和角色	无	468	512	980	2.075	0.15
	有	887	865	1752		
合计		1355	1377	2732		
能够辨认一些文字	无	518	576	1094	3.689	0.055*
	有	837	801	1638		
合计		1355	1377	2732		
可以一字一句地读出书上的文字	无	764	800	1564	0.819	0.365
	有	591	577	1168		
合计		1355	1377	2732		
能够读完整本绘本	无	817	777	1594	4.205	0.040**
	有	538	600	1138		
合计		1355	1377	2732		
能够用自己的语言复述书中的故事	无	880	789	1669	16.798	0.000***
	有	475	588	1063		
合计		1355	1377	2732		

注：***、**、* 分别代表 1%、5%、10% 的显著性水平。

⑧性别与阅读消费。

为探究所有调查对象中性别与阅读消费两项指标之间的关系，此处使用 Pearson 卡方分析的方法对上述两项指标的关系进行分析。

表 6-20 为性别与阅读消费的卡方分析结果，从中可以看到，性别与阅读消费的卡方分析显著性 p 值小于 0.01，1% 水平上呈现显著性，拒绝原假设，即认为所有调查对象的性别与阅读消费存在显著差异。

表 6-20　性别与年购书量交叉（卡方）分析结果

年购书量	性别		总计	χ^2	p
	男	女			
没有	304	239	543	15.576	0.004***
1~3 本	427	430	857		

续表

年购书量	性别		总计	χ^2	p
	男	女			
4~6 本	273	329	602	15.576	0.004***
7~10 本	148	142	290		
10 本以上	203	237	440		
合计	1355				

注：*** 代表 1% 的显著性水平。

⑨性别与阅读困难。

表 6-21 为性别与阅读困难的卡方分析结果，第一列表示不同的阅读困难，中间的百分制占比数据为不同性别所遇到的阅读困难占该年龄段总人数的比例。最后两列为卡方检验结果。卡方检验的显著性 p 值为 0.033，小于 0.05，在 5% 水平上呈现显著性，拒绝原假设，即不同性别存在着不同的阅读困难。

表 6-21　性别与阅读困难交叉（卡方）分析结果

阅读困难	性别		总计	χ^2	p
	女	男			
没有合适的书读	17.01%	15.30%	833	15.254	0.033**
不知道读什么	17.90%	18.16%	932		
不知道怎么读	11.91%	13.26%	652		
在阅读过程中注意力不集中	20.10%	17.93%	980		
缺少阅读兴趣	17.42%	16.71%	881		
没有大人陪同阅读	7.98%	8.89%	437		
大人也不知道怎么指导阅读	5.18%	6.60%	306		
老师没有教	2.51%	3.15%	147		
总数	2469	2699	5168		

注：** 代表 5% 的显著性水平。

在被调查的女孩中，“在阅读过程中注意力不集中”和“不知道读什么”

是其阅读过程中遇到的较大的两个困难，占比分别为 20.10% 和 17.90%，并且“在阅读过程中注意力不集中”的问题更加显著，只有 2.51% 的女孩选择了“老师没有教”。

在被调查的男孩中，“不知道读什么”和“在阅读过程中注意力不集中”占比分别为 18.16% 和 17.93%，是男孩阅读的主要困难。

对比来看，在“没有合适的书读”这一项中，女孩的选择比例为 17.01%，明显高于男孩的选择比例 15.30%，说明女孩比较缺少适合阅读的书籍，受到阅读支持的困难较大。在“不知道读什么”和“不知道怎么读”两项中，男孩的选择比例明显高于女孩，分别为 18.16% 和 13.26%，表现出男孩受到自身阅读能力的限制较大。在“在阅读过程中注意力不集中”和“缺少阅读兴趣”两项中，女孩的选择比例高于男孩，分别为 20.10% 和 17.42%，表现出女孩在阅读动力方面有更大的困难。在“没有大人陪同阅读”“大人也不知道怎么指导阅读”和“老师没有教”三个选项中，男孩的选择比例高于女孩，说明男孩有更大的缺少伴读和阅读指导方面的困难。

⑩性别与阅读效果。

表 6–22 为性别与阅读效果的卡方分析结果，第一列表示阅读效果，中间的百分制占比数据为不同性别的阅读效果占该年龄段总人数的比例。最后两列为卡方检验结果。卡方检验的显著性 p 值为 0.623，大于 0.05，在 α =0.05 水平上不呈现显著性，接受原假设，说明不同性别在阅读效果方面没有显著差异。

表 6–22　性别与阅读效果交叉（卡方）分析结果

阅读效果	性别		总计	χ^2	p
	女	男			
更想读书	16.58%	16.09%	1071	2.621	0.623
能够独立阅读	23.34%	23.69%	1540		
使用词汇更丰富	23.31%	24.58%	1567		
思考事情更清晰	21.01%	20.93%	1374		
书写更流畅	15.76%	14.71%	1000		

⑪性别与阅读效能。

在分析乡村儿童的性别与阅读效能的交叉关系方面，团队主要使用问卷第 17 题（矩阵量表题）的数据进行分析。该题通过对 5 个题项进行评分，对应阅读目标、阅读信念、自我评价、解决困难、使用策略 5 个维度对调查对象的阅读效能进行调查。1 表示“十分不同意”，2 表示“不同意”，3 表示“中立”，4 表示“同意”，5 表示“非常同意”。

表 6–23 为性别与阅读目标的分析结果，第一列表示阅读目标的自我评价，对应第二列的不同分数，中间的百分制占比数据为不同性别在阅读目标这一维度上的自我评价情况，即不同性别在每个分数段的比例。

表 6–23　性别与阅读目标的分析结果

题项内容	分数	性别		总计
		女	男	
如果我尽力去做，我总能找到想读的图书	1	129（39.40%）	198（60.60%）	327
	2	194（56.20%）	151（43.80%）	345
	3	277（48.30%）	297（51.70%）	574
	4	322（52.50%）	291（47.50%）	613
	5	455（52.10%）	418（47.90%）	873
总计		1377	1355	2732

在女孩调查对象中，有 39.40% 的女孩在“如果我尽力去做，我总能找到想读的图书”这一维度上表示“十分不同意”，表示“不同意”的占比为 56.20%，表示“中立”的占比为 48.30%，有 52.50% 的女孩表示“同意”，选择“非常同意”的女孩占 52.10%。

在男孩调查对象中，有 60.60% 的男孩在“如果我尽力去做，我总能找到想读的图书”这一维度上表示“十分不同意”，有 43.80% 的男孩表示“不同意”，表示“中立”的男孩有 51.70%，有 47.50% 的男孩表示“同意”，选择“非常同意”的男孩占 47.90%。

总体来看，女孩在阅读目标这一维度的自我评价高于男孩。

表 6–24 为性别与阅读信念的分析结果，第一列表示阅读信念的自我评价，对应第二列的不同分数，中间的百分制占比数据为不同性别在阅读信念这一维度上的自我评价情况，即不同性别在每个分数段的比例。

表 6-24　性别与阅读信念的分析结果

题项内容	分数	性别		总计
		女	男	
对我来说，坚持阅读这件事并达成目标是能够实现的	1	77（35.80%）	138（64.20%）	215
	2	214（52.60%）	193（47.40%）	407
	3	342（51.30%）	325（48.70%）	667
	4	316（51.90%）	293（48.10%）	609
	5	428（51.30%）	406（48.70%）	834
总计		1377	1355	2732

在女孩调查对象中，有 35.80% 的女孩在“对我来说，坚持阅读这件事并达成目标是能够实现的”这一维度上表示“十分不同意”，表示“不同意”的女孩占比 52.60%，表示“中立”的女孩有 51.30%，有 51.90% 的女孩表示“同意”，选择“非常同意”的女孩占 51.30%。

在男孩调查对象中，有 64.20% 的男孩在“对我来说，坚持阅读这件事并达成目标是能够实现的”这一维度上表示“十分不同意”，有 47.40% 的男孩表示“不同意”，表示“中立”的男孩有 48.70%，有 48.10% 的男孩表示“同意”，选择“非常同意”的男孩占 48.70%。

总体来看，女孩在阅读信念这一维度的自我评价高于男孩。

表 6-25 为性别与阅读自我评价的分析结果，第一列表示自我评价，对应第二列的不同分数，中间的百分比数据为不同性别在自我评价这一维度的情况，即不同性别在每个分数段的比例。

表 6-25　性别与阅读自我评价的分析结果

题项内容	分数	性别		总计
		女	男	
只要我努力，读到有难度的书也能克服并学会	1	104（47.10%）	117（52.90%）	221
	2	173（47.00%）	195（53.00%）	368
	3	296（50.50%）	290（49.50%）	586
	4	354（49.80%）	357（50.20%）	711
	5	450（53.20%）	396（46.80%）	846
总计		1377	1355	2732

在女孩调查对象中，有 47.10% 的女孩在“只要我努力，读到有难度的书也能克服并学会”这一维度上表示“十分不同意”，表示“不同意”的女孩占比为 47.00%，表示“中立”的女孩有 50.50%，有 49.80% 的女孩表示“同意”，选择“非常同意”的女孩占比为 53.20%。

在男孩调查对象中，有 52.90% 的男孩在“只要我努力，读到有难度的书也能克服并学会”这一维度上表示“十分不同意”，有 53.00% 的男孩表示“不同意”，表示“中立”的男孩有 49.50%，有 50.20% 的男孩表示“同意”，选择“非常同意”的男孩占 46.80%。

总体来看，性别在 1～4 分的分数段中没有明显差异，但在 5 分，即在阅读方面自我评价“非常满意”上，女孩的选择比例高于男孩。

表 6–26 为性别与解决阅读困难方面的分析结果，第一列表示解决困难的自我评价，对应第二列的不同分数，中间的百分比数据为不同性别在解决困难这一维度的情况，即不同性别在每个分数段的比例。

表 6–26　性别与解决阅读困难的分析结果

题项内容	分数	性别		总计
		女	男	
即使遇到困难，我也能找到解决阅读问题的方法	1	134（44.10%）	170（55.90%）	304
	2	195（50.90%）	188（49.10%）	383
	3	285（52.50%）	258（47.50%）	543
	4	395（51.60%）	370（48.40%）	765
	5	368（49.90%）	369（50.10%）	737
总计		1377	1355	2732

在女孩调查对象中，有 44.10% 的女孩在“即使遇到困难，我也能找到解决阅读问题的方法”这一维度上表示“十分不同意”，表示“不同意”的女孩占比为 50.90%，表示“中立”的女孩有 52.50%，有 51.60% 的女孩表示“同意”，选择“非常同意”的女孩占 49.90%。

在男孩调查对象中，有 55.90% 的男孩在“即使遇到困难，我也能找到解决阅读问题的方法”这一维度上表示“十分不同意”，有 49.10% 的男孩表示“不同意”，表示“中立”的男孩有 47.50%，有 48.40% 的男孩表示“同意”，选择“非常同意”的男孩占 50.10%。

总体来看，性别差异在 2~5 分的分数段中没有明显差异，但在 1 分，即在解决阅读困难方面自我评价“非常不满意”上女孩的选择比例低于男孩。

表 6–27 为性别与阅读使用策略的分析结果，第一列表示使用策略的自我评价，对应第二列的不同分数，中间的百分比数据为不同性别在使用策略这一维度的情况，即不同性别在每个分数段的比例。

表 6–27　性别与阅读使用策略的分析结果

题项内容	分数	性别		总计
		女	男	
我能很好地参与阅读活动并学到阅读方法	1	153（39.30%）	236（60.70%）	389
	2	234（51.40%）	221（48.60%）	455
	3	261（50.70%）	254（49.30%）	515
	4	333（52.90%）	296（47.10%）	629
	5	396（53.20%）	348（46.80%）	744
总计		1377	1355	2732

在女孩调查对象中，有 39.30% 的女孩在“我能很好地参与阅读活动并学到阅读方法”这一维度上表示“十分不同意”，表示“不同意”的女孩占比为 51.40%，表示“中立”的女孩有 50.70%，有 52.90% 的女孩表示“同意”，选择“非常同意”的女孩占 53.20%。

在男孩调查对象中，有 60.70% 的男孩在“我能很好地参与阅读活动并学到阅读方法”这一维度上表示“十分不同意”，有 48.60% 的男孩表示“不同意”，表示“中立”的男孩有 49.30%，有 47.10% 的男孩表示“同意”，选择“非常同意”的男孩占 46.80%。

总体来看，性别差异在 2~5 分的分数段中没有明显差异，但在 1 分，即在使用策略方面自我评价“非常不满意”上女孩的选择比例低于男孩，并且被调查女孩在这一维度的自我评价高于男孩。

（2）年龄

①年龄段与课外书拥有量。

表 6–28 为各年龄段儿童的课外书拥有量情况。从中可以看到，在 6~8 岁

的年龄段当中，有 43.13% 的儿童拥有 1～3 本课外书，这一占比在 6～8 岁年龄段中的占比最高，表明 6～8 岁儿童的课外书拥有量总体较低。在 6～8 岁儿童中有超过一半儿童的课外书拥有量低于 3 本。同时，在 6～8 岁年龄段的儿童中还存在 12.09% 的儿童没有课外书和 13.98% 的儿童拥有 20 本以上的课外书，这一数据表明在 6～8 岁年龄段中各存在一定比例的儿童完全匮乏课外书和拥有相对较多数量的课外书的情况。

表 6–28　各年龄段儿童的课外书拥有量　（%）

课外书拥有量	6~8 岁	9~12 岁	13~15 岁	总人数比例
0 本	12.09	6.08	6.44	7.79
1~3 本	43.13	24.63	18.96	26.10
4~6 本	14.45	23.22	19.86	20.76
7~10 本	9.24	14.50	17.53	14.42
11~15 本	3.79	9.95	8.95	8.76
16~20 本	3.32	5.59	5.72	5.15
20 本以上	13.98	16.03	22.54	17.02
总计	100.00	100.00	100.00	100.00

在 9～12 岁的年龄段中，拥有 1～3 本和 4～6 本课外书的儿童占比相对较高，分别为 24.63% 和 23.22%。但在 9～12 岁年龄段的儿童中，仍有超过一半儿童的课外书拥有量在 6 本以下。与 6～8 岁年龄段的儿童相比，9～12 岁年龄段儿童的课外书拥有量在 4～6 本及以上的较多。

在 13～15 岁年龄段中，拥有 7～10 本、16～20 本及 20 本以上课外书的儿童占比相较于 6～8 岁年龄段和 9～12 岁年龄段的儿童进一步提升，拥有 10 本以上课外书的儿童数量占比更高。但是，在 13～15 岁年龄段中拥有 10 本以上课外书的儿童占比低于四成，并且仍然存在 6.44% 的儿童没有课外书，情况仍需改善。

②年龄段与年阅读量。

表 6–29 为各年龄段的年阅读量情况，第一行为年龄分段，第一列为年阅读量分段，中间的百分比数据为各年龄段年阅读量占该年龄段总人数的比例，最后一列为各年龄段阅读量分段上的总人数比例。

表 6–29　各年龄段儿童的年阅读量情况　（%）

年阅读量	6~8 岁	9~12 岁	13~15 岁	16 岁以上	总人数比例
0 本	8.77	7.00	6.62	26.14	7.72
1~5 本	62.32	44.16	40.97	43.18	45.72
6~10 本	13.74	21.74	18.43	14.77	19.33
11~15 本	4.75	11.67	12.16	3.41	10.29
16~20 本	3.55	4.98	7.33	2.27	5.09
20 本以上	6.87	10.44	14.49	10.23	10.58
总计	100.00	100.00	100.00	100.00	100.00

从表 6–29 中可以看到，在 6~8 岁年龄段中有 62.32% 的儿童年阅读量在 1~5 本，有 8.77% 的儿童没有进行课外阅读，两项加总可以看到 6~8 岁年龄段中有超过七成的儿童年阅读量在 5 本以内。

在 9~12 岁年龄段中，年阅读量在 6~10 本及以上的儿童相较于 6~8 岁年龄段的儿童有所增多。同时，在 9~12 岁年龄段中没有阅读的儿童相较于 6~8 岁年龄段的儿童有所减少，没有阅读的情况有所改善。

在 13~15 岁年龄段中，年阅读量在 11~15 本及以上的儿童相较于前两个年龄段的儿童都明显增多。在 6~8 岁、9~12 岁、13~15 岁这三个年龄段的递进过程当中，年阅读量随着年龄的增长而有所提高。

③年龄段与日均阅读时长（过去一周）。

表 6–30 为各年龄段的日均阅读时长的情况，第一行为年龄分段，第一列为日均阅读时长的分段，中间的百分比数据为各年龄段日均阅读时长占该年龄段总人数的比例。最后一列为各日均阅读时长分段上的总人数比例。在 6~8 岁的年龄段中，日均阅读时长在 1 小时以上的儿童比例仅 5.69%，而日均阅读时长在半小时以内的儿童占比达到了 90.76%，其中还包括了 8.29% 的儿童日均阅读时长为 0。这一数据表明 6~8 岁年龄段儿童的日均阅读时间总体上比较少。

表 6–30　各年龄段的日均阅读时长情况　（%）

日均阅读时长	6~8 岁	9~12 岁	13~15 岁	总人数比例
0 分钟	8.29	7.86	9.66	8.31

续表

日均阅读时长	6~8 岁	9~12 岁	13~15 岁	总人数比例
1~10 分钟	31.28	17.87	16.28	19.70
11~20 分钟	32.23	25.18	17.17	24.61
21~30 分钟	18.96	23.34	24.15	22.81
31~60 分钟	3.55	13.02	16.99	12.34
60 分钟以上	5.69	12.71	15.74	12.23
总计	100.00	100.00	100.00	100.00

在 9～12 岁的年龄段中，日均阅读时长在 1 小时以上的儿童占比相较于 6～8 岁年龄段的儿童有所提高，达到了 12.71%。日均阅读时长在半小时以内的儿童占比为 74.25%，总体上 9～12 岁年龄段儿童的日均阅读时间仍然较少。

在 13～15 岁年龄段中，日均阅读时长在 1 小时以上的儿童占比相较于前两个年龄段得到了进一步提升，占比达到了 15.74%。但是该分段中依旧有 67.26% 的儿童日均阅读时长低于半小时。总体上三个年龄段中的儿童随着年龄的增长日均阅读时长有所提升，但大多数儿童日均阅读时间相对较少。

④年龄段与日均使用手机时长。

表 6–31 为各年龄段的日均使用手机时长情况，第一行为年龄分段，第一列为日均使用手机时长的分段，中间的百分比数据为各年龄段日均使用手机时长占该年龄段总人数的比例。最后一列为各日均使用手机时长分段中的总人数比例。

表 6–31　各年龄段的日均使用手机时长情况　（%）

日均使用手机时长	6~8 岁	9~12 岁	13~15 岁	总人数比例
0 分钟	24.41	12.10	6.26	12.84
1~10 分钟	20.85	17.62	4.12	15.25
11~20 分钟	19.91	15.91	5.19	14.26
21~30 分钟	17.06	17.14	11.81	15.98
31~60 分钟	8.53	13.27	11.09	12.04
1~1.5 小时	4.50	7.19	15.92	8.62

续表

日均使用手机时长	6~8 岁	9~12 岁	13~15 岁	总人数比例
1.6~2 小时	0.71	3.01	6.08	3.30
2 小时以上	4.03	13.76	39.53	17.71
总计	100.00	100.00	100.00	100.00

在 6~8 岁年龄段中，使用手机时长为 0 的儿童比例为 24.41%，表明这个年龄段有近四分之一的儿童是没有使用手机的。同时，日均使用手机时长在 30 分钟以内的儿童占比为 82.23%，可见总体上日均使用手机的时间还相对较少。

在 9~12 岁年龄段中，日均使用手机时长为 0 的儿童占比相较于 6~8 岁年龄段儿童减少了一半左右，比例下降到了 12.10%。同时，日均使用手机时长在 30 分钟以上儿童的占比达到了 37.23%，这表明相较于 6~8 岁年龄段的儿童，9~12 岁年龄段儿童日均使用手机的时长有所增加。

在 13~15 岁年龄段中，日均使用手机时长为 0 的儿童占比相较于前两个年龄段的儿童进一步下降到 6.26%。同时，日均使用手机时长在 2 小时以上的儿童占比提高到了 39.53%，日均使用手机时长在半小时以上的儿童占比也提高到了 72.62%。这反映了儿童进入初中阶段以后，手机使用时间的迅速增加。

⑤年龄段与日使用手机阅读娱乐信息时长。

表 6-32 为各年龄段的日均使用手机阅读娱乐信息时长情况，第一行为年龄段，第一列为日均使用手机阅读娱乐信息时长的分段，中间的百分比数据为各年龄段日均使用手机阅读娱乐信息时长占该年龄段总人数的比例。最后一列为各日均使用手机阅读娱乐信息时长分段上的总人数比例。与日均使用手机时长不同，日均使用手机阅读娱乐信息时长更能针对儿童手机使用的特定用途展开分析。

表 6-32　各年龄段的日均使用手机阅读娱乐信息时长情况　（%）

手机阅读娱乐信息时长	6~8 岁	9~12 岁	13~15 岁	总人数比例
0 分钟	25.12	19.78	8.23	18.17
1~10 分钟	23.22	19.29	6.98	17.29
11~20 分钟	20.14	17.08	9.66	15.98

续表

手机阅读娱乐信息时长	6~8 岁	9~12 岁	13~15 岁	总人数比例
21~30 分钟	20.14	14.99	18.07	16.48
31~60 分钟	4.74	11.86	16.10	11.61
1~1.5 小时	2.37	4.42	7.51	4.75
1.6~2 小时	0.71	2.57	8.23	3.49
2 小时以上	3.56	10.01	25.22	12.23
总计	100.00	100.00	100.00	100.00

在 6~8 岁年龄段中，使用手机阅读娱乐信息时长在半小时以内的儿童占比达到了 88.62%，其中还包括 25.12% 的儿童日均使用手机阅读娱乐信息的时长为 0。在该年龄段使用手机阅读娱乐信息的时长总体上还比较少。

在 9~12 岁年龄段中，依旧存在 71.14% 的儿童日均使用手机阅读娱乐信息的时长低于半小时，但总体使用时长已经高于 6~8 岁年龄段的儿童。并且有超过 10% 的儿童日均使用手机阅读娱乐信息的时长在 2 小时以上。

在 13~15 岁年龄段中，儿童使用手机阅读娱乐信息日均时长超过半小时的比例相较于前两个年龄段增长到了 57.06%，其中还包括 25.22% 的儿童使用手机阅读娱乐信息的时长超过了 2 小时。同时，这个年龄段中日均使用手机阅读娱乐信息时长为 0 的儿童比例下降到了 8.23%。以上情况说明进入初中阶段的儿童使用手机阅读娱乐信息的日均时长迅速提高。

⑥年龄段与儿童喜爱读物。

图 6-26 为 6~8 岁年龄段儿童最喜爱读物类型的帕累托图，其中柱状代表选择该类读物的频数，按照选择数量由高到低从左至右排列；折线代表选择该类读物的频数占总频数的比例，从左向右依次累加，累计占比 80% 以内的选择为重要选择。在 6~8 岁年龄段的儿童当中，选择卡通漫画、故事绘本、游戏益智、科普读物、小说的人数较多，到小说选项时累计占比刚好超过了 80%，表明这几类书籍在这个年龄段中最受欢迎。

图 6-27 为 9~12 岁年龄段儿童最喜爱读物类型的帕累托图，其中柱状代表选择该类读物的频数，按照选择数量由高到低从左至右排列；折线代表选择该类读物的频数占总频数的比例，从左向右依次累加，累计占比 80% 以内的选择为重要选择。在 9~12 岁年龄段的儿童当中，选择故事绘本、卡

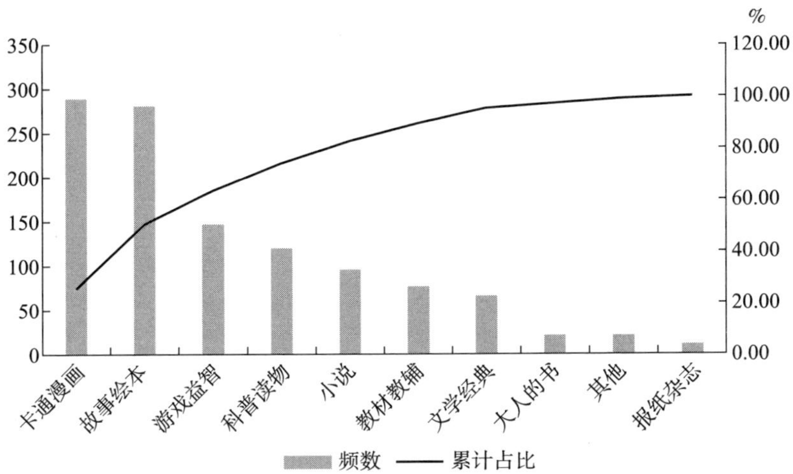

图 6-26　6~8 岁年龄段儿童最喜爱读物类型帕累托图

通漫画、小说、科普读物、游戏益智的人数较多，到游戏益智选项时累计占比刚好超过了 80%，表明这几类书籍在这个年龄段中最受欢迎。这一情况与 6~8 岁年龄段儿童的选择相比，在最喜爱书籍的主要类别选择上保持了一致，但排序发生了变化，最大的变化是对小说类别喜爱程度的上升，从第五名上升到了第三名。

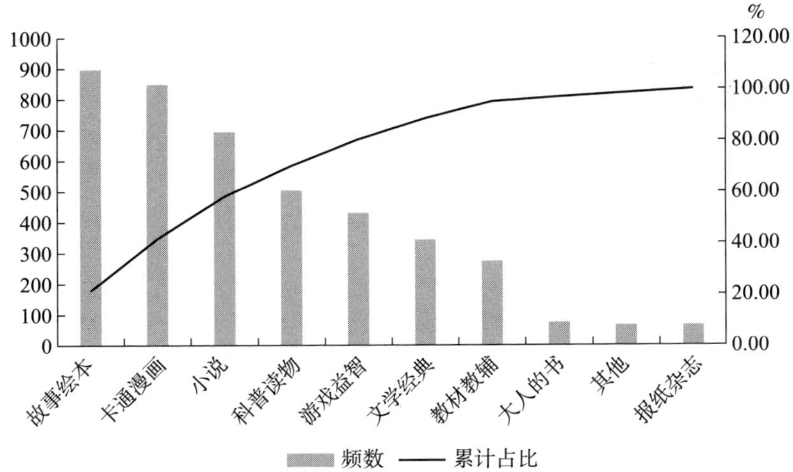

图 6-27　9~12 岁年龄段儿童最喜爱读物类型帕累托图

图 6-28 为 13~15 岁年龄段儿童最喜爱读物类型的帕累托图，其中柱状代表选择该类读物的频数，按照选择数量由高到低从左至右排列；折线代

表选择该类读物的频数占总频数的比例，从左向右依次累加，累计占比 80% 以内的选择为重要选择。在 13~15 岁年龄段的儿童当中，选择小说、卡通漫画、文学经典、故事绘本、科普读物、游戏益智的人数较多，到游戏益智选项时累计占比刚好超过了 80%，表明这几类书籍在这个年龄段中最受欢迎。这一情况与前两个年龄段儿童的选择相比有了新的变化，主要是对小说的喜爱程度进一步上升，小说成了 13~15 岁年龄段儿童最喜爱的书籍类型。同时，文学经典成为这个年龄段最喜爱读物类型的第三选择。

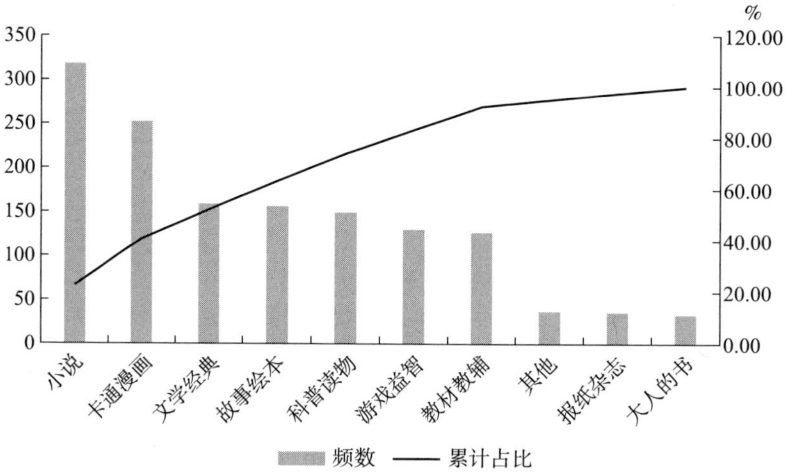

图 6-28　13~15 岁年龄段儿童最喜爱读物类型帕累托图

⑦年龄段与阅读目的。

图 6-29 为 6~8 岁年龄段儿童的阅读目的帕累托图，其中柱状代表选择该目的的频数，按照选择数量由高到低从左至右排列；折线代表选择该目的的频数占总频数的比例，从左向右依次累加，累计占比 80% 以内的选择为重要选择。在 6~8 岁年龄段的儿童当中，选择增长知识、学习文化、满足好奇心、休闲放松的人数较多，到休闲放松选项时累计占比刚好超过了 80%，表明这几个选项的内容是这个年龄段儿童阅读最主要的目的。

图 6-30 为 9~12 岁年龄段儿童的阅读目的帕累托图，其中柱状代表选择该目的的频数，按照选择数量由高到低从左至右排列；折线代表选择该目的的频数占总频数的比例，从左向右依次累加，累计占比 80% 以内的选择为重要选择。在 9~12 岁年龄段的儿童当中，选择增长知识、学习文化、休闲放松、满足好奇心的人数较多，到满足好奇心选项时累计占比刚好超

过了 80%，表明这几个选项的内容是这个年龄段儿童阅读最主要的目的。与 6~8 岁年龄段儿童相比，9~12 岁年龄段的儿童中选择休闲放松为阅读目的的占比明显提高。

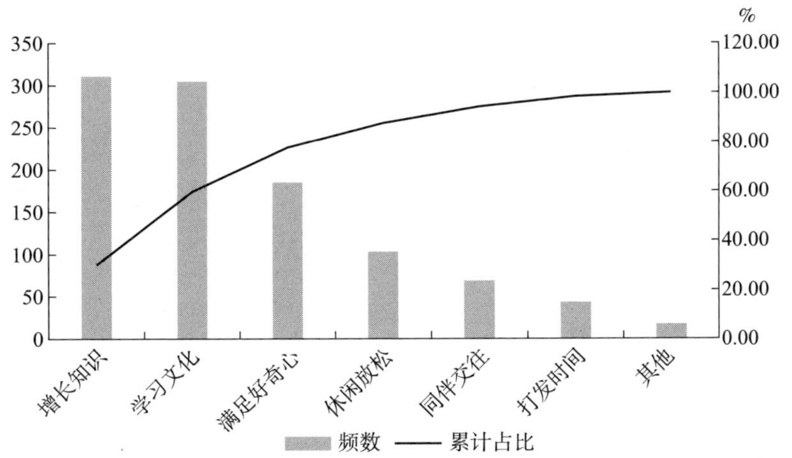

图 6-29　6~8 岁年龄段儿童的阅读目的帕累托图

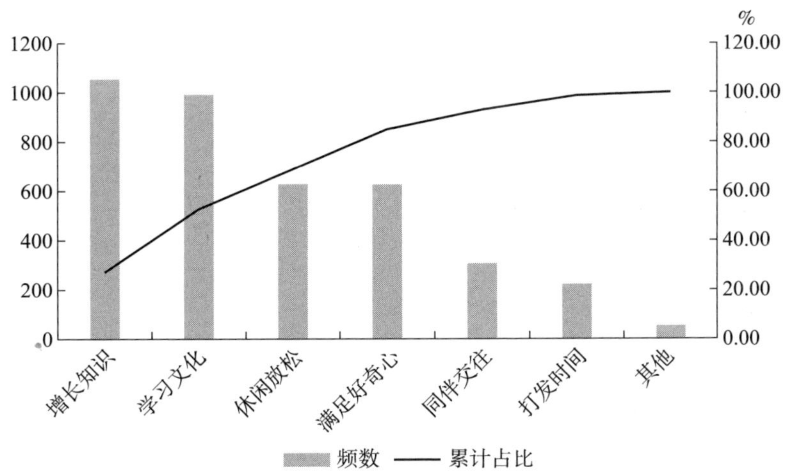

图 6-30　9~12 岁年龄段儿童的阅读目的帕累托图

图 6−31 为 13~15 岁年龄段儿童的阅读目的帕累托图，其中柱状代表选择该目的的频数，按照选择数量由高到低从左至右排列；折线代表选择该目的的频数占总频数的比例，从左向右依次累加，累计占比 80% 以内的选择为重要选择。在 13~15 岁年龄段的儿童当中，选择休闲放松、增长知识、学习文化、满足好奇心的人数较多，到满足好奇心选项时累计占比刚好超

过了 80%，表明这几个选项的内容是这个年龄段儿童阅读最主要的目的。与前两个年龄段的儿童相比，13～15 岁年龄段的儿童选择休闲放松为阅读目的的占比进一步提高。

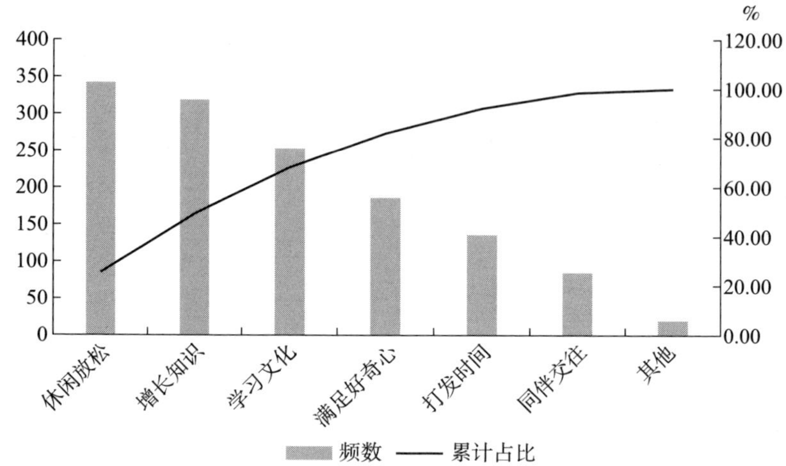

图 6-31　13~15 岁年龄段儿童的阅读目的帕累托图

⑧年龄段与阅读困难。

图 6-32 为 6～8 岁年龄段儿童的阅读困难帕累托图，其中柱状代表选择该项阅读困难的频数，按照选择数量由高到低从左至右排列；折线代表选择该阅读困难的频数占总频数的比例，从左向右依次累加，累计占比 80% 以内的选择为重要选择。在 6～8 岁年龄段的儿童当中，选择不知道读什么、在阅读过程中注意力不集中、不知道怎么读、缺少阅读兴趣、没有合适的书读、没有大人陪同阅读的人数较多，到没有大人陪同阅读选项时累计占比刚好超过了 80%，表明这几个选项的内容是这个年龄段儿童阅读最主要的困难。

图 6-33 为 9～12 岁年龄段儿童的阅读困难帕累托图，其中柱状代表选择该项阅读困难的频数，按照选择数量由高到低从左至右排列；折线代表选择该阅读困难的频数占总频数的比例，从左向右依次累加，累计占比 80% 以内的选择为重要选择。在 9～12 岁年龄段的儿童当中，选择在阅读过程中注意力不集中、缺少阅读兴趣、不知道读什么、没有合适的书读、不知道怎么读、没有大人陪同阅读的人数较多，到没有大人陪同阅读选项时累计占比刚好超过了 80%，表明这几个选项的内容是这个年龄段儿童阅读最主要

的困难。在阅读过程中注意力不集中的问题成为 9～12 岁年龄段儿童最主要的阅读困难。

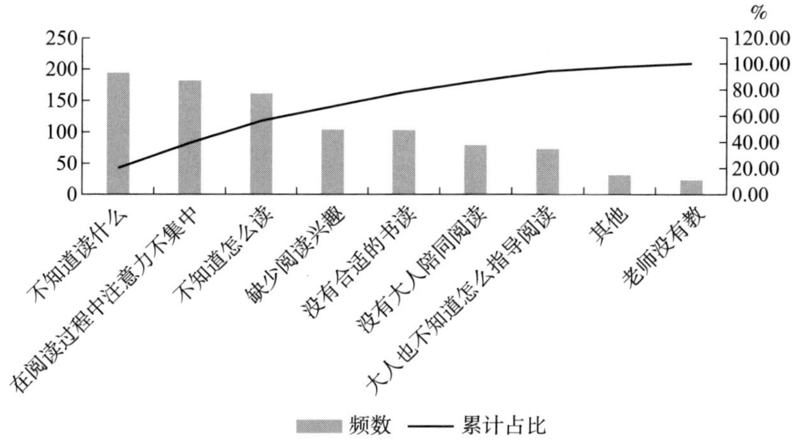

图 6-32 6~8 岁年龄段儿童的阅读困难帕累托图

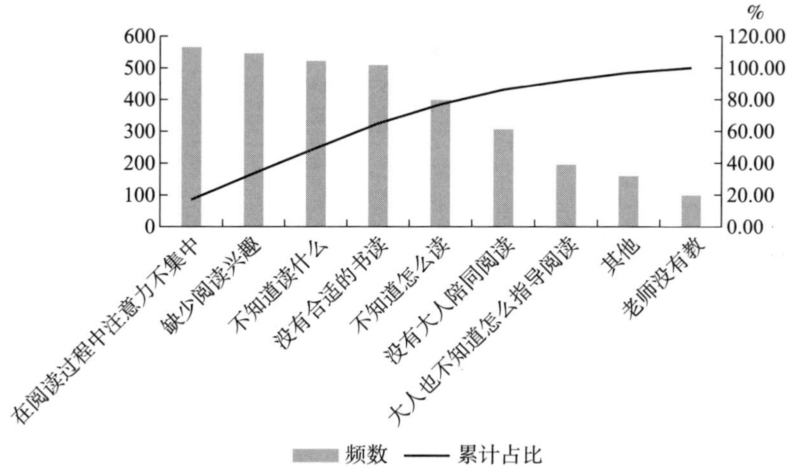

图 6-33 9~12 岁年龄段阅读困难帕累托图

图 6-34 为 13～15 岁年龄段儿童的阅读困难帕累托图，其中柱状代表选择该项阅读困难的频数，按照选择数量由高到低从左至右排列；折线代表选择该阅读困难的频数占总频数的比例，从左向右依次累加，累计占比 80% 以内的选择为重要选择。在 13～15 岁年龄段的儿童当中，选择没有合适的书读、缺少阅读兴趣、在阅读过程中注意力不集中、不知道读什么和其他的人数较多，到其他原因选项时累计占比刚好超过了 80%，表明这几个选项

的内容是这个年龄段儿童阅读最主要的困难。其中与前两个年龄段的儿童不同，没有合适的书读的问题成为 13~15 岁年龄段儿童最主要的阅读困难，影响原因更趋于外在化。

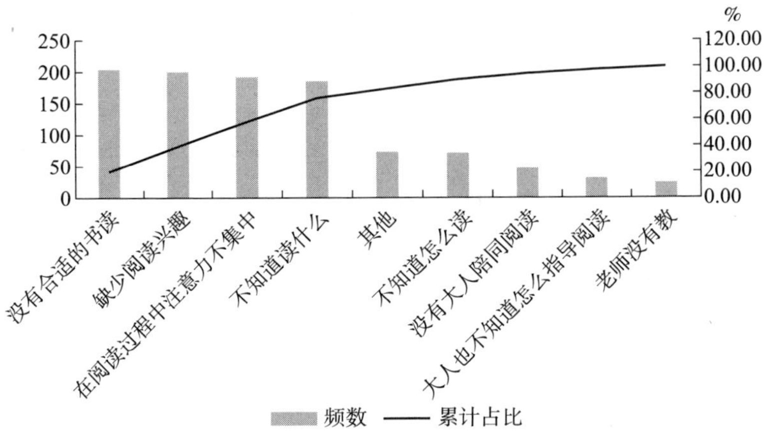

图 6-34　13~15 岁年龄段阅读困难帕累托图

⑨年龄段与其认为的阅读重要程度。

表 6-33 为各年龄段儿童对阅读重要性的认识情况，第一行为年龄分段，第一列为对阅读重要性的认可度，中间的百分比数据为各年龄段认为阅读的重要程度的人数占该年龄段总人数的比例。

表 6-33　各年龄段儿童对阅读重要性的认识情况　（%）

重要程度	6~8 岁	9~12 岁	13~15 岁	总人数比例
十分重要	58.78	49.88	23.08	45.57
重要	27.01	38.33	57.42	40.59
不知道	8.29	3.81	7.52	5.33
不太重要	4.50	6.94	10.73	7.36
不重要	1.42	1.04	1.25	1.15
总计	100.00	100.00	100.00	100.00

通过表 6-33 的数据可以看到，在 6~8 岁的年龄段中，有超过一半的儿童认为阅读十分重要，还有 27.01% 的儿童认为阅读是重要的，对阅读重要性不知道、认为阅读不太重要和不重要的儿童合计占比为 14.21%。

在 9~12 岁的年龄段中，也有约一半的儿童认为阅读十分重要，还有 38.33% 的儿童认为阅读是重要的。此外，对阅读重要性不知道、认为阅读不太重要和不重要的儿童合计占比为 11.79%。

在 13~15 岁的年龄段中，认为阅读十分重要的儿童比例相较于前两个年龄段大幅下降，为 23.08%。有 57.42% 的儿童认为阅读是重要的。此外，对阅读重要性不知道、认为阅读不太重要和不重要的儿童合计占比为 19.50%，相较于前两个年龄段比例也有所上升。从中可以看出 13~15 岁儿童对阅读重要性的认可程度相较于前两个年龄段有所下降。

⑩年龄段与阅读书籍的主要来源。

表 6-34 为各年龄段儿童阅读书籍的主要来源，第一行为年龄分段，第一列为阅读书籍的主要来源。随着年龄的增长，把家里购买作为书籍主要来源的儿童比例不断提高。其中，与其他两个年龄段不同，6~8 岁年龄段儿童书籍主要来源占比最高的为图书馆借阅。

表 6-34　各年龄段儿童阅读书籍的主要来源　（%）

书籍来源	6~8 岁	9~12 岁	13~15 岁	总人数比例
家里购买	41.00	55.16	64.76	54.93
图书馆借阅	45.02	26.60	13.06	26.68
跟朋友交换	4.98	7.56	10.91	7.86
他人赠送	4.74	6.33	6.08	6.02
其他	4.26	4.35	5.19	4.51
总计	100.00	100.00	100.00	100.00

（3）阅读场所数量、阅读场所开放时间和主要照顾者阅读习惯

为探究调查对象周围阅读场所的数量、阅读场所开放时间和其主要照顾者的阅读习惯之间的关系，团队使用 Person 卡方分析的方法对上述三项指标间的关系进行分析。

从表 6-35 可以看出，阅读场所的数量，对于阅读场所开放时间和调查对象主要照顾者的阅读习惯两项指标，呈现显著性（$p<0.01$）。

表 6-35　阅读场所数量、阅读场所的开放情况和主要照顾者阅读习惯的交叉（卡方）分析结果

题项内容	名称	Q12- 你附近学校图书室、农家书屋、公益图书馆等阅读场所的数量？（%）					总计	χ^2	p
		没有	1~3 家	4~6 家	7~10 家	10 家以上			
Q13——你平时想看书或借书的时候这些地方开放吗？	开放	106（12.24）	1253（74.58）	59（72.84）	43（82.69）	44（83.02）	1505（55.09）	996.230	0.000**
	不开放	209（24.13）	198（11.79）	13（16.05）	2（3.85）	4（7.55）	426（15.59）		
	不知道	551（63.63）	229（13.63）	9（11.11）	7（13.46）	5（9.43）	801（29.32）		
总计		866	1680	81	52	53	2732		
Q19——平时的主要照顾者看书吗？	经常看	98（11.32）	244（14.52）	19（23.46）	23（44.23）	22（41.51）	406（14.86）	117.941	0.000**
	偶尔看	281（32.45）	633（37.68）	30（37.04）	16（30.77）	8（15.09）	968（35.43）		
	很少看	189（21.82）	292（17.38）	19（23.46）	9（17.31）	10（18.87）	519（19.00）		
	基本不看	247（28.52）	455（27.08）	8（9.88）	1（1.92）	10（18.87）	721（26.39）		
	不知道	51（5.89）	56（3.33）	5（6.17）	3（5.77）	3（5.66）	118（4.32）		
总计		866	1680	81	52	53	2732		

注：** 代表 $p<0.01$。

（4）阅读能力、阅读方式和阅读支持的交叉分析

①阅读能力和阅读方式。

从相关文献上看，阅读方式确实能够影响阅读能力，好的阅读方式能提高儿童的阅读理解和接受能力。相关研究运用实验法和观察法考察大班高、中、低三种阅读水平幼儿的阅读方式——独立阅读、合作阅读、伴听阅读、互动阅读对儿童阅读理解效果的影响，结果发现幼儿的阅读理解效果在伴听阅读方式下最佳，高水平阅读能力幼儿在独立阅读方式下阅读效果最佳，

低水平阅读能力幼儿在伴听阅读方式下阅读效果最佳。[①]就家长伴读这一阅读方式而言，相关研究表明，家长有感情伴读的阅读效果远远好于家长无感情伴读的阅读效果。[②]

利用交叉分析法研究调查对象阅读方式和阅读能力的交叉关系，从表 6–36 可以看出：调查对象的阅读方式和阅读能力呈现显著性差异（χ^2=84.077，$p<0.05$），并且使用更自主阅读方式的调查对象的阅读能力相对更高。

表 6–36　阅读方式与阅读能力交叉（卡方）分析结果　（%）

	自己独立阅读	听大人朗读	老师带领一起阅读	边讨论内容边阅读	边分享感受边阅读	边做游戏边阅读	阅读后把想法画（或写）下来
认识图片中的物品和角色	1418（65.0）	351（74.7）	712（70.6）	391（66.8）	387（68.0）	183（77.87）	351（71.1）
能够辨认一些文字	1294（59.3）	346（73.6）	715（70.9）	381（65.1）	349（61.3）	158（67.2）	342（69.2）
可以一字一句地读出书上的文字	971（44.5）	224（47.7）	502（49.8）	303（51.8）	271（47.6）	106（45.1）	256（51.8）
能够读完整本绘本	1006（46.1）	175（37.2）	441（43.7）	303（51.8）	305（53.6）	129（54.9）	285（57.7）
能够用自己的语言复述书中的故事	927（42.5）	157（33.4）	407（40.3）	292（49.9）	303（53.3）	132（56.2）	295（59.7）
卡方检验：χ^2=84.077，p=0.000							

具体分析来看：对于能做到认识图片中的物品和角色的调查对象，边做游戏边阅读这一阅读方式的选择比例最高（77.87%），同时听大人朗读的方式选择比例也比较高（74.68%）。针对能够辨认一些文字的调查对象，听大人朗读这种阅读方式的选择比例最高（73.62%），同时老师带领一起阅读的选择比例也比较高（70.86%）。针对可以做到一字一句地读出书上文字的调

① 叶惠玲．大班幼儿不同阅读方式对阅读理解效果的影响比较［J］．广西民族师范学院学报，2018，35（5）：153–156.

② 赵双．家长伴读方式对儿童早期阅读效果的影响分析［J］．新世纪图书馆，2015，227（7）：43–46.

查对象，大部分采取的阅读方式是阅读后把想法画（或写）下来，选择比例最高（51.82%），同时边讨论内容边阅读的选择比例也比较高（51.79%）。针对能够读完整本绘本的调查对象来讲，阅读后把想法画（或写）下来的选择比例最高（57.69%），同时边做游戏边阅读的选择比例也比较高（54.89%）。针对能够用自己的语言复述书中故事的调查对象来讲，阅读后把想法画（或写）下来的选择比例最高（59.72%），同时边做游戏边阅读选择的比例也比较高（56.17%）。

从结果上看，游戏式阅读是一种适用范围较广的阅读方式，能够适用于阅读能力相对较差的调查对象。对于已经具备一定阅读能力的调查对象来说，大部分选择了阅读后把想法画（或写）下来这一更加利于理解书籍内容的阅读方式。除此之外，已经具备一定阅读能力的调查对象对阅读方式各项的选择比例与欠缺阅读能力的调查对象的选择比例相较而言处于较低的水平，产生此现象的原因可能是部分已经具备阅读能力的调查对象已形成了个人的阅读习惯和阅读方法。这表明了阅读能力越强的调查对象，阅读方式更加个性化和多样化以及更加注意对书籍内容的理解。

为了提高乡村儿童的阅读能力，阅读公益组织在未来进行阅读推广时可以增加游戏式阅读方式的使用频率，鼓励互动式阅读以及对阅读进行表达，提高乡村儿童转化知识、理解书籍内容的能力；另外，应对那些已经具备一定阅读能力的乡村儿童或已经形成个人阅读方式和习惯的乡村儿童进行个性化的、有针对性的阅读指导。

②阅读能力和阅读支持。

阅读支持对于阅读能力的培养十分重要。阅读活动是“读者—读物—环境”三者的相互作用。在这种“三维论”的认识视角下，课外阅读环境对儿童阅读能力的发展尤为重要，乡村儿童的阅读环境显得更加值得关注。[①]

在第六届中国教育创新成果公益博览会（教博会）新闻发布会中发布的报告指出，阅读有助于儿童发展。以小学为例，家中的藏书量越多，儿童

① 陈志其，杨三然.农村小学生课外阅读环境调查研究——以某区农村为例［J］.基础教育，2012，9（4）：106-112.

的成绩越佳。当家中藏书量仅为 20 本以下时，儿童的学业成绩平均为 514 分，而家中藏书量达 200 本以上的儿童，学业成绩平均为 607 分。将此结论与乡村儿童相对应，图书拥有量或书籍购买量越多，学习和阅读能力越强，成绩越佳。

基于所收集到的数据，团队通过探究调查对象附近阅读场所的数量、课外书拥有量、过去一年课外书购买量来探究阅读支持这一指标与阅读能力之间的交叉关系。

利用交叉分析法探究调查对象附近阅读场所的数量与阅读能力之间的关系，从表 6-37 可以看出：阅读场所的数量与阅读能力之间没有显著差异性（ χ^2=12.366，p=0.718>0.05 ）。

利用交叉分析法探究课外书拥有量与阅读能力的交叉关系，从表 6-38 可以看出：课外书拥有量对于阅读能力呈现 0.01 水平显著性（ χ^2=100.745，p=0.000<0.01 ），并且呈现调查对象的图书拥有量越多，在各个方面的阅读能力越强的趋势。

表 6-37　阅读能力与阅读场所数量交叉（卡方）分析结果

	Q12——你附近学校图书室、农家书屋、公益图书馆等阅读场所的数量？（%）					汇总（n=2732）
	没有（n=866）	1~3 家（n=1680）	4~6 家（n=81）	7~10 家（n=52）	10 家以上（n=53）	
认识图片中的物品和角色	504（58.20）	1134（67.50）	51（62.96）	30（57.69）	33（62.26）	1752（64.13）
能够辨认一些文字	460（53.12）	1086（64.64）	39（48.15）	26（50.00）	27（50.94）	1638（59.96）
可以一字一句地读出书上的文字	336（38.80）	740（44.05）	40（49.38）	25（48.08）	27（50.94）	1168（42.75）
能够读完整本绘本	341（39.38）	729（43.39）	26（32.10）	22（42.31）	20（37.74）	1138（41.65）
能够用自己的语言复述书中的故事	299（34.53）	681（40.54）	38（46.91）	19（36.54）	26（49.06）	1063（38.91）

卡方检验：χ^2=12.366，p=0.718

表 6-38　阅读能力与课外书拥有量的交叉（卡方）分析结果

	Q14——你有多少本课外书（不含课本和教辅）？（%）							汇总（n=2732）
	0 本（n=212）	1~3 本（n=710）	4~6 本（n=570）	7~10 本（n=392）	11~15 本（n=237）	16~20 本（n=140）	20 本以上（n=471）	
认识图片中的物品和角色	106（50.00）	467（65.77）	349（61.23）	262（66.84）	145（61.18）	89（63.57）	334（70.91）	1752（64.13）
能够辨认一些文字	102（48.11）	460（64.79）	338（59.30）	224（57.14）	151（63.71）	79（56.43）	284（60.30）	1638（59.96）
可以一字一句地读出书上文字	68（32.08）	289（40.70）	235（41.23）	173（44.13）	108（45.57）	58（41.43）	237（50.32）	1168（42.75）
能够读完整本绘本	73（34.43）	215（30.28）	200（35.09）	205（52.30）	109（45.99）	81（57.86）	255（54.14）	1138（41.65）
能够用自己的语言复述书中的故事	36（16.98）	210（29.58）	204（35.79）	156（39.80）	126（53.16）	70（50.00）	261（55.41）	1063（38.91）
卡方检验：χ^2=100.745，p=0.000								

针对认识图片中的物品和角色以及可以一字一句读出书上的文字这两个选项，拥有 20 本以上课外书的调查对象选择这两项的比例分别为 70.91%、50.32%，明显高于平均水平 64.13%、42.75%。从具有较高阅读能力的调查对象来看，对于能够读完整本绘本的选项，拥有 16~20 本课外书的调查对象选择的比例为 57.86%，拥有 20 本以上的调查对象选择的比例为 54.14%，均明显高于平均水平 41.65%。对于能够用自己的语言复述书中的故事的选项，拥有 20 本以上课外书的调查对象选择的比例为 55.41%，拥有 11~15 本课外书的调查对象选择的比例为 53.16%，均明显高于平均水平 38.91%。

使用交叉分析法探究过去一年的课外书购买量与阅读能力之间的交叉关系。从表 6-39 可以看出：过去一年的课外书购买量对于阅读能力呈现 0.01 水平显著性（χ^2=58.733，p=0.000<0.01），并且呈现具有较高水平阅读能力的调查对象在过去一年没有购买课外书和购买了 10 本以上两项之间的差异较大，反映出阅读能力较高的调查对象都在过去一年有一定的购书量，并

且阅读能力越高，过去一年所购书籍越多。另外，若调查对象对课外书的购买量越大，各项阅读能力间的差异会越小。

表 6–39　阅读能力与过去一年课外书购买量的交叉（卡方）分析结果

	Q20——过去一年你买了多少课外书？（课本教辅除外）(%)					汇总（n=2732）
	没有（n=543）	1~3 本（n=857）	4~6 本（n=602）	7~10 本（n=290）	10 本以上（n=440）	
认识图片中的物品和角色	345（63.54）	536（62.54）	377（62.62）	193（66.55）	301（68.41）	1752（64.13）
能够辨认一些文字	305（56.17）	533（62.19）	368（61.13）	165（56.90）	267（60.68）	1638（59.96）
可以一字一句地读出书上的文字	181（33.33）	371（43.29）	262（43.52）	137（47.24）	217（49.32）	1168（42.75）
能够读完整本绘本	184（33.89）	311（36.29）	248（41.20）	145（50.00）	250（56.82）	1138（41.65）
能够用自己的语言复述书中的故事	134（24.68）	311（36.29）	248（41.20）	135（46.55）	235（53.41）	1063（38.91）
卡方检验：χ^2=58.733，p=0.000						

对于可以一字一句地读出书上的文字这一选项，过去一年购书 10 本以上的调查对象选择比例为 49.32%，明显高于平均水平 42.75%。对于能够读完整本绘本的选项，过去一年购买超过 10 本课外书的调查对象的选择比例为 56.82%，过去一年购买 7~10 本课外书的调查对象的选择比例为 50.00%，均明显高于平均水平 41.65%。对于能够用自己的语言复述书中的故事这一选项，过去一年购买超过 10 本课外书的调查对象选择的比例为 53.41%，购买 7~10 本课外书的调查对象选择的比例为 46.55%，均明显高于平均水平 38.91%。

从结果上看，过去一年购买较多课外书籍的调查对象具有更高水平的阅读能力，出现此现象的原因可能在于课外书籍数量的增加能够更好地培养阅读能力，以及购书量较大的调查对象自身或其家庭比较重视阅读和培养阅读能力。

综合来看阅读能力与阅读效能各项之间的交叉关系，虽然在数据上调查对象附近阅读场所的数量与阅读能力之间并没有呈现显著的差异性，但是课外书籍拥有量和过去一年的课外书籍的购买量均与阅读能力之间呈现显著差异。这反映了增加课外书籍的数量、提高调查对象及其家庭的阅读意识、增加书籍购买量的行为可以有效培养调查对象的阅读能力。另外，这也表明了部分调查对象的阅读能力较低是因为其缺乏相应的课外书籍等阅读支持。

五、结语

团队的调查基于时光益读所建造的图书馆，通过发放调查问卷的形式，对收集的问卷信息进行统计分析，以了解乡村儿童阅读的基本情况，并且从不同年龄段、不同性别、不同阅读环境等维度具体地分析了乡村儿童在阅读方面的差异，了解了乡村儿童的阅读需求和项目推行情况，基本达到了调查目的。

遗憾的是，在数据收集方面存在欠缺，团队只在 6 个省（自治区）的部分自然村中进行了调查，样本量十分有限，且样本来源也比较集中。除此之外，调查对象的年龄段过于集中，0~3 岁和 16 岁以上的样本数量很少。

随着阅读公益的不断深入和完善，时光益读公益项目组将扩大数据调查的范围，增加样本数据，并持续跟踪乡村儿童阅读状况的变化。为了让乡村儿童获得更好的阅读支持，团队计划建造更多的图书馆，为乡村儿童提供更丰富的阅读资源。同时，团队也将探索开设阅读训练营的方式，通过有针对性的训练，提高乡村儿童的阅读能力，满足他们的阅读需求，推动偏远乡村的文化建设。团队希望借助这些措施，为偏远乡村儿童的阅读带来新的希望和活力，为乡村儿童创造更加美好的明天。

下篇

时光故事

数据虽然是研究和分析的基础，但它们只是具体的数字、图表和结果，无法传达人类内心的情感，时光故事则是通过师生志愿者真实的经历体现阅读公益所带来的改变和希望。这些故事展现了志愿者与孩子们的感人经历。

更重要的是，这些时光故事深入展示了乡村儿童与阅读之间的巨大鸿沟，让人看见乡村儿童的阅读困境与希望。师生志愿者从儿童身上看到了自己有过的困境与挑战，也看到了儿童心中燃烧的梦想和希望。这些经历与梦想鼓舞着师生志愿者继续为乡村儿童阅读尽自己的一份力。这种感人而返璞归真的情感流露，使得大家更加深入地理解和认识阅读公益这一事业。

数据所不能传达的情感和温暖几乎完整地体现在这些时光故事中，更加强化了阅读公益对儿童成长的重要意义。这些故事不仅引发了师生志愿者对阅读公益事业深度的思考和关注，更启示着师生志愿者如何吸引更多的人和资源投入这一事业中，持续推动儿童阅读的发展和进步。

时光故事按时间顺序排列，从时光益读首届队长殷丽的故事开始，一直向下展开，其中每个故事都是独一无二的，每个人都有自己的经验和见解。这些故事展现了时光益读逐渐发展成一个庞大而有影响力的阅读公益组织的过程，也呈现了阅读对于儿童的重要性，以及阅读公益事业如何帮助乡村儿童拥抱知识和探索未来。这些故事不仅展现了时光益读从创立到成长的过程，还着重强调了时光益读的核心理念，即通过阅读和教育改变儿童的生活。

接下来，请跟随这些文字，看看时光益读一路的成长和发展。

读书，带我到山那边的海

殷　丽[①]

滇东高原是一片片连绵起伏的山区，放眼望去，一望无垠的油菜花海，层层叠叠的梯田，云雾缭绕，勤劳的养蜂人随花季追花，在花海中尽情享受大自然的馈赠，时不时还会传来叫卖的喇叭声。在这样一片高原净土上，时光益读公益图书馆在云南省舍恰村悄悄绽放，一群致力于做乡村阅读推广的时光追光者将阅读的种子撒在这里，让乡村孩子能够打破地域教育资源桎梏，让梦想的种子带他们到山那边的海。以“时光”之名，推动城乡教育、共享阅读资源，不管自我介绍多少次，这是我们始终求索的方向，是我们最想贴近的理想。

云南省曲靖市罗平县的油菜花和雾海

回忆的闸门被拉回到2018年暑假，那是一段可以用来细数并珍藏的岁月，我们在这里挥洒汗水打造“时光之初”图书馆，调研采访，感受乡间清风和美丽星空，体会五谷杂粮的滋味和混着泥土芳香的土地。在建馆初

① 殷丽，深圳大学2016级金融学专业学生，时光益读大学生志愿者；参与过“时光之初”公益图书馆建设活动等。

期的调研过程中发现，在这个要经过山路十八弯才能到的村庄里，就只有小学有一间小小的阅览室，基本每周固定时间开放，每次一个班轮流去上一节大概 40 分钟的阅读课，有时会有被语文、数学课占了就不去阅读室的情况。我们在班级里发放调查问卷的时候发现，孩子们在课堂上也比较胆怯，不敢大胆表达自己的想法，提问的时候也比较安静，这让我不禁想起在 2017 年去深圳一所小学当志愿者宣讲环保知识时在课堂上提问的情景，当时，全班同学的小手都高高地举起争先恐后想要回答，生怕错过这个机会，而这个关于环保类的问题并不简单，是大概初中才讲的知识，他们竟然都知道，而且课上这么积极活泼，让我不禁感叹城乡教育差距已经这么大了。内心不禁一颤，但感觉自己能做的微不足道。通过问卷了解到孩子们平时的阅读现状，他们基本不看课外书、家里也没有课外书，甚至不知道什么是课外书，也没有下课看其他书籍的习惯，孩子们在一起更多的是追逐打闹、玩捉迷藏、背着书包漫无目的地在路上晃荡。他们对外面的世界所知甚少，更别说能像大城市的孩子下课后上各种兴趣班提升技能，丰富课余生活。我目睹了在城市经济蒸蒸日上的同时，广袤的乡村中还有很多人经受着贫穷、疾病和孤独。我一直在思考这些问题，并想通过实际行动来解决其中的一些问题，在此过程中，书籍也许是最好的慰藉吧，在书中打开一道天窗，即使深处泥泞也能够仰望星空。

时光益读团队还进行了家访，深入调研了解孩子们的阅读现状。当地孩子大部分是留守儿童，和爷爷奶奶生活在一起并且由他们照顾，孩子们的学习兴趣不太浓，加之很多家庭没有经济能力为孩子购买课外读物，家长也没有阅读课外书的观念，孩子们缺少资源和环境进行有效阅读，甚至有的家长对孩子抱着能学就学、学不下去就出去打工的想法，对孩子的教育并没有很重视，在一定程度上也降低了孩子们阅读学习的兴趣。即使在乡村，不同家庭对教育的态度也是不一样的，比较重视教育并且有经济能力的家庭会送孩子到县城进行补习，即使县城的补课费高达每小时 150 元且路途遥远，而有的家庭虽然重视教育但奈何不是很富裕也没办法送孩子去补习。了解到现状后我心头不禁微微一颤，孩子们渴求帮助、知识的眼神令我心酸，我告诉他们村里建了一个公益图书馆，有空的话就可以去看书。访谈结束后，我们团队几个从乡村走出来的小伙伴对现在的社会阶层逐渐板结这个话题谈了很多。封闭的环境、在外打工的父母、视野不那么开阔的老师、差不多见识的同龄人、沉重的生活压力，让偏远乡村的留守孩子远远地被城里孩子甩在起跑线后面，近些年重点大学里贫困家庭孩子的比例在大幅度地减少。这也是一个有些悲凉的，需要被重视、改变的事实：底层人越有向上流动的希望，这个社会才越有活力。我们这些从乡村幸运地走出来的人，有责任帮助和昨天的我们一样的他们，带给他们一些光亮，带给他们传递这种希望的力量，带着他们跨越人生的山与海。我一直觉得，改变贫困的根本渠道在于教育，在于教育带来的希望感，从而赋予孩子们成长的内在动力。一个有内在动力的孩子，无论他出生在哪个贫困的乡村，状况多么艰难，他的人生成长的高度都是无限的。

在山风清朗、漫天碎星的暑假时光里，时光团队秉着一颗公益初心为孩子们建立公益图书馆，历尽艰辛建成第一座"油菜花图书馆"——时光之初，孩子们蜂拥而入，用惊喜的眼神打量着这个为他们量身定做的小小图书馆，席地而坐就开始汲取书籍里的营养了，一双双闪烁着渴求真诚的眼睛，谁曾想他们不曾拥有课外书籍、不懂精彩的格林童话、不懂外面世界的 abcd ？课外书籍帮他们打开了一扇天窗，他们会想要更多了解外面的精彩世界吗？答案当然是 yes ！当与他们交流的时候，一个小学三年级的学生说道："以前的假期，我都是在家做作业、看电视、帮家里干农活，但是今年可以来学校和图书馆，每天有哥哥姐姐陪着玩，能听到不一样的故事，这个假期很开心……"他脸上露出激动的笑容，希望每年都会有大哥哥大姐姐来图书馆来学校。

当追光支教队员来给他们上课时，即使从外面路过也能感受到孩子们激动的心情，当校园里响起《刚好遇见你》的歌声时令人既开心又心酸，之前看来平淡的歌词，在缘分的撰集下从心头掠过，唱出心肠的曲折，唱出空气的温热，唱出心头那满溢的感动，"因为刚好遇见你，留下十年的期许"，十年后，孩子们还会记得这段时光吗？是否依旧会想起和大哥哥大姐姐一起学习成长的日子？我们和他们短暂的陪伴、学习，并不是要教会他们什么，而是让他们心中多一份期许，希望他们多去读书、读诗，也许某本书中的某个句子就会触动他们，让他们发现内心的梦想并愿意为之努力，从而改变自己生命的轨迹，"心之所向，素履以往，生如逆旅，一苇以航"。希望能够有更多的我们，来帮助更多的他们。

"山的那边是海""透过天窗看外面星光点点，遨游夜空""躺在小屋细听雨滴的声音”……也许正是小时候这些简单温暖的文字让我心生憧憬，像清冽的山泉一样慢慢地沁入我的心底，让我隔着漫长的时空与美好不期而遇，让我一点点获得了对那些眼前看不见的事物的想象和感受的能力。那种遥远而模糊的发着光的美在遥远的乡村抚慰着我的心灵，给予我力量，照亮我走向外面的路。从 2018 年初打磨时光益读项目到如今它已经长成参天大树，凝聚了多少人的心血，在这个过程中伴随着项目的发展我自己也在不断成长。当我走出校园，忘记了在学校学过的具体知识，这时候沉淀下来的东西才是学校真正给予我的东西，我想这也会成为我人生中的底色与勇气，多一双关注的眼睛，用共情的力量去发现不一样的美。

2018 年从 0 到 1 开始创建时光之初到如今时光之花已经在几个省份遍地开花，我见证了这个过程中的各种艰辛与高光时刻，以及团队成员的蜕变成长。于我而言，这占据了我将近一半的大学时光，也是从 0 开始跟团队小伙伴们在摸索中一步步前行，我从一个公益小白成长为一个能够链接一些公益资源的人，与其说是自己在做公益帮助别人，不如说是自己在这个过程中不断成长，与自己和解，成为一个成人达己的人，在这个过程中，我真正参与到项目中，与团队小伙伴一起写计划书参加各种比赛，一起熬夜开会，还有老师们千万个日夜的思索与不变的初心在带领着团队。我以一个团队负责人的身份带着时光益读公益图书馆的项目成功申请了美国 Watson（美国首家创新创业孵化器）四个月加速器的项目，并获得奖学金支持，认识了一群来自全球各地有理想认真创业的人，用自己的实际行动、专业知识为社会创造价值，也许正是这样一群有志青年的聚集，Watson 的孵化培养，Protect your courage 的信念给我莫大的勇气继续参与 BeeBeeNice 商业创业项目并且持续关注教育的影响。我也慢慢熟知国内外的公益机构及闪亮的新星们，认识了很多优秀的青年人：Lallas、Melody、山羊、春阳等一群人，知道满天星、有美且灵、亲近母语、担当者、心和公益基金等优秀的公益机构，他们倾注自己的心血、用自己的实际行动在向社会诠释自己的价值理念，也在不断学习中将这样的理念输入融合，甚至也在潜移默化地影响着自己对教育的看法。我通过各种实践，对自己未来的人生规划更加明确，产生了读博的想法，也得到领导与老师们的支持与认可，从此开启漫长的学术生涯。人生很多时候一个选择会发生天翻地覆的变化，甚至人生轨迹也会从此大不一样，如果没有疫情我可能就直接去德国留学了，也就不会有 Watson 孵化器的项目，也不会萌发继续读博的想法，那人生轨迹又是另外一番景象了。慢慢地就会发现人生其实是平衡的，在你做出一个选择的同时很多事情就已经尾随而来，需要有足够的勇气与毅力去面对各种可能。几年时间的沉淀也让我回过头来思考为什么会从心底里热衷做这样的事，自己从小在乡村读书长大，课外阅读资源几乎少到没有，而自己从小非常喜欢文字、看书，在记忆中想看书都是跟同学借着看的，课外图书资源非常有限，每周放假有空都喜欢去书店走走逛逛，那样的时光现在想起来还是那么美好、温暖，因为文字的力量在无声的岁月中支持鼓励着我不断前进，也希望能有更多的图书资源流向乡村地区，为他们打开一扇通向外面世界的窗户，最终也能走向山那边的海！

熊培云在《一个村庄里的中国》中写道，“中国有 2000 多个县，如果你改变一个县，就是两千分之一的改变。如果你让一个县有一个像样的图书馆，那么你就完成了两千分之一的改变”。如今，我们用实际行动建成了第一座“油菜花图书馆”，并努力让它成为一个文化基地，这或许只是万千微小改变的开始，但如果这两千多盏灯都亮起来了，那将是多大的改变。这座文化基地，是一朵根在公益、茎通扶贫、花开教育的“奇葩”，而教育本就是最大的公益。借着这朵“奇葩”，我们可能还改变不了遍是乡村的中国，但起码我们正竭尽全力改变这个我们已经寄托了感情的乡村。让乡村孩子继续有书可读，时光公益图书馆必在静水流深中向下扎根、向上生长，将阅读之花开满乡村！

初升的太阳，照亮孩子的阅读之路

苏　悝[①]

八月，随着时光益读团队进入云南罗平县舍恰村进行调研，在假期百无聊赖的我终于像是被点燃了，一天天地复苏了过来。

---

① 苏悝，深圳大学2016级金融学专业学生，时光益读大学生志愿者；参与2018–2019年云南“时光之初”公益图书馆建设和趣味阅读营活动。

住在舍恰村小，一股新鲜感油然而生，睡在十人宿舍，但用得着的其实也就一块床板以及能让自己变成毛毛虫的睡袋，吃在学校饭堂，但柴米油盐自己搞，咸淡甜辣自己调，与农家乐倒是有几分像了。

当然，出来一趟并不是来体验生活的，不多时，热火朝天的建馆工作便陆陆续续展开了。

除开头两天做了画工，把建馆的室内设计手稿设计了出来，后来就没多少时候坐办公室了，每天都奔波在建馆工地的第一线。戴上被染得五颜六色的塑料手套，穿上黑白不分的工地鞋，一项项苦力活便足够塞满我们每一天的时光。涂粉，加水搅拌一种叫泥子的粉末，就像配置着《哈利·波特》里的坩埚魔药，配比要把握好，搅拌要均匀，不然涂墙盖粉的第一步就要返工；刷漆，虽然也是类似的工作，但省去了搅拌的累人工序，调漆倒是让人舒坦不少，黏稠的白乳胶加水倒入桶内，用滚筒蘸上往墙上一刷，黄白色的墙便犹如出现了一条崭新的洁白道路；拆墙，是我们工地四兄弟遇到的最大困难之一，架起“攻城梯”爬到与三米墙等高的地方，用錾子打洞、撬松，再将两个孔的石灰砖安全送往地面，每一步都有难以名状的惊险；和水泥，铲子与拖车齐飞，石灰共沙石一色，将石灰粉和一车车的沙石融合在一起，就像创造一座座的小火山，然后再将一切打乱，让其不分彼此，再用铲子把它们铲在原本凹凸不平的仓库平台上，大量的“肥宅水”和壮汉歌伴随着这道工地雄关……

工活虽苦，苦中藏乐，于中自得，终有尽时。虽然在工地的每天都会大汗淋漓，都会筋疲力尽，但我们工地四兄弟总是能欢乐地度过，这样的生活，当它不再，反而有些怀念了。

做完苦力，接踵而来的是对农户初高中学生的教育调研。舍恰这个村子已经满足不了我们的要求，附近的很召、黑发、清平哨、铁厂，全都成了我们的目标。但是，真正实地去到村子里，情况却并不如我们想的那么乐观，目力所及没几个初高中的学生。但经过一番波折，问过当地村支书、村长，甚至在外游玩的儿童，终于有了眉目。在得到当地儿童的“指点”之后，我们成功地找到了第一个初中生，而接下来的事情就简单了，顺藤摸瓜，通过当地初中生的关系网，我们陆续走访了近十个初中生。但问过他们之后，心情可谓五味杂陈，因为不管什么因素，他们中的大多数人都离成功升学、考入大学十分遥远，他们有的因为家境不好，不能负担起学费，需要他们提前进入社会；有的因为自身对学习不感兴趣，想早早离开学校、逃离书本；有的虽然家境尚可，却因为家庭不重视教育只能另谋出路……总的来说，他们中的大多数与升学有着一道不可跨越的鸿沟。但也并非没有例外，后来我们终于遇到了两个较为重视教育的家庭，且家境也较为富足，可以支持他们的子女向更高院校努力追求，也算是给我们带来了一丝慰藉。

调研完后，我们每个人都知道当地的教育情况不容乐观，有能力负担子女升学、子女也有心学习的家庭毕竟在少数。即使实行了九年义务教育，但如今的初中水平与文盲其实差别不大，而当地的许多孩子都只能无奈地被困在这个圈子，无力改变自己的命运。但我们并没有放弃帮助他们的想法，而且越是这样越是不能放弃，雄关漫道真如铁，而今迈步从头越，扶贫不能只从物质上给予补偿，更要在精神上给予支持，要让当地人重视教育、重视下一代，这才是他们真正脱离贫苦的根本之道。我们也许无法影响这个地区的教育大势，也许只能尽些绵薄之力，但能变一点是一点，能影响一个是一个，也只有这样，才能真正把我们来到这儿的意义发挥出来，才能真正说这一趟云南我们没有白来。

来云南一趟，我们要看看太阳。

你是我们的幸运和快乐

田乾沛①

当我感到苦恼的时候，就想抱着头在角落蹲一会儿。现在的安吉就处于这样的情形，她蹲在学校铁门旁，低头拨弄石缝里的小草，戴着的墨镜耷拉到鼻子上。

我提醒同伴朵儿该出发了，她是安吉的班主任，今天与我同去安吉家里

---

① 田乾沛，深圳大学2016级金融学专业学生，时光益读大学生志愿者；参与2018年云南“时光之初”公益图书馆建设活动等。

家访。没想到临出发的时候，安吉突然闹起了别扭，她说回家的路特别远，而且会把裤子和鞋子弄得很脏，希望我们不要去家访了。

“可能要走一个半小时还要多，你们会很累的。”安吉小声嘟囔着，像在试探我们。

“走喽安吉，再不出发的话哥哥姐姐就要被留下来做晚饭啦。”朵儿发现安吉有些动摇，就果断地牵着她的手往大路走去。

瘦小的安吉上课时坐在教室的第一排。因为先天因素，她左眼的黑眼球偏左，初见她的时候，会让人觉得有些特别。她小小的鹅蛋脸线条流畅，就像充分发酵的面团，饱满柔和，惹人爱怜。

如果我们和她说话，她会低着头，无处安放的小手要么揪着自己的衣角，要么抠指甲。或许是觉得这样不太礼貌，她不时会稍微抬起头，匆匆地和我们对视一眼，然后又迅速地低下头去。

课堂上当老师讲到生动有趣的地方，她也会安静地笑着，身子摇摇晃晃的，像只可爱小猫。不过如果老师望向她，她就会立马收敛了笑容，好像犯了错误一样低下头。后排同学发言的时候，她也不像别的同学那样直接扭过头去看，而是微微侧身，将一侧耳朵转向发言者的方向。

有一天朵儿在办公室和我们分享孩子们写在日记本上的心愿，安吉的心愿是“我希望不再长高，那样就能一直坐在第一排，只有老师能看见我的眼睛”。老师们原本被其他孩子天马行空的愿望逗得开怀大笑，但听完安吉的愿望之后，大家都陷入了沉默。安吉显然很在意她的眼睛，她总是避免和别人目光接触，连笑的时候都要遮遮掩掩，她的遭遇让我们感到心疼。

安吉今天戴着的墨镜是文艺会演的道具，这副墨镜像是有魔力一般，尽管和其他孩子相比，她依然显得有些孤单，但能明显感觉她的兴致比往常高许多。在去往安吉家的路上，她每走几步就要用手去扶一下这副稍大的墨镜，可她乐此不疲。

去安吉家的路比我们预料中的还要难走，才离开学校四五百米，就几乎看不到完整的水泥路面了。我们走的路大都是“原本没有的路”，一会儿穿行在田埂，一会儿隐没在树林，大部分时间是踩在湿滑的泥土上，沾满鞋底的泥让我们的步伐有些沉重，我的身高甚至增加了一两公分。

走了一个半小时之后，我们进入了一片农田，已经能够看见安吉的村子了。不过在田的尽头，唯一一条通往村子的小道上，湿滑泥土上铺满了牛粪，虽然是青草的气味，但看着着实吓人。朵儿突然不说话了，她好像有点接受不了。我小心翼翼地走到小道前，蹲下身子，想让安吉到我背上来，我背她过去。没想到她突然抢在我的前头，步伐轻盈，一下子就“顺利通关”了。

“哥哥姐姐快过来，不会陷下去的”，安吉向我这边招手呼喊着。我扭过头看朵儿，她已经提着裤脚勇敢上路了，没想到又是一位“顺利通关”的选手。

受到了她们的鼓舞，我居然忘记自己比她们重得多，刚迈出第一步就陷进去了，泥水和粪水攻陷了我的鞋子。我只能硬着头皮往前走，她们在道路尽头笑得前仰后合。

不一会儿，安吉看到我们狼狈的样子，竟有些自责起来，想要带我们去附近的小溪冲洗一下。朵儿摸了摸安吉的头，笑着说她有个小妙招，然后就开始在石子路上扭动身体，鞋子和石子摩擦发出沙沙的响声，泥块也逐渐剥落，鞋子又轻盈了起来。这个滑稽的画面让安吉“雨过天晴”，她开心地学着朵儿的模样扭动起来。看着这和谐的画面，我竟短暂地忘记了自己刚刚的遭遇。

安吉所在的村子在一个小山坡上，房屋高高低低地占满了各个角落，零散但有层次感，站在村口几乎能看到村子的全貌，而在村子里面却只能看到出村的小道。

安吉的妈妈刚干完农活儿回来，背上背着安吉的弟弟，还没有放下来。她连忙招呼我们进屋坐着，屋里很昏暗，中间摆着一张不太平衡的折叠桌，还有几个手工打造的小木凳。安吉的妈妈一边去打开悬挂在屋子中央的小灯泡，一边不好意思地说原本打算早点回来给我们烤些洋芋，但因为下雨而耽误了。从我们进屋开始，安吉的妈妈就忙得团团转，没有一刻停歇。

安吉家是两间小瓦房，中间有一道小门连通着。一间用来起居，日常活动都在这里；一间用来劳作，除了灶台，还摆放着烟叶、苞谷和各种农具。屋子四周的墙都是黑漆漆的，只有贴着奖状的区域稍微白净一些。这些奖状有新有旧，贴了不止一层透明胶带，还保持着比较鲜艳的颜色，和旁边受了潮的挂历形成鲜明对比。

正当我纳闷怎么有好一会儿没见到安吉，才发现她就在隔壁屋烧火，正在给弟弟煮粥，不然他饿了就会哭。我们在聊天的过程中，看见安吉在那间屋子跑进跑出地拾柴火。她跑起来的时候墨镜在脸上一跳一跳地，好几次都掉到了地上。因为太妨碍干活儿了，她跑到我们聊天的屋里，用手托起墨镜，小心翼翼地放到了床头。

我看到她的手背黑乎乎的，应该是手伸进灶炉的时候蹭到的，而手掌上则沾满了柴屑，额头上冒出来的汗只能用手臂去擦。我们招呼她来喝杯水，她摆摆手说不用，随后又蹦蹦跳跳地跑了出去。

我们和安吉的妈妈聊得差不多的时候，粥已经煮好了。安吉扛了一把比她还高的锄头出来，准备去挖洋芋，我和朵儿决定去帮帮她。房屋侧边的小土堆里种的就是洋芋，上面架着棚架还种了些别的什么。

安吉握锄头的位置很低，因为力量不够，所以每挥一次锄头都晃晃悠悠的，让人看着有些担心。后来我们分工合作，我负责锄地，安吉和朵儿负责挖掘和清洗。我看到朵儿在水盆里帮安吉搓手，洗掉炭黑之后，安吉的手背红红的，朵儿问她是不是被烫着了，她害羞地摇摇头说不知道。

安吉在学校的时候，很少主动发起聊天，如果我们不问，她也就不说。但是在洗洋芋的时候，她突然说："这是爸爸回来的时候种的。"朵儿显然也对她的主动开口感到惊奇，愣了一下之后，凑近安吉，像是说悄悄话一般："我们少挖一点，留一些等爸爸回来的时候再吃。"安吉点点头，嘟着嘴巴不再说话了。沉默让我们干活儿的手脚更加麻利，很快就蒸起了洋芋。安吉时不时就跑到热气腾腾的锅旁查看情况，然后跑来给我们"倒计时"。

雨已经停了好久，虽然依旧不见太阳，但是能感觉到光线亮了许多。我和朵儿简单吃了洋芋后就准备启程返回学校，趁着还能辨清来时的路。朵儿一直催我走快些，好回去厨房帮忙做晚餐。我掂了掂临走前安吉塞在我衣袋里的几个洋芋，不像刚煮好时那样烫手，但还是很热乎。我觉得我已经不用吃晚饭了，但还是加快了脚步。

走到村口再回望，还能看到安吉的家。安吉还在目送我们，她好像一直在等着我们回头的瞬间，卖力地朝我们挥手。她妈妈正在给安吉的弟弟喂粥，看了看欢呼雀跃的安吉，也笑着朝我们点了点头。

我发现安吉又重新戴起了墨镜，不过这次没有遮住眼睛，而是把墨镜稳稳当当地卡在额头上。镜片上反射出来的光点，就像是安吉捕捉到了太阳。她笑得很开心，这个恬静美好的画面让我想到她在教室知心信箱里的留言和朵儿的回复：

“哥哥姐姐你们好！别的小朋友总是笑得很开心，我笑起来很难看，我还可以笑吗？”

“亲爱的小安吉，你当然可以笑。看到你开心的样子，我们的心情也会变得很好，谢谢你！”

遇见，不负美好时光

蔡盈盈[①]

“阅读”“公益”“可持续”，是我在 2018 年 10 月对它的初印象，因为公益理念上的契合、因为看到了初始团队的热忱，我选择加入时光益读，开始了探索更多可能性的阅读推广之旅，“道阻且长，行则将至”，时光人脚踏实地，相信一颗颗绽放的星乃至整片星空都将被看到。

一、初见 · 走近

2019 年 1 月初，我第一次来到时光益读的第一站——云南省曲靖市罗平县舍恰村，六天的行程，和团队另外四位伙伴一起，无论是生活体验，还是在村里的所见所闻，都让我拥有了 N 个“第一次”回忆：第一次见到山上成片的油菜花田、第一次体验采蜜、第一次亲自烤洋芋、第一次吃杀猪饭、第一次在 0℃断电的夜晚围炉烤火、第一次体验旱厕……最最重要的是，我第一次真真切切地感受到时光益读存在的必要性，感受到拥有阅读机会、能学习阅读对于贫困村寨孩子们的成长来说有多么宝贵，这些若非

① 蔡盈盈，深圳大学2018级国际贸易专业研究生，时光益读大学生志愿者；参与过2019年云南“时光之初”阅读营活动等。

在实地调研，是没法真正感受到的。

冬末阴冷下雨天的清晨，雾气笼罩，远处的山体若隐若现，眼前一片灰白朦胧，顿觉一丝神秘感。我们走在宁静的村道上，呼吸着特殊的乡间空气，伴随山间偶现的几声鸟鸣以及隔壁村民养殖小屋内传来的鸡啼声、猪叫声，开始走访一些农户家庭，了解孩子们的学习和阅读现状，目的是更好地策划和执行"时光之初"图书馆开馆仪式和制定日常图书馆运营方案。两天调研下来，我发现很多事情并不是自己想的那么简单，过程也不会是一心想做公益的我们想象中的那么顺利。我们的服务对象是乡村孩子，我们希望的是给村里每个孩子都能提供课外阅读的资源及空间，但现实往往并非如此，孩子们有自己的家庭任务和社会关系，他们的父母长辈是否支持、家中是否有条件协助他们在阅读上成长，都是问号。有些孩子出于家中条件或自身条件原因，可能根本就没有"福气"享有我们提供的阅读资源，小小年纪的他（她）有的需要承担起照顾老人或者弟弟妹妹的重任，放学回家做家中农活和做饭是常事；有的孩子因为父母离婚远走/身亡，只有爷爷奶奶/叔婶照顾或者生活在组建家庭里，各家有各家的情况，可对多数家庭来说解决温饱问题还是第一重任，除了让孩子去接受义务教育，其他关于孩子教育的条件支持是几乎不可能的，所以亲眼见到这些家庭的实际情况、看到孩子们无助但又十分淳朴的眼神时，我们会感到深深的无能为力。加上绝大多数孩子除了学校教科书，家中没有一本适合他们阅读的课外读物，镇上的图书文具店出售的也多是老师要求使用的教辅，乡村阅读服务及推广尤为必要但也任重道远。回顾总结时，我们不禁会陷入自我怀疑："我们提供的真的是他们想要的吗？真的能帮助到他们吗？这些微不足道究竟有没有意义……"

幸运的是，我们在与孩子家长交流的过程中，陆续听到一些积极的反馈，这些反馈成为当年时光益读小团队坚持下去的颇为重要的正向能量。因为我们深知，做公益从来就不是施舍、不是自我感动、不是一味地给予所谓的帮助；"做公益，需要有能量的双向流动"，试着解决服务对象的痛点和需求，而且服务对象周边环境或人等因素能支持，才有机会让双方真正受益。

A 爷爷没有读过书、一辈子在村里务农，当听到我们在村里建了个图书馆，给时光益读比了个大拇指，连忙和孙子孙女说："读书改变命运，快去！快点跟哥哥姐姐们去看书、多学点东西。”

B 妈妈带着孩子与现在的丈夫重新组建家庭，老大老二在读小学，老三刚会走路，我们去家访时这位妈妈了解到孩子假期可以免费到图书馆上课、平时也能去看书，表示家中给不了孩子太多额外支持，他们喜欢的话就多去上课，农活可以少干点。

诸如此类的反馈，“免费上课多好”，“有书看，不要村里头到处乱跑”，“你们每年每个假期都会来吧，这娃成绩很差需要补补课”，“这些课外书对他们考初中、考高中应该有用吧，我们都不懂”，“多看点书会更聪明”，有些家庭还非常热情，把家中舍不得吃的糖饼拿出来招待到村里“做客”的我们，淳朴善良的交流也驱使我们进一步思考如何更好地服务这些孩子，每一个孩子都值得被眷顾，不为能有多大的成就，只要我们在努力推广儿童阅读的过程中能在孩子们的心中埋下一颗小小的希望种子就好。

二、体验 · 融入

2019 年暑假，经过将近 23 个小时的绿皮火车车程，我带着核心团队同支教志愿者一行人顺利抵达云南省罗平县，为舍恰村及周边村寨的孩子们带去为期 20 天的暑期阅读营课程。当时我和核心团队伙伴们来的主要目的一是推进“有用的公益图书馆”真正运营起来，为孩子们所用；二是支持阅读课程的落地，参与到阅读营各年级、各科目的教学课堂中，为策划“有趣的儿童阅读营”积累相关经验和评估孩子们的需求。到了当地，志愿者们的生活起居都得独立解决，大家一起搭建简易洗澡间、一起采购每日做饭所需食材……很多的活动安排也需要结合实际情况调整，这也让我们在这趟旅程中多了很多思想的碰撞和尝试。

我的团队成员自如是云南本地人，怀着对山间环境的熟悉及好奇心，实干行动派的他经常在团队陷入困难时想到办法，更能带领大家积极融入当地，做一些切实可行且有意义的事情，比如“带着书籍去‘赶集’”便是其中一件。考虑到我们的首座图书馆邻近舍恰完小，学校生源覆盖大小舍恰、大小鲁纳、铁厂、折都及恩勒等周边村子，为了接触更多的学生家长，了解当地人的生活节奏，获知 7 月 18 日是铁厂的赶集日，在自如的号召下，我们决定也加入其中，带着书籍去“赶集”。6 点钟天微微亮，团队 5 名成员带上前一晚准备好的书籍、纸皮箱和凳子，走路一个小时到铁厂集市。

不同于城镇能随时到菜市场/超市买菜，我们去到的村子因为山路遥远、出行交通成本高，无法每日采购，所以赶集这项传统的活动便依然存在。一大早，本地人或者周边镇的人开着面包车、三轮车或者背两个竹筐的商品，来到这一条一公里长的街上占据摊位，开始了一天的摆摊，吆喝叫卖，直到傍晚才如林中鸟一一散去，各回各家。村子里的孩子们和家人一起背着个竹篓赶来，他们很热衷逛集市，一来为家里添置食物和生活用品，二来孩子们可以买自己喜欢的零食和玩具。因此，初到集市摆摊的我们，也在这次赶集活动中拥有了一种更加鲜活的体验。

“免费看书，不借不卖”，响亮简洁的标语，吸引住了很多前来赶集的大人和小孩。一位老大爷驻足摊位津津有味地看起了《三国演义》；好几个低年级孩子看到五彩缤纷的绘本封面，也停住了脚步，让我们给讲故事；中高年级的孩子和父母商量先在时光摊位看会儿书，拿起中意的那本坐下来就开始阅读，不管集市过道上人来人往的喧嚣，他们入迷地读着，仿佛忘了时间和原本心心念念要买的玩具；一位奶奶翻开数学绘本，教孙子认识数字，读“123”。一天下来，时光益读的摊位“接待”了不少读者，小读者们一幕幕的读书场景远比我们预期来的温馨和快乐，近 8 个小时的活动顺利完成，也让我们收获了一波又一波来自当地人的淳朴且炽热的正能量。

后来，赶集摆摊成为时光益读的经典活动，无论在罗平舍恰村、铁厂村，还是保山潞江坝知青点，团队均选择“入乡随俗”，到村民一周一次的赶集活动上做图书馆活动宣传，让更多人知道村子里有一座为孩子们量身定做的图书馆，一来将书籍带到孩子们触手可及的地方，二来鼓励更多家长支持自家孩子闲时到图书馆看书。我们觉得这是最“接地气”、最简单的宣传，不仅能让志愿者亲身体验云南赶集文化，而且能在不影响村民生活节奏的前提下，更好地融入当地，用简单直接的方式服务孩子，引导他们开始课外阅读，喜欢甚至爱上阅读，何乐而不为？

三、伙伴·力量

2019 年末春初，和煦阳光下，层叠的梯田里，错落的峰林间，无论是地势平坦的山间坝子里，还是进村公路沿线成片的田野，油菜花遍布，目之所及犹如一片金色海洋，微风拂过，花影摇曳，甚是美好。在这样美丽的环境下，“时光之初”图书馆也已经正常运营两年，经过团队的不懈努力，我们逐渐沉淀了关于公益图书馆图书采购和运营陪读方面的经验，并计划在云南、江西和西藏等地更多阅读资源匮乏的地区落地。可是，2020 年突如其来的疫情打断了我们的推进计划，志愿者们在家中无法返校，原定的建馆和阅读营计划临时推迟，好在云南当地受疫情影响比较小，在做好安全防护措施的情况下，图书馆能正常开放给孩子们看书，阅读服务不会停歇，我们这才松了一口气。

那一年的 2—5 月，微信群和腾讯会议上的远程互动与讨论成为核心团队成员的常态，很庆幸我有一支靠谱的团队，我们没有因为疫情、没有因为聚不在一起而停住脚步，而是趁这段“空档期”，一边休整梳理团队过往实践经验，做标准化、规范化动作的沉淀，一边思考关于“阅读”、关于“城乡互动”和“城市志愿者”有什么活动可以做，于是第一期“时空共读”活动在 2020 年 4 月初诞生了，“每天阅读 30 分钟，坚持 14 天就可以为乡村小朋友送出 N 本书”，以阅读促进公益，培养你我的阅读习惯。腾讯会议上的无数次头脑风暴策划和工作铺排会议记录着团队当时一起并肩作战的点滴，如何高效通过共享文档记录执行方案、如何设置阅读打卡机制、如何借助更有趣味性的宣传语言号召更多热爱阅读的公益人加入我们、阅读奖励如何与乡村公益线条闭合起来、群运营和品宣工作如何分工……大家各司其职，默契地配合着，凝聚来自各个城市的阅读爱好者，积极运营线上阅读社群，为团队积累口碑，顺利完成首期共读活动。通过当时的线上互动，作为队长，我真的感谢每名团队伙伴的不离不弃，正是因为有他们的不懈努力，才能通过多期的活动运营将共读拓展沉淀成团队的子项目。与此同时，我们也在共读活动中认识到很多素未谋面却期期必在的忠实粉丝，很多的时光朋友在这里分享着读过的故事、心得，也共享着交流及做点滴公益的快乐，缘分有时就是这么奇妙，一本有趣的书、一股共情的力量，总能将你我牵引到一起。

我一直觉得，时光益读的每一个人都是不可或缺的一分子，每个有心人都能在这里闪闪发光。就像我在“给时光 er 的一封信”里写到的一样：“希望你能充分发挥积极主动性，帮助自己提升的同时，探索职责内容的更多可能性，不求短时间的回报，能一起创造，赋予时光益读更多的进步，共同丰富这个平台，用心专注于探索阅读本身、探索公益本身，不负在这里的时光。”伙伴，力量无穷，2023年已经是时光益读的第五个年头，很开心看到越来越多的志愿者加入团队，时光荏苒，我们永不散。

四、纯真·永恒

时光益读秉承“阅读＋公益”的理念，能量是双向流动的，我们为孩子们的童年送去一道希望微光、提供阅读服务的同时，他们也时常给予我们纯真的帮助、爱的肯定或鼓励，告诉我们每一名志愿者：一次阅读引导的小尝试、一份用心的努力，单看似乎微不足道，但是聚少成多，每一份付出都不会被辜负。

小柔是时光益读的老朋友了，我们第一年到项目点时她刚升上五年级，黝黑的皮肤及小鬈发，脸上被冻成高原红，加之瘦小的身子，在孩群中一眼便能被认出来，她爱笑、热心善良的活泼样子给我留下了独特的印象。得知我们过来村子调研，小柔从家里窗户望见我们时，便跑出来村道上迎接，急忙想上前帮忙提东西，并带我们熟悉村里的小卖部和前往村书记住处的道路，她成了我们那几天在村里的小小向导。小柔家中还有两个年幼的弟妹要照顾，只要帮妈妈完成当天的家务活后，她便带着妹妹来到图书馆帮我们一起整理图书，我们没有开口，这孩子一进屋就撸起袖子开始干活，那认真劲儿可把我们吓坏了，个别队员虽然有点疲劳可是也不敢偷懒了，和孩子一起把活完成。开馆日前一天，我们和小柔商量着如何让村寨里更多的孩子隔日能过来参加活动，她说自己可以去走街宣传，二话没说就带着几个小姐妹开心地去张罗，效果也很显著，在小柔这名小能手的帮助下，我们的开馆活动完美落幕，也让我发现善于在服务对象里找到小领袖/助手，也是活动顺利推进的有效途径之一。

与小柔的互动还有两个令我印象深刻且感动的瞬间，孩子质朴的爱和关心让人备受鼓舞。美工课结束，小柔跑过来走廊，充满欣喜地递给我一张树叶标本，“这是送给YY姐的，我刚刚课上专门给你做的”，接过标本卡片，上边写着歪歪的几个字，“要开心快乐，送给YY姐”，惊喜、幸运，直到现在，那张卡片还夹在我的笔记本里，很开心能拥有孩子给的这么一份纯真的礼物。冬日清晨五点半，雨雾朦胧，冷风一吹有点刺骨，我们正准备坐上面包车前往镇上坐火车，隐约听到有孩子的声音在叫哥哥姐姐，仔细一看，是小柔和另外一名小男生，喊着“哥哥姐姐们记得下次过来找我们玩哦”！原不想打扰到孩子们，没承想还是被他们知道了我们返程的时间，还专门早起过来送我们，跟我们说平时会帮小芬阿姨照看图书馆，也会去看书。早上的气温很低，真怕他们着凉了，不过看到这一幕，我和小伙伴都很感动，谢谢小柔。

第一次见小 Q 时他刚满 4 周岁，我在图书馆里发现他分辨不了书的正反面，抱着一本绘本书在那里反着翻来翻去，经了解后才知道背后的原因。由于语言发育比其他小朋友晚，加上家中没有条件上幼儿园，没有受过教育，所以当时他只会哼一些字或词，无法完整地表达一句话，也基本不识字，讲话有点口齿不清。面对这种情况，一开始我确实有点手足无措，和身旁小伙伴交流该如何做之后，我决定试试看我们商量的方法有没有用。我带小 Q 到绘本书架前，引导他找到自己喜欢的图案，他很快指了指绘本封面上的一头牛，点了点头，给了我他知道这个的信号。于是我顺着他拿起这本绘本，翻开一页一页用慢速讲故事的方式讲给他听，一边讲一边点着书内的图案，当发现他对某个图案感兴趣时，我便停下来再描绘一遍书中的故事。十分钟下来，我发现他不像一开始一样多动了，眼神关注在书上，好像有点效果，顺势，我给他讲他感兴趣的第二个图画绘本，他很喜欢，也开心地笑着，我慢慢觉得这可能是适合他现阶段理解能力的陪读方式，也能帮助他培养自己的听音语感和认图识字的能力。

第二年到村里我没有遇到小 Q，因为暑假他的父母接他到昆明住了一段时间。从馆长的反馈了解到，平时小 Q 偶尔会来图书馆翻绘本，虽然没法静下心来看，但是他会让姐姐给他翻喜欢的图画书，也开始认识一些基础字了。第三年，原本以为还是遇不到小 Q，没想到在我们罗平的第二座馆——恩勒馆见到他姐姐带着他一起来上课，姐姐还记得我，跑过来跟我说“弟弟现在会自己看绘本了，不用我去给他念”，听到这个我还挺惊喜的。小 Q 再过 1 个月就要去读一年级了，我观察到他自己走到书架边上，站了一会儿，用手指慢慢划过够得着的绘本封面，拿了一本出来坐到凳子上开始翻阅，独立地看了 10 分钟，当时我真的觉得挺不可思议的。所以每一个孩子的潜力都是无限的，他们可能一开始步伐会比较慢，可是都不该被放弃。

学龄前儿童是我们重要的服务对象，像小Q这种情况其实在贫困乡村不在少数，试着用他们能适应的陪读和看绘本方式指导他们，真的是一个探索未知的过程，很欣喜能看到小Q身上发生的变化，更重要的是，这也鼓舞了我们在分年龄层/阅读能力层次的阅读陪伴上继续摸索对孩子们有益的方式方法，更好地激发他们的阅读兴趣。

写着写着，很多的回忆涌上心头，做“有用的公益图书馆，有趣的儿童阅读营”，看到团队在中国地图上留下越来越多的足迹，当初和老师从1到N的想法也慢慢在实现着，很是欣喜。时光足迹遍布需要我们的每个角落，不仅为千里之外的孩子们埋下一颗颗阅读与成长的种子，更是为每一个努力着的我们回赠一份份珍贵的礼物，加油，时光益读！

与时光益读一起走过的路

自如早[①]

我加入时光益读已经有四年了，这四年见证了时光益读一步步的成长与蜕变。一座座图书馆建起来，阅读活动办了一期又一期，时光益读的成员也越来越多，新成员有的留下来有的又走了。然而，时光益读脚踏实地推动乡村儿童阅读事业的初心从未改变。四年间，时光益读为乡村儿童阅读事业做了很多实事，接下来我们也会继续脚踏实地地去为乡村儿童阅读事业服务。

我来自云南保山，一个偏远的滇西边境城市。家离市区还有120多公里，那是在横断山脉里一个封闭的白族村寨。5岁的时候，村里才通了公路。那时候，我身边没有任何阅读资源，整个童年生活都在山间和溪流里。后来初中去城里读书才开始接触阅读，市中心的新知书城免费开放，很多拆封的书都可以免费读。那时周末我们几个同学就约着一起去书城看书，

① 自如早，深圳大学2016级国际贸易专业学生，时光益读大学生志愿者；参与过2019年“时光之初”阅读营活动、2020年云南西藏地区踩点调研、2023年云南“时光之青”阅读营活动等。

一看就是一整天。那个时候我喜欢看小说——悬疑、探险、神话、军事等。书里描述了很多或精彩或离奇或感人的故事，冲淡了我离家求学对父母和老家的思念。后来开始看一些有深度的书，像狄更斯、莫言、托尔斯泰等。在书里学会了很多环境里没办法教给我的东西，我到现在都深深地感谢那些与阅读共度的时光，滋润和丰富了我的内心。

第一次看到时光益读的招新宣传上写着“云南乡村”“儿童阅读”时，就吸引了我。我深知云南乡村阅读资源的匮乏，也知道阅读对我少年时期成长的帮助有多大，因此，我也想为云南乡村儿童的阅读事业尽一份力量，帮助一些像曾经的我一样的孩子。

刚加入时光益读的时候，我们只有 9 个人，不清楚时光益读究竟要做些什么，探索了很久。我们卖过鸡蛋、开发过小程序、支教过、在云南乡里的集市上摆过摊。2019 年暑假，我们坐了十多个小时的绿皮火车到云南，去村里招学生上课，自己动手搭洗澡棚、晾衣架，自己做菜等。做了一期 14 天的支教活动后，我们整个团队都很失落，觉得我们只有短短 14 天的时间，上语数英这些传统课程能给孩子们带来的影响和改变是有限的。我们怕一走，这些有限的影响也会慢慢消失，而且孩子们也不太感兴趣。所以，我们产生了一个新的想法：我们以后不做传统的支教，就带孩子们玩！让他们在玩耍中学习，也让他们在玩耍中培养阅读习惯。

因此，我们开始了假期阅读营，用丰富多彩的活动带着孩子们学习和阅读。2019 年底疫情暴发了，我们没能如愿建设新的图书馆和开展阅读营，但是我们觉得应该做一些事情。于是，我们号召近百人每天至少阅读半小时并打卡，坚持 14 天。我们一开始也是完全摸着石头过河，打卡方式、规则、数据统计等慢慢探索。后来，我们又加入了线上或线下的读书会，尝试各种花样，最终有了当前的共读活动。

2020 年底，我们趁疫情缓和远赴更加偏远的云南怒江州贡山县初步调研当地乡村儿童的阅读情况。2021 年，我们又继续到保山市、怒江州、西藏察瓦龙乡等地区调研并选址建设图书馆。我们到过的几乎所有的地方都面临着交通不便、经济水平落后、阅读资源匮乏等问题。尽管一些地方也有社区图书馆或图书角，但基本上不开放以及绝大多数书籍也不适合儿童阅读，当地儿童也没有养成阅读习惯和科学的阅读方法。

因此，我们与当地村委会合作，在现有场地中建设图书馆，解决乡村阅读资源匮乏的问题。每年的寒暑假，我们招募大学生志愿者到时光图书馆为孩子们开展阅读营，教授阅读技能和培养阅读习惯。然而，我们发现志愿者的专业程度存在差异。因此，我们不断探索方法，对志愿者进行培训，确保他们能正确地引导孩子们。

这样，时光益读不断发展，更多的图书馆得到建设，阅读营活动也日臻完善。我们心满意足地看到，我们的努力为更多的乡村儿童带去了阅读资源，帮助他们在阅读中成长。我们希望时光益读永远保持初心，推动中国乡村儿童阅读事业的发展。

在田野上书写青春赞歌

蔡莹莹[①]

近年来，随着改革开放和“科教兴国”战略的实施，我国乡村中小学所取得的成绩是有目共睹的。特别是党的十九大以后，我国乡村教育事业驶入了又好又快科学发展的健康轨道。目前，在我国乡村普遍实施了根本意义上的九年义务教育，这不仅巩固和加强了乡村义务教育“普九”成果，还促进了社会主义新农村与和谐社会的创建。然而，目前我国城乡图书资源严重失衡，乡村阅读教育发展与城市的差距没有缩小的趋势。虽然目前有诸多顺应国家教育发展战略，实现教育资源的整合、均衡与再分配的乡村图书馆修建项目，但是实施效果不佳。乡村图书资源匮乏、促进城乡阅读资源的再配置等问题急需解决。

自 2019 年 5 月起，我曾多次作为带队老师参加社会实践活动，前往湖南衡山县白果镇、广东和平县曲潭村、云南贡山县独龙江乡等多地调查研究我国乡村阅读现状。

从调查研究结果来看，我发现乡村教育以及乡村阅读存在许多共性的问题。

① 蔡莹莹，深圳大学经济学院教师，时光益读教师志愿者；参与过2019年广东“时光之潭”阅读营活动、2022 年云南“时光之境”公益图书馆见面会和阅读营活动等。

一、师资缺乏及队伍建设不足

1. 专业结构不合理

城区学校学科教师配套，基本上是专长有专教，专业水平普遍较高。然而根据调查数据（2019 年曲潭村、2022 年独龙江乡）及与教师的沟通结果，音、体、美教师在教学点基本上处于空白状态，甚至在小学中英语教师也是相对短缺的，存在两个小学共用一名英语教师的现象，教师专业结构的不合理，直接导致学生的基础和综合素质相对低下。

2. 教师短缺

城区教师进修和交流的机会多于乡村教师，福利待遇更是明显高于乡村教师。相比之下，乡村小学普遍存在教师资源短缺，优秀的师范类人才难以引进乡村的情况。以曲潭小学为例（2019 年），曲潭小学有包括学前班在内的 4 个年级，但只有 5 名教师承担全部教学工作。生师比大，教师难以全方位照顾每个学生的学习情况。

二、办学规模小，经费相对短缺

由于乡村教学条件和城里相比差距较大，许多外出打工的家长将孩子带到城里就读，加剧了乡村教学点办学规模的萎缩。例如，为了集中资源，广东河源市乡村 3 年级及以上学生集中在镇中心小学就读，教学点只开设学前班、1~2 年级，每班人数多则二三十个，少则两三个，不少教学点学生人数在 50 人以下。由于公用经费拨付是以学生人数为依据核算，所以很多教学点仅靠公用经费维持难以进行校园建设，相对于城市校园缺乏先进的教学设备。近年来深圳大学等高校对曲潭小学等乡村学校的捐助，在一定程度上改善了学生的学习环境。

三、留守儿童多，生源流失较为严重

在走访调查过程中，我们了解到乡村儿童以留守儿童居多，村里留下的多是老人和孩子。老人文化水平低，只能照顾孩子的饮食起居，对孩子的思想变化及学习力所不能及，也无暇顾及。家庭管教的缺失致使许多中小学生沉溺于手机、网吧，甚至出现逃学的现象。另外，由于近年来教育成本的快速攀升，加上大学生就业形势不容乐观，有些人认为读完大学还不如农民工挣得多，所以在部分学生家长身上，“读书无用论”思想开始出现回潮。也有一些家长明白读书的重要性，为了给孩子提供较好的学习环境，不惜花大价钱将孩子带进城里借读。这一系列的因素导致乡村学校在校生人数不断减少。

四、素质教育举步维艰

在走访调查过程中也看到教学点按照要求进行排课，但是在与学生及教师的沟通中发现，音、体、美基本上只是写在课程表上的课，实际中难以开设。很多课程只能是走走过场，就是应试课程也只注重应考内容，忽略非应试能力的培养：语文、外语忽视听说能力的培养，学生无法发挥语言交际能力；数学、物理等学科中忽视对理论知识的运用及操作，以致学生在实际问题面前束手无策。这种教育显然无法全面提高学生的综合素质。

五、阅读资源不足，缺乏正确的引导

阅读量依然不足：乡村图书馆中的书籍量、书籍种类相比城市图书馆少很多，而且缺少可靠的电子书籍。所以对于乡村儿童来说，他们的阅读量是不足的。

缺乏正确引导：乡村教育中多以应试能力的提高为主，所以乡村儿童的面向以教辅书为主，而不以教辅书为主的儿童在阅读期间缺少正确的引导，其对书籍的选择以及内容的理解也缺少引导。

碎片化阅读、浅阅读状况堪忧：在乡村阅读中，许多儿童都是用课后短暂的时间到阅览室进行阅读，缺少引导下的阅读，一般会选择一些图片式的阅读。

公共图书馆配置、利用率不高：在乡村建设中，以往缺乏大型的公共图书馆，在扶贫扶智工作开展的时候建设了部分图书馆嵌入学校教室中。

但是，一到课后或者寒暑假期间，图书馆的利用率就伴随学校关闭而停止使用。

让我印象深刻的是 2021 年暑假在曲潭建设公益图书馆和阅读营的实践活动。我们一行 7 人，两男五女，吃住在曲潭小学内，经历了一段难忘的暑期社会实践，也收获了师生之情与同学之情。这次暑期阅读营活动，是在曲潭村第一次开设的较长时间的阅读营。村民十分热情，原本计划开设 40 人以内的小班，最后报名人数高达 80 人。为了不打击大家的积极性，在和实践队员们商量后，我们选择迎难而上，给每位报名的小朋友都安排上了本次阅读营课程。

在与小朋友相处过程中，我们发现这次阅读营中有几位大年龄的男生，经常会出现不服从纪律的行为。在和家长沟通后，仍然无法很好地约束其行为。我们决定尝试深入解决这样的情况。我们决定由队内有入伍经验的张泽鹏同学将 6 名同学列为分列式表演小组。在阅读营训练期间，加强其国防思想、强军体魄思想教育。同时从行为上，以分列式的动作等方式提高其运动水平；从阅读上，以点对点的方式对这 6 名同学进行阅读引导，使其真正地沉下心去阅读，去感受文字的力量以及知识的魅力。在阅读营结束后，依然对他们保持持续性的关注。我们了解到，有同学通过这次阅读营萌生了参军入伍、保家卫国的想法。这也让我们感受到虽然是小小的一次阅读营活动，我们依然能发挥积极的力量。

2022 年暑假“时光之境”实践团前往独龙江乡境内最高峰所在的迪政当村开展创建图书馆和阅读营活动，让我感受颇多。独龙江乡西、南与缅甸相连，北邻西藏察隅县察瓦龙乡，是我国边境地区。2022 年 7 月 10 日，我们从深圳出发。经过漫长的路程，实践团于 7 月 12 日抵达当地迪政当小学并开始建馆工作，历时 5 天，完成“时光之境”乡村公益图书馆的建设。“时光之境”乡村公益图书馆建设完成后，实践团于 7 月 17 日开展了为期一周的趣味阅读营课程教学实践活动。队员们充分利用专业知识、发挥个人特长，结合当地儿童实际情况，开设了绘本阅读、折纸绘画、国防教育、儿童摄影、趣味英语、趣味地理等多样化课程，以满足学生们全面、健康发展的需要，让学生们体验了不一样的暑期生活。

在边境乡村生活期间，我们感受到当地独龙族人民的纯朴，感受到独龙族小朋友的纯真与善良。我们在实践期间，走访了当地儿童，发现不少家庭不仅有留守儿童的现象，还有双亲离世、寄住亲友家的情况。一路接待我们的白大哥亲切和蔼，他的女儿松松也是我们阅读营的一员。白大哥说松松面对外人还比较害羞，他作为父亲一直鼓励松松努力学习，多阅读，走出独龙江，多去看看这个世界，多去感受这个世界。十余天的暑期实践时光转瞬即逝，实践团队员们在迪政当村，不仅留下了诸多充满爱与关怀的欢笑，还用自己心中的那份对祖国的深挚爱恋，勇担新时代乡村振兴的历史使命。实践团对当地儿童来说是有一定意义的，带领他们了解了外面的世界和感受知识的力量；实践团队员们也无不感受到走进基层、走入乡村的必要性。

教育是一个国家的根本，乡村是一个国家的血脉，因此乡村教育对一个国家来说至关重要，乡村儿童的成长与教育更是重中之重。青年大学生作为社会的新鲜力量，更应当将脚步踏入中国广袤的乡村中，用自己的力量积极助力乡村教育，助力乡村振兴！我作为实践团队中的一员，将继续在实践中践行一名中共党员的初心，在奉献中飞扬青春，在田野上书写青春赞歌。

从时光之初到时光之林

罗思越[①]

2019 年夏天，在很多机缘巧合之下，我被一个当时刚认识不久的师姐叫来当了那一次时光益读的队长，没有教案、没有多少经费、没有洗澡的地方、没有抽水马桶，带着 20 多个不知道将要面对什么情况的大学生，稀里糊涂地坐了 21 个小时的硬座，说是充满期待确实有点自欺欺人，毕竟报名之前确实不知道有那么多恐怖的副本。然而我也确实没有想到，21 个小时的硬座之后，我将遇到过去 21 年来最美好的 21 天，这一份回忆像一个多巴胺的源泉，不管在内心封存多久，只要一打开，思绪就会飘回那片滇东高原，就会听到那阵阵稚嫩却纯粹的朗读声，就会想起我们自己做的大锅

① 罗思越，深圳大学2017级物流管理专业学生，时光益读大学生志愿者；参与过2019-2021年云南“时光之初”和“时光之林”阅读营活动等。

饭，想起那片蓝得不可思议的天空。

如果说那段旅程的最低谷是我们抵达的第一天，要学会自己搭洗澡棚，自己生火做饭，适应天然的洗手间，一点点小小困难的累加，确实很容易催生动摇的想法。但我真的很庆幸，在这些想法萌芽壮大之前，就到了招生的那一天。云南的风吹在我们脸上的感觉，有一种土生土长的广东娃体会不到的豪迈，那天一大早就把校门口堵得水泄不通的孩子，眼睛里有一种能量，把我前一天晚上因为睡袋没有睡好和自己做饭没有吃饱的阴霾一扫而光。做了十几年的学生，突然获得了作为校长的权力和威严，为了初次见面立个人设，以后能 hold 得住这帮娃，那天在 100 多次 / 分的心率下故作深沉地摆着张脸晃了一天。

6 个班，200 多个孩子，20 多个一腔热血却毫无经验的老师，一个不太靠谱的“校长”，我不禁问自己何德何能可以承担这么大的责任。我们的班主任、大厨、体育老师每晚都会陪着我复盘当天出现的问题，就这么摸爬滚打地在每天的两顿饭之间连上 6 节课，还见缝插针搞了个体育节，办了个了知识竞赛，筹备了个文艺汇演，虽然这些老师都给自己取了一些诸如桃子姐姐、丸子老师这样像是 20 世纪初非主流 QQ 空间签名般的名字，但我竟对这些同龄人产生了一种未曾体验过的感情，似乎是感激，还掺杂了一些若有似无的慈爱，每每回想起来，不免觉得自己有点“变态”。

志愿者在自己动手搭建洗澡棚

准备离开舍恰的那一天，天气似乎能感知我们复杂的心情，一直下着不大不小的雨，以至于舍恰的山路变得非常泥泞，就在我们准备上大巴出发的时候，两个很熟悉的面孔突然出现在校门口，没有记错的话，从他们的家走到学校，有接近一个小时的山路，而他们两个手上沉甸甸的两袋零食，看起来被保护得很好，那两个初二班上的男孩，好几次旷课之后本来要被我劝退，都被他们的班主任拦了下来，他们的班主任叫中中，是一个可以在火车上独自一个人发几个小时呆的奇人，从不主动承担责任，却也从不推托别人拜托给她的事情，就这么一个看似非常木讷的女孩，却用着一颗非常细腻的心去对待着她负责班上每一个看起来冥顽不灵的孩子，我时常谴责她那些轻声细语的教育没有任何实质性的意义，然而现实是并没有人冒着雨赶一个小时的山路来给我送不知道攒了几个月的零花钱买的零食。

第二次去舍恰，我自以为已经做了万全的准备，带着一个帮手，提前三天到那里布置好了教室，为第一次出现的各种情况做好了预案，然而我还是败给了能被风吹下来的电线，不能用墨盒，只能加硒鼓的打印机，败给了脾气比我还差的投影仪，败给了一帮七八岁的孩子永远用不完的精力。虽然那个时候小班的教室已经人满为患，但每次一个颤巍巍的奶奶拉着一个有着纯天然大眼睛的孩子眼巴巴地看着你的时候，还是不得不放弃原则再想办法加一个位置，每次回想起来，总对万老师和宋老师感到一丝愧疚。就在硬件设施已经完全无法保证基本教学秩序的时候，张老师带着她的钞能力用一个礼拜更新了所有的设备，这让我人生第一次有了非常强烈的好好赚钱的动力。在这次的初中班上，有一个非常不起眼的女孩，总是用一种似乎在游离又似乎在听课的眼神坐在第一排，不跟同桌讲话，也不主动回答问题，自以为看穿一切的我，觉得这又是一个在家里天天沉迷上网的留守儿童，在爸妈的胁迫下不得已来上这个免费的补习班。直到一个早晨，这个女孩哭着对我说今天外公外婆不能带弟弟，所以她不能来上学。我很难理解她为什么难过，于是那天放学之前，我带着比较面善的倪老师（毕竟我自己去很容易被以为是去找人打架的）找到她家，隔着几十米远的地方，一个目测只有七八十斤的身板，背着一个襁褓中的男孩在洗菜，我走进去问她，今天为什么哭，她只是低着头说自己想和别人一样上学。我正在写的这篇东西，已经欠了约稿的人很久，但每每提笔都有些抵触，或许是因为这些回忆，会触发很多五味杂陈的情绪，其中最厚重的，就是那天下午的惭愧。

那个我带着跟我一起打扫卫生、整理教室的帮手，一年以后也带着一帮人踏上了同样的旅途，其中杨老师也是第二年回到那里，给我拍了一张照片，是一个快递的收件信息，附了一句话，“这里没有罗思越，却处处都是罗思越”，彼时的我刚在新公司转正，因为岗位的特殊性，每天都在害怕自己踩了什么雷，看到那句话时泪水开始打转，脑海里不断浮现出那个充满了我们涂鸦的学校，小操场的角落里总有一个在泡茶的凶巴巴的男老师，还很不要脸地给自己取了个名叫大美。

静待花开

孙开放①

种一棵树最好的时间是十年前，其次是现在。时光益读这颗公益的种子已经播种了五年，我也有幸与她共同生活成长了将近三年的时间。三年间我去过很多乡村地区走访调研，见过很多或是善良纯朴或是美丽可爱的面孔，听过或是亲身经历过很多精彩的故事，这些都是我投身公益事业的一种“福利”，回忆起来时常可以给我带来许多温暖和无形的力量，指引着我，乐观且坚定地走下去。

先聊一聊我与时光益读团队的故事。清晰地记得我当时来到深圳大学读研没几天时间，偶然间在学校某公众号看到时光益读招新的信息，先是激动了一下，几乎没有思考，就填写了报名信息。实事求是地讲，那个时候我还没有了解很多，带着一些疑问参加了面试，在面试过程中我充分地感受到了这个团队对乡村儿童课外阅读推广这件事所做的种种努力和思考，甚是感动。由于有社会工作专业背景，我在本科期间也或多或少关注到了许多高校公益社团所做的活动，有面向各类弱势群体的资助，聚焦到儿童领域也不乏支教、图书募捐等，但是能在儿童阅读领域持续做“慢功夫”且做得不错的，我了解的真是不多，通过面试后，我便欣然加入了。一方

① 孙开放，深圳大学2020级社会工作专业研究生，时光益读大学生志愿者；参加过2021年云南西藏片区踩点调研和公益图书馆建设活动、广西建馆前期踩点调研活动等。

面，我认为我们在做一件真正有意义、真正去努力满足乡村儿童阅读需求的事情，并且在这个过程中不断去调研、去反思、去优化我们的模式，以求效果最大化。另一方面，在我们的团队中无论是老师、队长，还是其他成员，在这份公益事业面前没有任何身份上的差别，只是扮演着不同的角色，师生也彼此称呼伙伴。我们一起翻过山越过岭，一起啃过馒头吃过泡面，也一起领略过深圳大学的凌晨四点半，这些一起默默做过的事，真的胜过千言万语。2021 年五一假期从云南和西藏最偏远的乡村踩点回来，张颖老师说我们彼此都是生死之交了，有些话我至今记在心间，这是团队全身心地投入和团队成员之间彼此充分信任的最好见证，我想这也是时光益读团队最吸引人的地方，我真的很爱这个团队。

时光益读前往西藏和独龙江调研

再聊一聊这几年公益路上见过的人、经历的事。这三年，作为队长，我和老师一起接洽过很多资助方，学习拜访过很多公益同行，调研过很多乡村，也直接或间接接触过很多的志愿者和乡村儿童。他们或多或少都在用自己的努力以不同形式做着同样目的的事。其中，2021 年夏天我在西藏一个偏远的村落里建图书馆时结识的多吉一家，令我感动至深。多吉那时是格布村的一名 12 岁儿童，准小学 6 年级学生，如今已经快要读初二了。他的妈妈去世得很早，家庭成员还有奶奶、爸爸、姑姑、姐姐和弟弟，姑姑40多岁仍未嫁人，一直守着奶奶和照顾着多吉姐弟三人。一家人的生活开支全靠父亲在镇上做工，还有就是一些林下资源的采卖，日子过得比较清苦，家里的房子和必要的生产工具及炊具等都是政府支持的。在我们建馆期间，多吉一直待在图书馆里给我们帮忙，帮助我们向村民借各种工具，给我们当小翻译官，非常阳光热情。他的奶奶还邀请我们到家里做客，给我们品尝自酿的青稞酒和酥油茶，在我们任务结束即将离开时送给我们一大包自己炸的青稞麻花和一大瓶青稞酒，我知道那是他们一家比较贵重的礼物了，我们非常感动，那一大包麻花也成了我们后续行程中重要的干粮。就是这样的一家人，虽然日子过得清苦，但是非常乐观积极地生活着，他们一家人的精神一直鼓舞着我去面对生活和学习中的许多困难。自此，我一直和多吉保持着联系，他经常会跟我分享他们的民族节日和家庭生活，他的奶奶也邀请我再次到家中做客，我也尝试给予他们一些力所能及的帮助。就这样，我们一直彼此温暖着，他们一家也成了我心中的一份牵挂，总想着找时间还要再回去，再去那里获取一些心灵的安宁和力量。回想这一路上遇到的孩子们，浮现在我脑海里的还有前中瓦的次仁、秋那桶的李兵、恩乐的曹宇航等，我们用书本和知识带给他们帮助的同时，他们也在用自己的行动带给我们温暖和力量，我也真的很珍惜这些情感。

回顾研究生这三年，我没有做过许多科研，但真的投入了很多心血在时光益读，同时它也在滋养着我，给了我大胆实践的平台，给了我心灵一份寄托。时光益读这颗公益的种子一直在努力地成长，同样我们也相信每个人都是一颗种子，只是每颗种子的花期不一样，我们只管当下播种，静待花开。

秋那桶的那个夏天

吴　洪[①]

2021年夏天，趁着疫情稍缓，我带队去云南贡山县丙中洛乡秋那桶村，

① 吴洪，深圳大学经济学院教授，时光益读教师志愿者；参与过2021年云南“时光花语”阅读营活动和2023年广东“时光之杏”、“时光之禄”阅读营活动。

以当地青年甘文勇的自建图书室为基础，开展以深圳大学“时光花语”命名的图书馆升级改造工程，并在秋那桶及附近几个自然村完成了为期两周的乡村儿童暑期阅读夏令营。

在建馆过程中，不断有热情的儿童过来帮忙，和我们玩耍交流，甚至送菜送水果。尽管是第一次来秋那桶，我们还是吸引了 20 多个可爱的乡村小孩。每天上午下午各两节课（一节课一小时），包括阅读、写作、手工、军事、体育、摄影、英语等。课后，孩子们还带着我们去附近的山上、小河边游玩。我们没有做任何宣传，但还是引起了当地政府的关注。县团委书记带队过来看望我们，并和我们一起参加了结营仪式。

云南秋那桶馆长甘文勇用自家牛圈改造的“时光花语”图书馆

在离开秋那桶返回保山的途中，我们还顺路探访了时光益读在保山的另外两支建馆团队，并和他们交流了心得。

作为带队老师，能从学期中单调繁复的教学科研中抽出身来，体验不同的环境、生活和工作内容，我毫无疑问地相信，这是一个明智的选择。除了和这些优秀的大学生志愿者朝夕相处，感受年轻人的朝气蓬勃、意气风发，甚至奇思怪想，也第一次近距离体验了新时代乡村儿童的纯朴天真、热情好客、求知若渴。这些宝贵的体验和感受，我非常开心能够通过这篇文章与大家分享一二。

一、带队老师的角色

作为带队老师，我带过两支队伍分赴云南。按临行前书记的指示，带队老师的主要任务有三个：后勤支援、安全保障、沟通协调。教学和建馆的业务，主要是交给我们的大学生团队。有了这把“尚方宝剑”，我就把权力都交给了队长。我只要安全地把人带出去，再带回来就行。

在秋那桶，队长晓娜对建馆和阅读营的物资进行购买，安排课程并进行分工。祎然是摄影师，浩鸿是副队长，淦森负责军事理论和体育，立弦负责手工和英语，我则负责做司机、采购、出纳、谈判、望风、安保之类的帮闲角色。我没事的时候，在村子里转一转，和村民蹲在树下拉拉家常，倍感亲切，还可以在时光花语多达几千册图书的图书室里消磨山里光阴，这也是不可多得的一大乐事。

每天夕阳西下，炊烟四起，孩子们各自返家，我们就在院子里开始一天的“晚会”，由队长总结当天的工作，并安排第二天的任务。一般来说，我只是旁听，并不参与讨论和决定。如队伍出现重大分歧，我才开口帮助他们出主意，定方向，做决定。我们的队员都是通过报名从大范围中选拔的，热情、活跃、能干，还多才多艺。把行动的权力交给他们，我很放心。

其间发生过一次“内讧”。会上就吵起来了，我远远地看着没说话。我想看看他们能不能自己“解决”。夜里收到了队长的微信，对分歧的原因进行了说明。我想我要出手了。第二天黄昏的晚会上，我针对分歧提出了一些建议和要求。最终，分歧解决了，队伍重归团结。阅读营的计划顺利推进。

事实也的确如此，从孩子们的反应来看，我们的队员深深吸引了他们：刚来的时候，他们的眼神里充满了好奇、羞涩和崇拜；在离开的时候，他们的眼神有了更多的信任、爱戴和不舍。

二、乡村儿童的阅读现状和原因

从仅有的几次在云南多地考察的情况来看，乡村儿童，尤其是偏远地区的乡村儿童的课外阅读情况不容乐观。他们的阅读训练基本是通过学校学习来获得的，课后阅读特别是课外阅读的比例非常小。阅读材料以课本和课程要求为主，大量优秀的儿童文学素材他们很少接触。阅读不是他们课后的休闲方式；相反，课后娱乐以和伙伴玩耍、看手机、玩游戏、运动等为主。阅读能力和理解能力普遍较差，由此导致知识面窄、思考深度不足、写作能力较低等普遍问题。

造成以上问题的原因，经过我们支教队伍的问卷调查和走访，也逐渐清晰。

乡村家庭对课外阅读的关注不够是重要原因。家长的普遍心态是，孩子交给学校，好好听课学习，好好完成作业，考试得高分就好了，课外阅读耽误时间，影响孩子学习。在这种观点的影响下，家长一般都不鼓励孩子课外阅读，好好做作业就行了。

乡村儿童的家庭教育状况也是影响其阅读习惯形成的重要原因。多数乡村儿童的父母，为了家庭生计，至少有一方不在身边，去了城市打工。乡村儿童由爷爷奶奶辈代养是常态。这种隔代养育，难免影响孩子接受严格、规范的家庭教育。老人大多没上过学，或者是文化水平有限，对孩子基本上是“无为而治”的。家里没有人读书，当然不可能影响孩子形成阅读习惯。

乡村社区缺乏图书基础设施也是重要因素。近年来，农村的校舍、水利、交通、电网、网络设施有较大改善，但图书馆在广大乡村还是极为少见。即便有的建了图书室，但缺乏管理，书籍陈旧、数量少、种类不合适等问题大量存在，甚至有的图书室常年关门。

学校教育对课外阅读习惯的引导和支持不够。农村学校的硬件设施近年来有了明显改善，但很可惜，由于地处偏远，很难吸引到优秀的教师，造成乡村教师数量偏少，而且教师队伍不稳定，教师对儿童的课外阅读的引导也偏少。只要这些儿童能够坚持上完义务阶段教育，教师感觉自己的任务就完成了。在阅读的引导、阅读材料积累、阅读习惯的培养上，着力太少。

三、时光益读任重道远

跟着时光益读走了一圈下来，我对乡村发展的方向有了新的理解。城镇化是过去中国经济增长的主题词。但是未来，返乡运动也会逐渐兴起。广阔的新农村不仅需要先进的硬件设施，还需要新时代的有知识的本土建设者。时光益读就是在培养善于阅读、善于从书的海洋中自学成才的新时代建设者。时光益读不仅在建馆、补充书籍等硬件方面持续努力，而且阅读营的志愿者通过丰富多彩的活动，吸引了越来越多的乡村儿童走进图书馆，亲近图书的斑斓世界，掌握阅读技巧，喜欢上阅读，尤其是深度阅读。这对他们的成长和成才有着深远的影响。阅读是一颗种子，时光益读做的这些事情，就是在乡村儿童的内心种下这样一颗生机勃勃的种子，未来也许能长成参天大树，成为新农村建设的中坚力量。

通过有限的几次带队体验，我对时光益读也有一些小小的建议。

通过一些机制让各个图书馆的图书进行持续更新和交换。图书毕竟不算是易耗品，购买了可以多人使用、多次使用，保护得好还可以多年使用。如果某地的图书已经无人阅读，完全可以通过一定的机制，和其他图书馆进行定期交换，这可以最大限度地利用图书。这样一来，图书馆面积和设施无须不断扩大，从而降低了运行成本，提升了资金效率。

图书馆的管理机制和监督机制应该更完善。乡村图书馆普遍存在管理和监督困难。如果只是建好了，缺乏监督，很有可能被不负责任地置之不理，这就违背了时光益读的初衷。如何监督是个难题。希望后面的管理者摸索出一套简便易行的方法。

阅读营应该是可持续的、经济的、有温度的。可持续，是说阅读营要有定期开班的规划，运动式的阅读营不利于乡村儿童阅读习惯的持续培养。经济的，是说阅读营的开办要考虑成本节约，毕竟每次人员往返食宿都需要较大的花费。有温度的，是说志愿者和当地儿童之间应该有感情联结，需要结营后的多线联系、沟通和反馈，持续交流，保持温度。

在时光里感受时光

李沛燊[①]

一、初次见面

我在深圳大学经济学院从事辅导员工作时，在2021年的春天，突然接

① 李沛燊，深圳大学经济学院教师，时光益读教师志愿者；参与过2021年江西“时光之思”建馆活动、2022年云南“时光之粒”阅读营活动、2023年云南“”阅读营活动等。

到了学院张老师的委派，要求在非常紧急的几天时间内，组建学生队伍、准备支教物资、清点器材等，于周末前往广东省河源市和平县的曲潭村，对村内的图书馆开展书籍编目的整理和录入工作。

这是一次非常突然的委派，此前我未曾参与学院的社会实践或是支教活动，做得更多的是和老师们组队前往乡村开展红色学习，抑或是去往其他城市完成本校的招生宣传。在未曾接触支教的情况下，即将出发的我，以为这只是一次简单的带队出行，照看好学生、完成好任务就好。

后来工作开展的过程中我发现，事实并没有我想象的那么简单。

在到达曲潭村后，一下车，迎面而来的就是成群结队的孩子们，我们就像从未在他们世界里出现过的玩具，被仔细端详、细细揣摩，可能的情况下甚至想更近距离地观察我们。

在孩子和村民们热情的招呼下，我们很圆满地完成了此行的任务，对原有的图书馆藏书进行了重新整理和记录，最终形成了一份电子版名单，馆内藏书的目录名册一目了然，远在深圳的同事们可以通过这份名单对藏书进行增补。

完成主线任务的同时，我们又适时地面向孩子们开设了手工课、微党课，在接触中我发现，我们的图书馆以及在馆内开设的各类课程，都是孩子们非常好奇并且渴望参与的，我们的到来以及我们带来的知识，对他们来说是一扇扇打开新世界的大门。

在录入图书的工作中，我们实践队伍把班里最调皮的三个男孩子叫到了一起，并且给他们取了非常“江湖”的外号：老大、老二、老三。老大最调皮，但是最懂事，他知道把握尺度，在协助我们完成一些书本摆放的简单工作之余，会很有边界地调皮一下，摆弄一下图书馆的东西，或是和同伴打闹一下，但每次我们点名，他都第一个到。给我们的感觉是，老大是一个小孩们眼中的大哥，又是我们这些老大哥眼中的宝贝小孩。在那几天的相处时间里，我们互相留了联系方式，也了解到他家里只有爷爷奶奶，爸爸妈妈都在城市打工，他很幸运地配备了一台手机，用于平日里和父母通话，不过那台手机几乎不会带着出门，除了日常作为他的“游戏机”陪伴他左右，基本上是搁置的状态。

山里的小孩，可能连几本能用于阅读的书籍都还没能拥有，却已经早早拥有了手机，提前与世界互联，在缺乏大人指导的情况下，手机这样一个生活用具，是否能给孩子们带来更多成长上的帮助？从我们的到来、他们的欣喜，其实可以窥见一斑——手机并没有帮助他们更多地了解世界，相反可能正在侵害他们的时间。

既然我们的到来可以给他们带来这么多光彩，为什么不常来呢？

受地缘、时间等各种条件限制，我们虽然代表着大城市里的文化或资源，还是做不到时时刻刻传输先进的文化到山村里去，想要山村里的文化、经济、教育条件可以彻底和大城市达成同步，可能需要更多人的努力，需要更多人将目光投放到乡村，助力乡村儿童更高效地成长，最终成为国家社稷之栋梁。

第一次曲潭之行，在我心中埋下了一颗种子：乡村儿童到底应该如何成长？我们身处大城市，到底该如何帮助他们？

二、踏上旅程

第二次接触时光益读，也是那年临近五一节假期的时候，在和张老师讨论完学院工作之后，张老师说五一节有一次外出踩点的计划，可能会涉及滇藏线、怒江大峡谷、高黎贡山的穿越，以及一系列当时我都记不住名字的地方，未去过西藏的我，觉得这次出行非常有吸引力，将自己想象成自驾游客，翻越大山，站在峡谷边眺望怒江。

就这样，冲着对滇藏沿线风景的向往，我报名加入了时光益读 2021 年五一建馆踩点的旅程。当时的我，出门的动机可能更多的是旅游观光，而非去乡村帮助儿童。

这一次的踩点旅程更是令人印象深刻。

其间，我们穿越怒江大峡谷，沿着怒江逆流而上，自云南抵达藏区，还通过了著名的丙察察线路，整条路一半是地基不扎实的江边，一半是分分钟会有落石的陡坡。

路上的自然奇景让人印象深刻，更让人印象深刻的是居住在这些乡村里的儿童。我们走过这样一条毫无舒适性、安全性可言的道路，只是因为我们是以初次到访的游客身份，怀揣着半分不安和半分期待，拿着照相机一路愉悦地前行，而在本地生活的儿童，日常上学要走这样的道路不下千百万遍，所谓的舒适性、安全性对他们来说可能是从未体验过的。

就是在这样的生存条件下，当地的儿童依然坚持上学，书本就像一叶扁舟，将峡谷外头的新鲜知识不断地运送到他们眼前。然而，在这样的道路条件下，运输成了非常大的难题，我们的踩点队伍虽然顺利地与当地建立了联系，但是后来开办图书馆、搭建图书室、购置图书等一系列工作，都成为让我们焦头烂额的事情——运输一本书到当地的成本，可能比这本书自身的价格还贵!

那怎么办呢？五一节的踩点顺利结束，随之而来的就是暑假了，老师同学们都有充足的时间去参与建馆活动，摆在我们面前的首先是图书馆物资的抵达问题，其次就是建馆队伍及其后勤补给的安排，乡村不像大城市，在生活物资都成问题的情况下，为当地儿童建立一座书目种类丰富的图书馆，是巨大的挑战!

庆幸的是，在最艰苦的乡村里，我们的建馆队员顶着恶劣的条件，将自己生活所需的行李空间都让渡给图书，最终在半个月的时间内建成了藏区的图书馆，完成了时光益读项目组最难攻克的难题。

在这一年的暑假，我被派往江西省参与另外一个建馆项目，与之前藏区这种乡村的艰苦条件不同，江西这一个建馆点，交通相对便利，但是对图书馆的要求却十分高，需要我们在 15 天内从完全毛坯的状态开始一砖一瓦搭建，再完成图书馆内部软装、图书的上架等一系列工作，彻底打造一个全新靓丽的图书馆（目前该馆是时光益读项目中藏书最多的馆）。

2021 年是充满挑战的一年，这一年我从一个门外汉，一跃成为时光益读的核心成员，参与完成了从踩点到建馆，再到开设阅读营的一系列工作，这样的体验带领我更深入地了解了时光益读项目，也让我从一个普通的高校教育工作者，渐渐地步入一个公益人的角色。

三、我们是过客，书籍是亲人

2022 年，时光益读项目迎来更快更广阔发展的年度。这一年，我们在维持现有图书馆正常运作的情况下，继续建馆，直面更多挑战。也是在这一年，我主动请缨，前往当前运作规模最大的点，即云南省保山市。在这里，我们又看到了充满好奇心的儿童，他们很欢迎我们的到来，和我们载歌载舞，手拉手带我们去看村里所有好玩的地方。

云南的儿童让我印象深刻，但最令我难以忘记的还是曲潭的儿童，我在那里最用心，也最没有干扰。

自 2021 年春天和老大相识后，同年暑假时光益读也派出了一支阅读营队伍前往曲潭村，当时我远在江西，不过还是托随行的队员帮我联系上了老大，老大彼时已经准备从 3 年级步入 4 年级，这对他来说是一个重要的转变，他要从离家几步路的村里的小学，到镇上的小学开始寄宿制的学习生活。

在手机视频里我问他，会不会紧张和害怕，这个孩子依然是一副老大该有的样子，随口回答一点都不害怕。问他这段时间去图书馆几次，他说每天开门都会去，我和我的队员们很开心，为他的成长感到骄傲，也为自己开办的图书馆感到成就满满。

2021 年的冬天，我们再次前往曲潭村，在图书馆举行了物资捐赠仪式，同时为孩子们带来了一次生动的扎染手工课。这一次，我彻底没有见到老大，因为他是 4 年级学生，已经不在曲潭小学了。活动之余，在校园大门口的栅栏那里，我见到了他，个子高了许多，看我的眼神有一丝陌生，但是藏不住的孩子气里依然传递着我们是兄弟的信息。我像兄弟般和他搭肩，询问他的近况，他说他现在因为学校寄宿的原因，已经很少回到村里，也再没有来过村里这个图书馆了，可能因为他自己是大孩子，已经不好意思再出现在图书馆里了。

2022 年以后，我们团队也因为对口帮扶的重心转移等原因，去曲潭村图书馆的机会少了许多，和老大的见面机会更少了。不过在鲜有的通话机会中，他说他还会看书，从 3 年级时的《冒险小虎队》到现在的《三国演义》，有空就会阅读，这个习惯已经陪伴了他一个寒假。当然，问得最多的还是我们什么时候会回来曲潭？他想要看新的书本了。

一代又一代的孩子们，在乡村中一辈一辈地出生长大，我们带去的书籍就像是他们的生活伴侣。不论贫富贵贱，不论出生地在乡村还是城里，有书籍做伴，人的成长才能越发丰满，我们的儿童才能更进步、更充实。

时光益读像是当今快餐文化盛行下的逆行者，我们为乡村儿童带去书籍，培养他们阅读的习惯，希望阅读可以像星星之火，能在乡村中间点燃每个人，也让书籍成为我们最铁的好哥们，在字里行间中沉淀自己，在沉淀中收获更多对生活的感悟和想象。

时光益读是我美丽温暖的梦

陈晓睿[①]

一、初遇舍恰

再回头已是两年过去，可在舍恰村的日子依然历历在目，凡是通过我们时光益读到过那里的人，都不会忘记在那里度过的短短几周，犹如将“乡村阅读”这朵小花种在了每个人的人生之路上。

我初次到舍恰村是2021年的4月，那时是跟随时光益读的几位队长和苏老师前往舍恰村里的“时光之初”与恩勒村的“时光之林”两座图书馆安装投影仪，尝试着让那里的孩子可以在接下来的几个月里上远程课。我的任务主要就是记录大家的工作以及拍摄当地的孩子与自然环境。

我的老家就在农村，所以对舍恰路上随处可见的牛粪、猪粪、苍蝇很快就能适应，让我印象深刻的始终是孩子的眼神，正如下面这张逛村子时拍到的照片所展现的。这个男孩站在废墟之上，一直伫立着目视着我们离开，我刚好回头才拍下这张照片。我无法对他的眼神做出什么样的解读，只是意识到我们在他眼里过于陌生，以至于有些戒备我们。可这张照片好像有种魔力，每次翻到都会被男孩的眼神紧紧吸引住，以至于没有回过神来。

随后我们开始到图书馆里安装投影仪等设备，没过一会就有好些孩子来找我们，他们看到我们格外开心，热情地和我们打招呼，问我们今年暑假还会过来吗，去年来过的志愿者还会再来吗。当时我们也并不确定是否暑假会来，但看着他们的真诚的眼神，我们都盼望着暑假快来，用行动回答他们。

① 陈晓睿，深圳大学2019级金融学专业学生，时光益读大学生志愿者；参与过2021年云南“时光之初”阅读营和2023年云南“时光花语”阅读营活动。

目送志愿者离开的孩子

二、再遇舍恰

4 月份的经历是我再回舍恰的动力，我对舍恰的了解还太浅，我想更了解这里。6 月份我们顺利出发，再次来到云南罗平县的舍恰村，这次我是记录者的身份，既要记录志愿者的上课瞬间，更要记录这里孩子的生活。

在这个过程里有太多美好瞬间，不论是大家每天中午下课了闹哄哄地一起吃饭，还是晚上乘着凉风站在宿舍的走廊上看日落，都别有风味。大家都情绪沉重的时候，是一次志愿者们下午课后和孩子们的长谈。我们了解到，有的孩子从山上摔下来也没有告诉父母而一直隐瞒着，有的孩子经常被学校里某个同学欺凌，还有很多我想不起来了，尽管我们无法证实孩子们说的是否真实，但我们无一例外都被孩子们的讲述牵动着心神，那一夜大家都难以入眠。

可是我们又可以对此做些什么呢？有志愿者说希望添加孩子的联系方式，这样即便回到学校也能关心孩子，在孩子需要的时候提供帮助。当时我很反对这样做，因为那样孩子很容易形成对志愿者的依赖，而远程的沟通，即便是电话在我看来也是很无力的，更重要的是，这样对一个志愿者来说是很消耗的，特别当这位志愿者意识到自己帮助不到孩子的时候，他的内心可能还会有更多的消耗。现在再回想，又很能理解志愿者这样的想法，由衷地佩服他们，或许他们早已想到那样做并不能多大程度上帮助孩子，可依然抱着这点希望尽力做到自己能做到的事情。同时从我的角度来看，这是很勇敢的做法。因为我特别能够理解在电话中很希望帮助对方却又无能为力的感觉，我曾多次遇到这样的情况，为此还专门学了相关心理咨询的课程。当孩子们向你倾诉时，即便他们可能有着超过同龄人的心理年龄，可是他们还是极易对你形成依赖，毕竟成年人也很可能这样，更重要的是，你对孩子的引导可能也不会有什么效果，因为他们的情绪可能更不稳定，并不能一下子接受消化你的引导。那么，有什么好的方法来处理孩子的情绪问题呢？在我看来，可能还是培养写日记或者阅读的习惯，让孩子们在情绪不稳定的时候也能有自己的锚点，抓住这个锚点来让情绪恢复平静。事实上许多心理咨询师都会给来访者布置一些任务，这些任务大部分是通过写作完成，只是主题要与来访者的困扰相关。

我在这个过程中事实上并没有和孩子有太多深入的交流，也很难下判断说孩子的情况已经需要专业的心理咨询师介入，可即便真的需要专业帮助，现实也没有这个条件，所以或许我们志愿者可以在这方面努力一下，在正式出发之前培训一下相关方面的知识。虽然知道不太现实，但如果让我选择志愿者在出发之前有什么必须看的课程，与心理学相关的课程我会毫不犹豫且唯一推荐由哈佛大学泰勒博士主讲的“积极心理学”。这门课有一种魔力，能够让你在情绪低谷的时候慢慢缓和，更能让你在下次情绪低谷的时候快速地意识到并自我调节，如果每个人都具备这个能力，那么其就具备了为他人做心理咨询的基本条件。当然直接称为心理咨询好像还是过于专业了，事实上只要认真倾听孩子们的讲述，并给出适当的反馈，孩子们大部分的情绪问题可能也就迎刃而解了。

所以再回过头来思考每位志愿者来到这里可以给孩子们带来什么这样的问题，一开始我也曾想象孩子们在志愿者认真耐心的引导下，爱上阅读，更好地利用我们建的图书馆，从此养成爱阅读的习惯，但现实是，大部分孩子还只是3年级以下，与读书相比，和志愿者玩乐、聊天打闹要更有趣和欢快得多，他们很开心每年寒暑假有这么一群热情的大学生来这里陪他们玩耍。因此我也意识到不能对志愿者抱有极高的要求，事实上陪伴孩子们度过一段欢快且有意义的时光，已是我们能做到最好的事情之一了。

这个问题想必每位志愿者都有自己的思考。我并没有与哪位小孩子形成较深的连接，但记录下不少孩子们的笑容。特别是他们上课时望向志愿者的眼神，认真又渴望。让我印象深刻的还有一位志愿者每天带着一个不到1年级的孩子放学后打扫图书馆内的卫生。原先孩子因为年龄不符，并不能到教室上课，随后这位志愿者就带着他打扫我们二楼的办公室。打扫得多了，即便是志愿者不在的情况下，他还是会在放学后来到图书馆帮忙打扫。

志愿者在“时光之林”给孩子们上阅读课

那位志愿者看到自觉打扫图书馆的孩子后满脸都是骄傲的笑容，孩子看到志愿者则露出腼腆乖巧的微笑。这已经切实地影响孩子了，每天放学后的图书馆可能是他责任心慢慢长大的地方。

在这个过程中，不难发现这段时光对志愿者同样有着不小的意义。先从大家的精神状态来看，尽管疲态是不可避免的，但我总能从大家眼里看到光，因为是面对着一群可爱的孩子，同时在一个闭塞的环境中，一起做饭，一起赶集，一起爬山，集体生活又给大家带来许多温暖，因此不管过了多久，不用主动提及这段经历，志愿者都会主动说出自己当时美好的感受。突然想到如果每位志愿者在出发之前都填写一份类似心理状况调查的问卷，并在行程结束之后再次填写，我想结果肯定很有趣，因为这个过程里我观察着每个人的状态变化，很多志愿者在火车上还是一言不发，等快要离开村子时已与大家打成一片，约定回到学校下次聚会。即便过程里未能很好地融入自己的团队又如何呢？来到这里，对于大多数人来说会是全新且注定难忘的体验。

三、再见舍恰

我并没有待到结营日就离开了舍恰，前往别的图书馆。那天早上很早便出发了，也没有和一个宿舍生活的志愿者好好告别。从深山里出来，视野愈加开阔，舍恰里的人与物一直在我心间萦绕着。

等到舍恰村结营的时候，我听一位志愿者述说离别的情景。孩子们6点多就在宿舍门口等着，他们知道志愿者要离去，要好好地跟志愿者们告别，他们手里有拿着信的，有准备小礼物的。志愿者们只是看着此情此景便已热泪盈眶，待到与孩子们拥抱告别时，许多志愿者都抑制不住泪水，而我也仅仅是想象这个场景便已感到有股热流要涌出眼眶。还记得志愿者离开前一天有给孩子们录视频。其中一位小男孩对着镜头真诚地祝福志愿者，同时说出自己的理想，他的眼神当时既平和又坚定，就像成年人离家与父母告别时突然拿出成熟稳重来以减轻父母的担忧。话外音还能很清晰地听到几位志愿者在抽泣，此情此景，除了孩子们，谁又能完全控制好自己的情绪呢？

舍恰于我而言一直都像一个梦才有的地方，一方面是那里的环境独特，另一方面是那段经历里相遇的人、那些情绪都刻在了那些时空当中。最终可以让我“美梦成真”的也只有时光益读，在出发前夕，在时光益读里的每一天仿佛都在为这个梦筹备着，认识的每一位项目成员都在努力着，在时光益读的这段经历已成为我大学生涯美丽温暖的梦。

我眼中的阅读训练营

郭彦辰[①]

2021年的夏天，我与时光益读阅读营一队舍恰小分队的朋友和老师们一起来到了云南省曲靖市的舍恰村度过了令人难忘的20天。

我们来到这个山村的主要工作就是开展暑假阅读训练营，带领孩子们读

① 郭彦辰，深圳大学2020级金融学专业学生，时光益读大学生志愿者；参与过2021年云南“时光之初”阅读营。

书，开展阅读课进行阅读推广。除此之外，考虑到家长们对阅读训练营的理解是“补课”的另一种称呼，我们也对一些必修学科（例如英语、数学）开展了趣味课堂。同时，由于孩子们平时的课程也比较单调，除了语文、数学和英语等课程，很少有机会接触其他课程，我们还在阅读训练营期间开展了摄影、舞蹈、手工等课程。

在那次的阅读训练营中，我主要的工作就是向孩子们科普地理知识。由于舍恰村处于云南乡村，一旦发生地质灾害有很大概率会造成损失，因此向他们介绍地质灾害以及如何在地质灾害发生时保护自己是很重要的。除此之外，我也向他们介绍了世界地图。令我惊讶的是，有一两个孩子之前已经看过很多遍世界地图了，也看过一些介绍世界其他地区的书籍，每当我介绍一个地区时，她们也总能说出一些和这个地区相关的历史、地理以及其他方面的知识。移动设备和互联网的兴起让现在的乡村远没有之前那么闭塞，刷短视频、看直播等消磨时间的方式成了大多数父母不在身边的孩子的选择，他们在短视频和直播上接收的内容十分有限，导致“信息茧房”的出现。这两个孩子让我意识到，阅读仍然是认识世界、开阔眼界的最直接最有效的方式。

阅读训练营开展期间，孩子们一天中大部分的时间在图书馆中度过，我们与他们相处的时间不少，每天我们都会和不同的孩子聊天。孩子们大多很开朗，每次见到我们都笑嘻嘻的，很开心地给我们讲起他们学习生活中的事。他们有很多天真烂漫的想法，但通过聊天，我们发现了不少存在于他们生活中的问题：他们没有基本的健康意识，生病了就自己受着，不会和父母说；没有卫生的概念，即使每天都疯玩疯跑，也保持着一周洗两次澡的频率，上完厕所也不会洗手；存在着部分校园霸凌的问题，大孩子会欺负小孩子……当时，我震惊于这些早就应该得到解决的问题仍然存在，甚至孩子们已经习以为常了，我迫切地希望这些问题能通过我们的努力得到缓解。

在那次阅读训练营中，我不仅作为成员为孩子们科普地理知识，也作为时光益读项目的成员为“时光立方”小程序功能的设计和推广进行了交流走访。在交流的过程中，我发现不少家长自己因为各种各样的原因没能继续读书，因此他们都希望自己的孩子能珍惜读书的机会，好好学习。与此同时，我在走访过程中也体会到了当地村民们浓浓的善意，无论婉拒多少次，他们总是会邀请我们留下吃饭，送我们自己制作的特色农产品。与村民们接触下来，我更加希望进行阅读推广，改善当地的阅读现状，真正地帮助他们。

虽然活动时间不长，只有 20 天，但这 20 天带给我的感受是非常强烈的，那时经历的种种至今历历在目。我还记得去舍恰时，从深圳出发，坐了 30 个小时的绿皮火车才到云南省曲靖市，接着又乘坐了两个小时的大巴才终于到达了舍恰村，我们就借住在舍恰完小的空寝室中。虽然从山村到市区只要两小时，但是对于当地想走出大山的孩子来说，需要付出的时间是无数个两小时。在舍恰的生活与平时的生活相比有很大的不同，我们睡在睡袋里，自己做饭。在来之前，我担心会适应不了，但来到舍恰后，我并没有刻意去适应当地环境，而是在一天天的工作和生活中慢慢地融入了当地。

20 天的阅读训练营结束后，我也反思了一些问题。阅读训练营时间不长，但志愿者很多，由于每天的时长限制，每个志愿者在 20 天的时间里只能有 5~6 堂课的时间为孩子们进行讲解和科普，这导致很多孩子无法全面了解课程。另外，虽然在筛选志愿者的时候有试讲环节，但是很多像我一样的志愿者不是师范专业，也没有接受过相应的培训，不知道如何正确地、有针对性地为乡村孩子编写教案，这使得我们到达当地了解情况后不得不弃用之前写好的教案，重新编写。然而每天除了上课我们还要走访和总结，导致重写教案的时间仓促，使整节课并不能达到预期的效果和目的。

在云南生活了 20 年，说实话，从来没有了解过这样的村子，也没有深入乡村与当地的孩子一起交流他们内心的想法，来到舍恰所听到、见到的一切都让我大受震撼。以前老师们总说云南省发展极不均衡，但是我身边一直有来昆明上学的同学，所以曾经一直以为我接受的教育和云南其他地区没有很大差别。经过这次阅读营我才知道这些同学付出了几倍于我的努力，才能和我接受一样的教育。

2021 年 7 月到现在，也已经满两年的时间了。在这两年里，因为个人的未来规划，很遗憾我不能再次去到舍恰村与孩子们相处，见证他们的成长，但阅读训练营的活动一直在开展着。通过时光益读团队再次去到舍恰村的小伙伴们的描述，我得知一些之前参加过阅读训练营的孩子又报名参加了，并且与之前相比有了进步。离开舍恰村后，有部分孩子仍然和我保持着联系。他们会和我说最近考试的情况，帮助父母干活的琐事，以后要去考大学、当兵的计划，这让我感到在舍恰进行阅读推广的 20 天并不是毫无痕迹的。

曾经的我总是会质疑短期支教的意义。有人说短期支教就是一场自我感动，在客观上确实我们的收获更大。短短 20 天教不了多少知识，也不能彻底改变一个人的想法，甚至我们所教授的科目也不一定是我们的专业，我们只是一名大学生，愿意无偿付出自己暑假的时间，与他们分享他们课内或课外的知识，而对于他们的性格、家庭和处境我们无法改变多少。我们悄无声息地到来，轰轰烈烈地离开，很有可能给孩子们留下来的只是一场幻想，虚无缥缈。但在真正经历过后，在两年后的今天我再次想起这个问题时，我觉得这样的短期支教对于当地孩子的意义并不在于学会多少新的知识，多读了多少书，而是经过与大学生的相处，获得了烈日与劳作之外的不同质感的假期。曾经有一个孩子说，她觉得曲靖已经很远了，昆明是遥不可及的地方，就更别提深圳了。我想，这样的相处经历可能会让他们了解到原来在世界的某一个角落，有这样一群人过着这样的生活，这些想法会慢慢变成一个努力向上的种子埋在他们的心里，随着年龄的增长和知识的增加，这个种子会慢慢发芽，成长为一棵参天大树，让他们树立远大的理想，走出大山，成为想成为的人。

两年过去了，我还记得在快要离开的那两天，孩子们总会在吃饭的时候跑过来帮我们洗菜、切菜，和我们一起坐着聊天。她们总是说，“老师我们舍不得你们”，“你们不要走”，还送了我们一些自己做的小手工。到最后要离开的那天，空气中都弥漫着离别的味道，这些可爱的女孩子们哭得稀里哗啦，但一说要合照又把笑容挤出来。这些小细节现在回忆起来还让我的内心很温暖，好像又回到了那天。其实在来舍恰村之前，我没想到在短短 20 天里，可以与孩子们建立起多深厚的感情，但在离别的时候，我才发现原来我们之间竟然已经培养起了这么真挚的情谊。

有人说，感情很类似于“量子纠缠”。我们这群大学生和那些孩子之间本来是完全不相关的，因为阅读营活动我们产生了联系，结下了深厚的情谊，这些感情真的不受时间和空间的约束。我们之间虽然相隔很远，但曾经的情谊依然存在；虽然我们很有可能只去过一次舍恰村，但这些情谊依然流传到了新的阅读营队伍中。

无论时间长短，真诚的陪伴总是能给人留下深刻的印象。德国哲学家雅斯贝尔斯说："教育就是一棵树摇动另一棵树，一朵云推动另一朵云，一个灵魂唤醒另一个灵魂。"我认为阅读营活动并不是一个灵魂唤醒另一个灵魂，而是一个灵魂陪伴另一个灵魂。这两年，时光益读团队持续地开展阅读训练营活动，并且阅读训练营的规模越来越大，有越来越多的志愿者报名参加，也有很多之前已经参加过阅读训练营的孩子们继续参加。我祝愿每个孩子都能健康快乐自由地成长，时光益读团队越来越好。

看见

杨昕怡①

2021 年以来，我两次作为阅读课老师参加阅读营。第一次是惴惴不安：我可以适应那里的环境吗？我可以上好每一节课吗？孩子们会喜欢我吗？带着无数的担忧，我踏上出发的绿皮火车，用 30 几个小时到达曲靖市罗平县恩勒村。我们的故事，就从这里开始。

一、违规

1. 小佑

小佑是我们认识的第一个小孩，报名日那么嘈杂的环境下，他却在角落里轻声细语地给妹妹读绘本，我们都觉得这孩子真不错。然而，开学第二天小佑就迟到了，明明昨天千叮咛万嘱咐不要迟到，我最看好的学生这么快就不遵守纪律了吗？他带头迟到，那我还管得住其他人吗？我忍住思绪让他坐下，直到课间才黑着脸喊他出来："为什么迟到，是不是不想来上学？"早已打好腹稿，我攒了一箩筐足以对付小孩子耍赖的话。

---

① 杨昕怡，深圳大学2019级汉语国际教育专业学生，时光益读大学生志愿者；参加过2021-2022年云南"时光之林"阅读营活动、2023 年江西"时光之思"阅读营活动等。

他低垂了头，声音很小："老师对不起，我爸今早临时喊我去割猪草。"

一瞬间，所有的话堵在喉咙，我很干地笑了一下："回去吧，下次早点到。"

2. 弟弟妹妹

我们一来就分好班了：一个低年级班、一个中高年级班，但教室里总坐着一些三五岁的孩子，乖乖地也不乱动，老师讲的课一概听不懂，只是发呆、掰手指玩。这些小孩又违反纪律把弟弟妹妹带来，都说了坐不下了，"为什么总是把弟弟妹妹带来"！学生七嘴八舌说起来："老师，她家长去地里干活了，平常都是她带小孩的。""老师，要是不带来她在家都没人煮饭吃。""老师，小弟弟不跟过来的话在家只能看兔子看一天。"

我看着他们瘦小的身材，一米三上下，我弟弟在这个年龄时连个鸡蛋都不会打，以抢我的零食和玩具为乐，他们却早早地长大，开始充当照顾者的角色，年复一年、日复一日。强忍住要掉下来的眼泪，我又妥协了。"那你们得告诉弟弟妹妹遵守纪律，可以答应老师吗？"

3. 雪桃

"她又没来上学？"性教育课教师小罗看了一眼我的考勤表，雪桃已经好几天没来了，所有的老师都很疑惑。我也很奇怪："上次阅读营她特别认真，怎么这次来了两天就不来了，打电话过去问原因也含含糊糊的。"但我还是不愿意恶意揣测。

雪桃人如其名，在班里个子最为娇小，长得更显小，就像个年画娃娃。她人小，心却不幼稚。每节课她都坐得端端正正，回答问题认真，作业质量也好，整个 2021 年的暑期阅读营里，每个老师都把她当宝贝了。

接下来的日子里她也没有来，直到结营仪式，她出现了。她甜甜地喊老师好，我却心如刀割：原来她也跟那些人一样，不爱学习而只想混 20 天得到结营的礼物。她不可能是这样的人吧？我不愿相信，但当我说完出勤率不足者没有礼物后，她甜蜜的笑容便不再有，放学时连一句老师再见也没有了。

返程那天，大巴缓缓驶入村道，前来送别的几个同学的身影渐渐消失，我却突然看见雪桃了！她还是那么乖巧可爱的样子，短发整整齐齐别在耳后，一副习以为常的神色。她搬了张小板凳坐在大路边，面前是一筐菌子。想到村里的传闻：一些老人不喜欢孩子去上学，催他们上山采菌子去卖……

这一刻，我还有什么不明白的呢！从缺勤的那一天起，她脱离了童年，被迫早早成熟。学习是小孩子的爱好，农活却是必须承担的责任；甜蜜是对我们的情谊，躲闪却是以为我们不高兴。我多想跳下车，告诉她我们不怪她，嘱咐她好好长大。车却早开走了，留下飞扬的尘土，她用小手扇了扇。

在这里，犯规不再是孩子气的表现，它代表的反而是背负了多少责任，冲破了多少阻碍，才跌跌撞撞地来到我们身边，历经千辛万苦成为一个最普通的好学生。

二、挑战性儿童

1. 雨涵

“杨老师，你们班那个雨涵啊……”救命，怎么又是雨涵！这周不知道第几次收到对她的投诉了，藐视规则、顶撞老师，仗着自己家里条件不错带头违反纪律。说她爱学习吧，上课基本不配合，老师讲课她看书；说她不爱学习吧，两次阅读营一天不缺地来了。找她谈话好几次都油盐不进，我实在不知道怎么办才好了。

隔天就让我逮到机会了。

临近阅读课下课时，其他同学埋头做读书笔记时，她一副无所事事的样子，身体还在扭动着。我定睛一看：嚯，在这儿撕书呢。马上走上去拍拍她的肩膀：“站外面等我，待会儿聊聊吧。”她也不挣扎，但难得有些胆怯地看了我一眼。

下课后，我走到她面前，弯下腰来问她：“你知道我为什么喊你出来吗？”“我撕书了。”难得没阴阳怪气。“为什么要这么做呢？”她摇摇头，咬着嘴唇没说话。我决定稍加恐吓：“你知道吗，很多小朋友想来上课都坐不下，你如果不想学了正好可以腾个座位给他们。”没承想她听到这个突然掉下泪来，油盐不进的面具从此破碎。“对不起，我是坏孩子，呜呜——老师你把我的位置让给别人吧。”

这样的行为可远远够不上坏孩子的标准啊，这一腔肺腑之言让我发现问题远比不遵守规则严重。所幸带队老师及时赶来救场：“你喜欢书吗？”雨涵听此突兀的问题愣住了，犹豫了一下才点点头。“喜欢书的话，我们就好好保护它。你不是坏孩子，你是爱书的好孩子。没事，啊，快回去吧。”徐老师的声音和语调都如此轻柔，让雨涵停住了这场“暴雨”，走回教室。

还没来得及松一口气，虫虫老师又带着她的信息来找我：“你看看她写的故事。”雨涵的字在这里算得上整齐美观，但呈现在半张A4纸上的却是个妈妈杀了女儿的暗黑童话。“唉，我们先不轻举妄动吧，今晚问下周叔叔她的事。”原来，雨涵是从小被抱养过来的，不适当的爱养成了她敏感却回避的性格，很多时候，她刻意的叛逆是为了吸引关注。所以她才会成为那个班里最独特的存在。

可惜，分别的日子即将到来，除了撕书事件和暗黑童话之外，我们再没找到敲开她心门的缝隙。希望下一位去到恩勒的志愿者能够替我们再夸一次雨涵：“你是个好孩子。”

2. 邵成

今天是邵成约我们去山上散步的日子，还是陈红告诉我们他很兴奋，谁叫他总是一副无所谓的装酷表情呢。然而，他接下来却旷课了整整一天。我点名时随口问起原因，同学们顿时七嘴八舌地说起来：“老师，他肯定在家打游戏呢！”“对呀对呀，那个吃鸡。”好吧，3年级字都写不全，却沉迷游戏的乡村儿童我早已见怪不怪了，想管却鞭长莫及，不来上课就算了吧。奇怪的是，第三天他又来了，叫嚣了一整天“我不想来上课了”，第四天则干脆在门口徘徊，“三过家门而不入”了。这下可让我们所有人摸不着头脑了，包括这一班他的老同学。江队和我轮番上阵劝解他，做最后的努力，第五天，他又来了，却又带着他的“不想来上课”的言论。

唉，原来是缺爱求关注却敏感回避的老套路。

典型的回避型依恋人格，用一次又一次的推开来考验爱他的人，这样的儿童不多，却实际存在着，而我们仅能给予的短暂的爱却又让他们更不安。这种结构性的问题，让我们痛心，却又无力改变。

三、缺憾

2021 年，赵老师在舍恰开展了摄影小班课，四个入选的孩子人手一台傻瓜相机，捕捉乡间的阳光与花香。万万没想到，拍得最好的是平时最寡言少语的艺书。返程的那天，艺书早早赶来图书馆，一路送行到村口。在阅读记录本里，她立下好好读书出大山上大学的目标，这也让我感动。一个成熟、真挚而细腻的女孩，祝她一切顺利。

然而，更加熟悉之后，我才发现她的身世并不简单。从小父亲远离家庭，留母亲一人还清债务，还让母女俩受尽村民的白眼。等家境变好后，父亲却又回心转意，与母亲离乡打工，小小的艺书自此跟着奶奶生活。可以说，她有多心疼母亲，就有多怨恨父亲。她的细腻与坚强，都是独自在泥里打磨出来的。她是在石壁的缝隙里开出的一枝花，我相信这朵花今后将连绵千里，成为恩勒一景。

离异、留守、犯罪，这村里多的是家庭有缺憾的儿童，有的长成满身刺，但大多数懵懵懂懂地长大。“黑夜给了我黑色的眼睛，我却用它寻找光明”或许是他们最好的注脚。

出发前，我想着改变，现在，我只能看见。多看看他们的故事吧，多记录他们的故事吧，让乡村的教育环境真正因此改变。我不要他们只看见浮光掠影，我希望他们每天生活得五彩斑斓。

8 月，备考教师招聘的夜晚，我做了一个梦：恩勒的孩子们排成一队放学，跟我说“老师再见”，我真的成了他们的班主任，周遭是崭新的深圳校园。

（本文学生姓名皆为化名）

我见到的两位恩勒小朋友

江良宇[①]

我两次随时光益读阅读营志愿者队伍在时光之林开展时光阅读营，遇到

① 江良宇，深圳大学2020级信息与计算科学专业学生，时光益读大学生志愿者；参与过2021和2022年云南“时光之林”阅读营活动。

了许多可爱的小朋友，我印象最深刻的是 2021 年暑期一个 6 年级的女生 A 和 2022 年暑期一个 5 年级的男生 B。

2021 年暑期第一次见到 A 时，A 给我的感觉是一个害羞、胆子小、安安静静的小女孩。在所有的趣味课堂上，她永远都是带着一个小本子记些东西，从不讲话，自然也从没有举手主动回答问题，但她从没开过小差，一直都是跟着阅读志愿者的节奏学习，十分认真。有一天，她早早就来到了图书馆，跟我们说她今天家里有事来不了，要请假一天。起初我们并没关注 A 家里有什么事，只是简单地打电话给 A 的奶奶（A 的父母外出务工了，留下了家里奶奶的手机号码），确认 A 请假的事情她是否知情。那天下午，由于图书馆里没有排水渠，我们需要用锄头来挖出一条小渠排水。我们到图书馆旁的一户人家借锄头，意外地发现这就是 A 的家，A 就在家里没有外出。见到 A 的时候她正用背带背着她 3 岁的弟弟，手里还在准备她们一家人的晚饭。在我们的询问下，A 告诉我们她请假的具体原因是她的爷爷奶奶去上山干活，由于路不好走爷爷奶奶是上午上山、晚饭前才回家。这样的话她的弟弟就没有人照顾，晚饭也没有人提前准备，因此她不得不请假留在家里照顾她的弟弟还有做家务。在城市，不少经济条件好的家长为了给孩子营造好的成长环境，甚至会主动辞去工作陪孩子，还有家庭会在高考、中考阶段陪读。可能 A 并不知道在城市里别人的生活是什么样的，她对当前的生活可能没有不满，但我们却十分心酸。

我与 B 在 2021 年暑期就认识了，那个时候他虽然调皮爱玩，但当我们管教纪律的时候他都会听我们的话。2022 年暑假我再次遇到 B 时，发现除了身体上长高了以外，B 的行为也变化了不少。相比前一年他更加叛逆，还有一些不好的习惯，如长时间观看手机短视频。暑期的趣味课堂上，他常常开小差，有时还带着其他同学开小差。2022 年暑假阅读营的某一天，B 说他觉得图书馆的趣味课堂没游戏有意思，不想继续参加了，而且第二天他就真的没有来参加。当我们以为他真的不会再来了的时候，我们却意外地发现 B 一个人独自坐在图书馆的门口，还时不时地往图书馆里看。我们几个志愿者老师就轮流去找他聊天，跟他说希望他继续来参加阅读营活动，并且其他同学也希望他回到班级里一起学习。但无论我们怎么劝说，他就是坚持说他不想来，无奈之下我们只能返回。然而第二天、第三天，他都在图书馆门口坐着，这让我们猜不出他内心的真实想法。这一次，我去找他聊天，他表现得比上次更加愿意和我沟通，当我问他是否还想继续参加趣味课堂时，他没有说不想，而是选择不回答。这样的反应让我认为他应该还是希望来图书馆一起学习的，否则他不会天天都到图书馆门口看其他小朋友，或许是他觉得那样回去会成为其他同学关注的焦点。我临时想了一个办法，我跟他说："不论是我还是其他志愿者老师，或者是你的同学，都是非常希望你能回到图书馆的教室里和大家一起学习的。今天图书馆的大门我不会上锁，如果说你内心还是希望能回到图书馆，那你可以等到今天大家看电影的时候安安静静地进来然后去到你平时的座位上，老师们不会责怪你的。"那天下午两点，他真的就回到了教室，并且参加完剩下的所有趣味课程。

乡村阅读能为孩子们带来什么

曹茜洁①

我是来自云南省曲靖市罗平县恩勒村的一名大学生，在 2021 年暑假，学校要求参加"返家乡"社会实践活动，我当时了解到了深圳大学师生志愿者要在村里图书馆开设课程，刚好自己学的也是师范类，就在回家后联系了深圳大学志愿者并且加入了他们，我感到非常荣幸。第一次参加时我对时光益读的了解不是特别深，但在第二次参加时我好像对时光益读有了更加深刻的认识。

作为一个土生土长的本地人，在参加了这两次活动后，我深刻认识到这样的活动和乡村阅读真的能够为乡村孩子带来很多东西，不仅是书本上的知识，还有很多书本上学不到的知识。同时，在这两次的参与中我也看到了老师为孩子们带了各式各样的课程。其中，让我印象深刻的是阅读课，老师会根据孩子们的年龄给他们推荐一些课外读物，然后在阅读课上交流阅读的内容跟感受，这样的活动既丰富了孩子们的知识，也能够让孩子们

① 曹茜洁，滇西科技师范学院2019年音乐学专业学生，时光益读大学生志愿者；参与过2021-2022年云南"时光之初"阅读营活动。

真真正正地走进课本，还可以锻炼孩子们的阅读能力。除此之外，还有扎染课、音乐课、美术课、数学课、英语课等，丰富多彩，不仅帮助孩子们培养阅读的能力和兴趣，也可以培养孩子们动手实践的能力，促进其各方面发展。同时，在参加活动的过程中我还发现：现在的孩子受手机、网络的影响太大了，他们接触手机也太早了，很容易受到短视频、网络、游戏的影响，长期受到这样的影响会导致学习兴趣下降，或者有的孩子沉迷于读电子书，而缺乏纸质阅读的兴趣。

有时候，一本书能够对孩子的成长发挥很大的作用，作为一个从乡村走出来的孩子，我有深切的感受。还记得我在上小学的时候，学校基本没有什么课外书可以读，能够读到课外书是一件很奢侈的事，以前上学基本上是以书面作业为主，很少有课外阅读，大部分阅读是教材中的一些课文片段，有很多孩子上到五六年级都没有读过一本课外书，因为很多乡村的孩子家长通常比较忙，大多数家长在外打工，孩子缺少父母的陪伴，隔代教育占了大多数，爷爷奶奶对于孩子的学习总是心有余而力不足，忽视了孩子的阅读，大部分孩子拿着钱也不知道去哪里买课外书，很多孩子用来买零食，所以孩子的纸质阅读缺乏，而课本教给孩子的都是基础的知识，孩子缺少对阅读的领悟能力，这样会进一步弱化其阅读兴趣。阅读对于城市里的孩子来说，可能是对知识的求索，可能是对心灵的熏陶，但是对于乡村的孩子来说，是给了他们一份精神的依靠，一个方向的指引。

在参加了两次时光益读的活动后，我看到了志愿者为家乡孩子带来了优质的阅读资源，都说教育是改变命运的最好途径，而阅读是学好知识的基础，而为乡村孩子创造一个良好的阅读环境可以让他们养成良好的阅读习惯，让他们爱上阅读，这样不仅能够让乡村孩子学到知识，也有利于社会的进步和发展。阅读可以开阔视野、增长才智，乡村孩子受经济和环境的影响，缺乏阅读基础和资源，他们想要在激烈的竞争中脱颖而出难上加难，在有了阅读资源后，可以帮助他们学习到更多的东西，点亮他们的“心火”。

时光益读不仅为我家乡的孩子提供了阅读的地方，也让他们学会了阅读，学会了阅读后分享阅读感受，从而喜欢上阅读，用阅读习惯激发对学习的热爱。多阅读可以使孩子养成一个良好的学习习惯，培养其耐心；多阅读对孩子在今后写作文的时候有很大的帮助，可能有助于促进其学业成绩的提升，孩子们通过阅读在潜移默化中去塑造良好的品德，提升乡村教育的品质。

作为当地的一名学生，我非常荣幸能够加入这次活动，用自己所学的知识给家乡的孩子带来欢乐，回馈家乡，也非常感谢时光益读为家乡的孩子提供了丰富的阅读资源和良好的阅读环境，让他们对阅读感兴趣，并且更好地认识世界。

爱与离别

——时光的一扇窗

谢　琳[①]

罗曼·罗兰曾说："一个人只能为别人引路，不能替他们走路。"

一、时光初遇

2021 年 7 月，是我上大学后的第一个暑假。与大多数同学一样，我对于这么长的假期如何安排，有些迷茫。幸运的是，我听说时光益读招募暑期志愿者。在了解到时光益读由学生创办、致力于建设乡村图书馆以弥补教育资源分配不均的情况后，我果断加入了志愿者群体，并且参加了面试。都说"初生牛犊不怕虎"，大一的我就是这样。我并没有把每一个假期安排妥当，但支教对我而言是大学必经的旅途，我希望见到更广的世界，也希望把我见到的世界分享给其他人，也因为这份期待而忽略了周遭困难。

由于疫情、人员安排的原因，组建小队的过程很曲折。我们的小队有 12 位同学和 1 位带队老师，分别来自深圳大学经济学院、人文学院、计算机与软件工程学院、心理学院。我们队里有 3 位大一的同学，6 位大三的同学，1 位研究生师姐以及 1 位毕业后仍参与支教的师姐，还有 1 位师兄是

① 谢琳，深圳大学2020级物流管理专业学生，时光益读大学生志愿者；参加过2021湖南"时光之丘"阅读营活动和 2022 年广东"时光之螺"阅读营活动。

退伍军人。这样的搭配考虑到年级与性别，也使我们的实践过程变得活泼有趣。

6 月 27 日，小队长通知由于疫情原因，我们支教的地点由湖南塘冲和湖南长汀改为了湖南衡阳；同时，我们与另一个公益组织合作进行暑期支教，这意味着支教过程与时光益读公益模式可能会有些出入。尽管如此，小队还是欣然前往，只因能在疫情下重新出发而感到幸运。

车马劳顿但意气风发，我们到达了湖南衡阳白果镇泉蓉书苑。这是一个安静的小镇，没有玻璃窗高楼，没有工地打桩的声音，也没有私家车路过后留下的轰鸣声，甚至连宽广的道路也很少有，没有足够的热水，没有可以同时打开八台空调的电力。

在总共 400 多平方米的四层老式楼房里，有 70 多位小朋友和老师，我们的课堂生活、课余生活（包括吃饭、运动，除了睡觉）都在这里完成。泉蓉书苑这里是孩子们暑假的好去处。离这里 1000 米左右（直线距离），是白果镇一中，学校是由简易的教学楼和宿舍楼组成，教学楼前面就是篮球场，承包着升旗、打篮球、跳绳和疏散演练等多项功能，并没有设置足球场，更别说塑胶跑道了。只要找对了角度，不被遮挡，学校风景尽收眼底。

暑假来书苑读书的小朋友大多是住在“附近”的，大多数处于小学阶段。有姐姐带着妹妹的，有哥哥带着弟弟的，太阳高照的夏天里，他们和爷爷或者奶奶走着曲折的乡间小道，走上二三十分钟来到这里开始一天的学习生活。早上到教室后，开始量体温、签到、早读，读《强国有我》，读《祖国妈妈》。早读后是早操，小朋友们熙熙攘攘地在窄小的楼梯里上蹿下跳，到书苑前的一小块空地，每人间隔两臂距离，刚好站下了 70 多个人。

早操时间，老师们设计了趣味英语操 baby shark、拍拍操，有的时候是校长安全教育，讲防溺水、书苑用电安全。因为每到夏天，总是有小朋友贪图凉快，跑到河涌游泳。

早操结束后，12 个老师开展各自的教学活动，趣味科学、英语绘本、书法、美术样样都有。生动活泼的课堂有时候并不能吸引他们的注意力，有打闹的、在地上爬的、偷吃辣条的；但是大部分小朋友是目光炯炯有神的，他们在积极学习，努力给予正向反馈，一次次点头，一次次举手，是令我们感到欣喜的。午饭、晚饭期间，12位支教队员会分成两批，一批去一楼给厨房打下手：装饭、布置座椅、拿好筷子；一批小心翼翼地带着小朋友排队、下楼、洗手。刚开始的几天，书苑里没有洗手液，小朋友们本身天性调皮，吃完了饭便往身上擦。后面物资慢慢跟上，我们开始带领小朋友们饭前饭后洗手，培养卫生意识。

午饭后，我们便要带小朋友们去午休。好动的小朋友此时也会乖乖地趴在桌子上，养足精神，为下一轮调皮捣蛋做好准备。晚饭后，我们常常领带小朋友们在空地上打羽毛球、打乒乓球、跳绳，也会带他们到二楼图书馆看书。每天还得提防着在书苑追逐打闹的小朋友是否磕着碰着了、是否被小野猫抓伤了、是否吃了什么闹肚子了……教室里的日常生活并没有看起来那么安静，每一天都充满惊喜。

让我印象深刻的不只是小朋友，还有我的队友。小队被分到两处教学，泉蓉书苑有3位男生。他们总是将搬重物、打扫卫生大包大揽，在各种生活细节上礼让与尊重。同龄的小伙伴有多种技能：摄影、剪辑、写作均不在话下；师兄师姐们总是有耐心传授备课经验，灵活应对小朋友们提出的问题。遇到他们，我时常感到无比幸运，因为他们常在生活上、学习中指引着我，包容着我的耿直与小错误。和“神仙”队友相处，我感到踏实与自在。

刚来到这里的我，由于现实与理想的落差，在洗了两三次冷水澡后、在吃不惯湖南的饭菜后、在教案与实践产生巨大分歧后，也一度嚷嚷着想要回家。但是，这场远行，也不能够来去自由，而是带着使命、怀揣责任的。相比小朋友们的学习，生活、教学的困难并没有那么不可克服。他们会默默记住课堂上的知识点、会为一次进步感到愉悦、会热爱学习和生活，这些不是短短15天就能够呈现的，一定是有许多像我们一样的人付出后，才能够看见的。这才是真正的意义。

二、时光再出发

2022年6月，我翻到一年前写下的日记。

“偷得浮生半日闲，心情半佛半神仙”是种什么样的感受？当我们提早完成了当日的工作，集体出游散步时，镜头下的风景便尽数体现了。这里有别于他地的宁静、温柔，安静得能听见时光的呼吸。喧嚣之外得处如此，便也觉幸运。

乡道窄小，沿着乡道走着，时不时有车辆经过，我们便侧身避让，一侧身，轻易地发现了微观的世界。及膝的狗尾巴草、乡道旁的野花野草肆意生长，成了昆虫的乐园。顺着野花野草向外展望，是大片大片的稻田，稻田之外是半山坡上的民居，民居之外，便是山丛了。夕阳剩半截身子藏于山间缝隙，天气晴朗，天空像蒸馏水一般，没有半点杂质；时有山鸟立在电线杆间，我这才理解书本上所述“鸟儿和电线杆一同伫立，共同组成大自然的乐谱”。夕阳漏了一些在稻谷尖尖上，它抹在我们的皮肤、发尾，便是最好的润肤露、染发剂。稻田上，几台收割机吭哧吭哧工作着，所到之处的水稻整整齐齐地进入收割舱内。

“看！那里有条路，我们顺着那路走上半坡再打道回府吧！”“那条路”其实是凸起的田埂，太阳将水分蒸发，晒得结实。为了保持平衡，我们把手打开，和地面平行，像走在独木桥上；我们聊河水，聊稻谷，聊久立的耕牛，聊这座村庄、老家的村庄和去过的村庄；我们轻声细语，生怕打扰歇息的生灵；穿过稻田，穿过杂草群，爬上半山坡，视野开阔起来。“奶奶好！”一位老奶奶坐在盘山坡上的自家门前，像一尊雕像，静静地看着山坡下的一切灵动，仿佛是每个傍晚必经的仪式。我们少有这样的体会，习惯了匆忙，便觉得慢下来是种奢侈和浪费。这才了解，一场山雨、几山夕阳、数声鸟鸣，都是自然的礼赞。

下山了，微风逆着下坡的路而上，心中莫名畅快。离书苑近了，更近了。我们不住地回头望，想要抓住夕阳的痕迹；我们不说什么话，想要用眼睛抓住时景，记得牢些，再牢些。什么时候能再经历？我们不得而知。

泛黄的纸张与横竖笔画轻易地把我拉回那个夏天。当初旅途的师兄师姐都已参加工作，有了新阶段的人生目标，同龄的小伙伴也加入实习，提起那段日子，大家还是会眼眶发热，列举几个小朋友的名字碎碎念。

2022 年 7 月，我决定再次出发，为大学的暑期支教画上句号。这一次，我的身份发生转变，从大一的“小队员”转变为“小队长”，目的地是广东汕尾“时光之螺”。今年小队人数较少，一共 6 位同学与 1 位带队老师，来自深圳大学经济学院、管理学院、人文学院、体育学院，大三的同学有 4

位，大二的同学有2位。当我意识到我是队里年纪最大的，便压力陡增：这可是支教呀！大家去到人生地不熟的地方，作为年纪最大的我理应保证大家的安全与旅途的体验感！我心里一下没底了，不确定此次旅途是否能像去年师兄师姐做得那样好。临行前的两周，我和队员们一起参加出行会议，准备课程讲义、应急物资，希望能考虑到教学与生活中的方方面面。我也因此对师兄师姐更感到佩服，他们默默地分担了很多后勤工作，才使得我们的课堂体验更完整。

当我们出发抵达陆河，映入眼帘的是比深圳更蔚蓝的天，它一望无际地盖住了我们的疲惫。村委的叶书记热情地招待了我们，使我们一下就能入乡随俗。

书记也和我们解释，时光之螺图书馆在村委后面的独栋楼里，正在计划进行重新装修，为小朋友们提供更好的学习环境，所以此次上课地点暂时改为村委四楼的会议室内。经过我们的整理与排布，本次阅读营便在村委四楼展开了。

这次与队友们的联系更加密切，使我们更加了解彼此，更珍惜彼此的相处。小队里萃萃的自然科普课生动有趣，因材施教，让我也了解到不少鸟类的习性；莉莉的趣味阅读课教小朋友们写诗歌，我们常常读到稚嫩与鲜活的文字，也发现了有写作特长的小朋友；悄悄教授演讲课，总是古灵精怪，与小朋友们打成一片；潘老师是队里唯一的男丁，他的上课腔调雄浑有力，课堂不苟言笑，但课下却平易近人、富有责任心；匀萍虽然是比我小1岁的妹妹，却懂事体贴，默默为全队准备早餐，分担队内工作，一遍又一遍地检查备课内容，负责的趣味英语课堂总是最活跃的；带队古老师与我们相谈甚欢，偶尔提供过来人的经验，是志愿者和村委沟通的重要桥梁。有了他们的陪伴，我慢慢地脱离出“小队长”角色，也可以放轻松地接受生活与课堂的挑战。

生活确实充满了变数，我们不能永远按图索骥。2022年7月19日，陆河县出现一例“密接”，我们收到通知，需要提前7天结营。小队内充满了沮丧的气氛，大家都不希望教学戛然而止，给小朋友们不完整的夏令营体验，但是却不能拿健康作为赌注。于是队内出现了两种意见，一是接受通知，提前结营；二是在确定村内没有风险的情况下继续教学。由于涉及多方考虑：学校疫情防控要求、小队健康与后续返程问题、家长孩子意愿、当地村委要求，我们7个人围坐在一起长达3个小时，讨论折中解决办法；同时，在临时停课的2天内，我们清点了时光之螺的物资、准备结营礼品、清扫教室以及住处。最后，我们争取提前3天结营，在多出来的4天里，给小朋友们一个较完整的课堂感受和结营回忆。

那么接下来就要考虑：这4天应该如何安排才能不负众望？想到去年的结营方式是将课堂上学到的知识放在结营当天展示，我没有犹豫地向队友们建议，构思节目，尽力达到最好的效果。这4天内，结营表演排练安排在小朋友们的课余时间，但是时间仍然紧张，场地也受限。结营当天有许多村民前来观看，可是，最后的结营表演节目并不精彩，没有给我们留下美好的回忆，反而是我们心中的一大遗憾。7月26日结营的当天夜晚，星光仍然点缀在夜空，但我们内心的星光却被蒙上了一层乌云。

8月，假期的尾巴近了。我念念不忘的仍然是结营，它就像钟声，时常敲打我，提醒我本可以做得更好以给小朋友们更温暖的回忆。我开始思考结营和支教的目的与意义。

我一直是学习者，直到大学，才开始进行教育实践。于我而言，支教是将我所看到的世界、领会到的知识呈现给孩子们的过程，我是一个传递者，是孩子们学习知识的众多途径之一。在支教中，孩子们的热情回应很容易让人陷入自我感动的牢笼，因此，支教的首要要求是保持自我清醒，个人能影响的，就只希望是一阵清风，拂过课堂，给人以希望之感。支教不是感动自我、成全自我的实践活动，而是真真正正做实事、教授知识的实践活动，如何上好课、给孩子们播下希望的种子，是支教的重要课题。在短期支教中，每一个时间节点都变得清晰明了：招生、开营、结营，这些重要的时间节点是不可分割的，也因此，我们太想要一个“完美”的“结尾”，让这个“结尾”能温暖孩子，甚至温暖自己。我们忘记了，其实过程本身就是意义。表演节目是结营，认真结束一天的课堂同样是结营，它不该被形式束缚。在不可抗力因素影响下的短期支教结营，不妨就让各科老师用来各自结束课程，汇总感动的、欣喜的瞬间，那么这一天，我们便能学会人生中的重要一课：“离别”。

当我成为教育实践者，教授知识和学习之道，我才发现，课堂上所必需的，不是强迫孩子们吸收知识点与教授如何“顺利”地走过人生节点，而是学会感受爱与离别。

与时光益读一起成长的日子

高 越[①]

与时光益读的相遇，要感谢我的同学放哥。从此，我好像在这座快节奏的城市里找到了落脚点，一切都变得井然有序了。

对深圳大学的印象是我在大三实习的时候，当时还没有疫情，校外人员也可以自由进出学校，我就在里面逛了一圈，想着以后在深圳发展会好一些，于是，考研就选择了深圳大学，这大概也算是与时光益读缘分的铺垫了，如果没有来到深圳大学，也就没有机会了解到时光益读。刚来到深圳大学的第一学期，整个人都不太适应，陌生的城市和快节奏的生活，我好像总是处在一种不安全的紧张感中，留恋和沉溺在大学生活里，找不到未来的目标。之后看到放哥在班群里转发的共读活动觉得很有意义，再后来，看到了项目组的成员招募推文，就立马报名了。2021 年 4 月，我加入了时光益读。

最早对公益的认识都来源于支付宝上面的蚂蚁森林和蚂蚁庄园，蚂蚁庄园里有很多公益项目，为不同地区的女性、老人、留守儿童捐赠爱心，我总是点开项目介绍看项目组成员去各地的偏远贫困的地方调研，感叹这是一件非常有意义的事情，甚至毕业的时候就业方向也是考虑公益领域的。所以，时光益读满足了我对公益的期待。

在我这一批成员加入团队之前，团队人数为 20 人左右，还没有十分明确的分组，当有任务要完成的时候便召集成员组成专项小组开展活动。在 2021 年 4 月招新结束后，团队确定了分组状态，3 个项目部门，3 个职能部门，将团队的 3 个品牌活动串联了起来。我作为志愿者管理组的元老，在老师和团队成员从云南和西藏调研回来之后，便接到了第一个大任务，要招募 100 名左右的志愿者前往 5 个省份建设乡村图书馆和开设阅读营课程！

① 高越，深圳大学2020级社会工作专业研究生，时光益读大学生志愿者；参与过2021年西藏片区公益图书馆建设活动、2023 年云南“时光之纳”阅读营活动等。

这是之前从来没有的出行计划，我和小伙伴既感到压力，又十分期待迎接这个挑战，于是马不停蹄地开始筹备志愿者的招募活动。确定地点和所需人数、规划时间节点、编辑招募推文、设置面试问题、组织面试、搭配队伍和人员、举办出行动员大会等，其间还有疫情的阻挠，直到所有队伍都出行的那一刻，我们的心终于放下了。志愿者管理组直到现在都面临的一个很大问题就是招募志愿者的时间节点与报名志愿者的时间是冲突的，由于我们的建馆和阅读营的活动主要集中在寒暑假期间，所以招募会从 5 月和 10 月开始，然而这个时间对于大学生来说是已经逐渐开始要完成各种课程作业和准备期末考试的阶段，团队成员无法分出特别多的时间筹划活动，而想参与实践的志愿者也无法提供太多时间去提交自己的建馆方案或教学计划，会不可避免地影响活动出行的效果，这也是团队目前正在努力改善的方向，比如提前招募志愿者、学期中培训等。

时间退回到 2021 年 7 月，我和我的建馆小队踏上了前往西藏的旅程，我们的任务是在西藏自治区察隅县察瓦龙乡的两个村建设乡村图书馆。从深圳出发飞往云南保山的不止我们 1 个小队，大家到达云南落脚一晚后便各自奔向不同的地点，作为唯一前往西藏的队伍，我们整整花费了 3 天半的时间才到达第一个村庄。有的队伍在分别后的第一天已经到达目的地，我们还在赶路，第二天终于踏进西藏境内，结果由于下雨遭遇道路塌方，等了 4 个小时还没动静，我们被迫返回云南的一个图书馆暂居，第三天终于再次踏上征程。虽然一路奔波，但沿途的风景实在是美得令人难以忘怀，直到现在想起来都觉得是置身仙境。到达前中瓦村已是傍晚，热情的驻村干部和村支书接待了我们，我们已经做好打地铺的准备，没想到还可以睡床，条件比我们想象中的好很多。

在西藏的那段日子里，我好像摆脱了现实的烦恼，每天过着简单又快乐的生活。手机时常没信号，倒是不需要一直回消息了；每天做着重复但不乏味的体力活：分类书籍、装绘本架、安装桌椅、设计墙绘，和小伙伴们在合作中将空荡荡的房间装饰成适合孩子们阅读的场所；有带队老师做好后勤工作，每天都可以按时吃饭；干活累了可以去村里逛逛，碰到村民还可以微笑着打招呼。最重要的是有一群可爱的孩子：他们一开始睁着单纯的大眼睛好奇我们的到来，熟悉了之后每天准时来图书馆报到，有的甚至要走半个小时以上的山路，还有的因为走路太远需要父母骑摩托送过来，

小朋友们帮助我们一起安装桌椅、收拾房间、砍木头、捡石头，村里停水

进藏路上遇到道路塌方

时光之瓦图书馆

时，他们还会带我们去打山泉水，瘦弱的身板却可以提着两大桶回来，我们能回馈什么呢？我们只能告诉他们深圳在哪里，大学是什么样子，读书有什么用。这里的小朋友们在村里上幼儿园，上小学要去开车一个半小时才能抵达的乡里，初中则要去更远的县里。小学平时只有放假3天以上才可以回家，初中可能就只有寒暑假才能回家了，所以来到图书馆的小朋友大部分是幼儿园和低年级的，3年级以上的小朋友汉语掌握程度大概有70%，3年级以下的小朋友可能有时候无法准确表达自己的意思。他们的父母基本上是无法辅导作业的，学习汉语对他们来说也不容易，想要考出去就更难了。图书馆建好开营的时候每个馆来了20个左右的小朋友，在我们说读书可以走出大山的时候，我看到了他们眼里的憧憬，一定会有某句话某个瞬

间，在他们心里埋下了一颗种子，期待图书馆的书可以帮助他们探索新世界，拓展他们走向外面的路。

我只是想在时光益读寻找践行公益的快乐，没有想过有一天也可以变成团队负责人以全新的角度去看待这个组织，一开始接手这个任务的时候，我是胆怯且紧张的。说实话，我并不是通俗意义上的负责人的形象，我也会害怕公开讲话，只是因为对这个项目感兴趣愿意花时间去投入，我没有想到团队和老师愿意给我这样的机会，是大家给了我可能，让我在负责团队的过程中也逐渐成长。我开始重新了解团队，了解每个板块的具体运营细节，了解现存的问题和挑战，了解热爱公益的每一个团队成员。我和其他队长一起开会，一起制订计划，对接合作，安排出行，参与比赛，策划团建，在团队成员和指导老师的共同努力下，我们举办了摄影展、志愿者表彰大会、大规模的志愿者出行，我们与腾讯合作捐书，与美的合作阅读营，与满天星合作建馆，我们有了越来越大的知名度，吸收了越来越多的新成员，也获得了越来越多的奖项，我们从 20 人的团队变成了现在的 50 人，将图书馆建到了全国的 6 个省（区），阅读营课程也有了一批忠实的小粉丝。我将自己的大部分精力都放在了时光益读，我觉得自己年轻又快乐，像“00 后”，熬夜开会写文件也不觉得痛苦，每次介绍自己在做的公益项目都倍感荣幸，遇到的老师、同学和许多社会上的公益伙伴都非常友好，我身边的朋友一看到我出去也能秒懂，我总是感叹，加入时光益读是我读研期间最幸福的事情！

时光益读为乡村儿童举办的摄影展

除了快乐外，我还重新认识了老师。在此之前，我没有和任何一位老师有过这么频繁且平等的接触，也没有想过能遇到既让人崇拜又没有距离感的老师，是时光益读让我有机会认识到这样一群关爱学生、帮助学生成长的老师，尤其是我最敬爱的张老师。人真的会遇到自己的贵人，张老师就是我的贵人，你可以在任何有需要的时候给她打电话，可以在项目有疑问的时候寻求她的指导，也可以在需要资源的时候请她帮忙协调。做公益不是一件容易的事，尤其是寻找资源，能找到志同道合又愿意资助公益的人讲究缘分，公益的效果也不是显而易见的，但是在张老师眼里，能给学生提供一个社会实践和创新的平台就有可能使其尽可能地锻炼到自己，她常说“在学生身上的付出都是值得的”。在张老师的影响下，我也确定了自己的职业规划，为了让我提前了解工作内容，积累经验，她会在自己力所能及的范围内给我提供机会，教导我如何为人处事，如何平衡工作和生活，我时常会觉得不可思议，我是有多么幸运可以遇到这样一位负责任的好老师。

目前，时光益读团队的架构已经基本成形，在做好大框架的基础上，我们开始在每个板块进行精细化的打磨，希望将目标落实得更细致和踏实。必须看到，目前我们还是一个不太成熟的团队，因为成员的流动性导致团队的管理比较松散，很多时候推进工作全靠成员的自觉性和主动性，所以执行起来效率不高，我们仍然在探索更凝聚更专业的工作方式，以期能够会集到更多有想法且执行力强的伙伴，将时光益读的初心和理念源源不断地传承下去。我作为这棵正在向上的树苗上的一根树枝，期待着这棵树可以坚定地生根、发芽，变成可以庇佑一方天地的参天大树，使越来越多的孩子在这棵树下快乐阅读、快乐成长。

我和时光的时光

谭楚尧[①]

我的大学生活实在是平平无奇，但在时光益读做的那些事情，度过的那

① 谭楚尧，深圳大学2021级应用经济学专业研究生，时光益读大学生志愿者；参与过2022年云南“时光之境”公益图书馆建设活动、江西建馆前期踩点调研活动等。

些时间，为我的大学生活添上了浓墨重彩的一笔。

一、与时光相遇，幸福又美好

我第一次知道时光益读是在大四上学期。当时在班会上有位师兄分享了他在时光益读的经历与收获，在他的极力安利下，我关注了时光益读公众号，试图透过一方屏幕了解更多。一个个温暖的故事、一张张活动照片里的笑容，都是如此的动人，令我感到内心热热的。2021 年 10 月，再次回到深圳大学的我看到时光益读的招新信息，之前那种心动又回来了，我想：那就试试？于是填写了报名表，经过两次面试，我和时光益读的故事从此开始。

初入组织的我，在老成员的带领下上手相关工作。尽管多有不懂和失误，但是大家足够的信任、支持和包容让我越来越有信心，也能从细小的工作中获得价值感，越发觉得要担起自己的责任。随着时间的流逝，除了本组工作，我慢慢开始深入接触各项事务，才发现每项活动背后都需要考虑这么多东西，都要进行这么详细的统筹安排。每个活动圆满结束的背后，都是各个工作组的高效协作和共同支持。

暑期乡村建馆和阅读营活动是组织每年规模最大的活动，虽然开展时间不久，各方面仍不成熟，但是我们也在总结以前实践经验的基础上不断进行优化和调整。从 5 月开始筹划招募、联系各地乡村、进行宣传、志愿者筛选面试，到 6 月的队伍组建和志愿者培训，再到 7 月初举办“暑期出行动员大会”，多繁重的任务也有完成的那一天。由于当时疫情反复，出行随时可能受影响，直到队伍终于启程，奔赴乡村时，我们心里的大石才得以放下。当师生志愿者们奔赴与乡村孩子们的约定，为孩子们架起通往知识殿堂的路——建造公益儿童图书馆，带去精彩纷呈的阅读营时，不少时光益读的成员也同样在城市端全力以赴着，为大家提供支持和保障，见证成长印记，记录点滴温暖。

德国哲学家雅斯贝尔斯说：“教育就是一棵树摇动另一棵树，一朵云推动另一朵云，一个灵魂召唤另一个灵魂。”这个关于教育最美好的解释也同样适用于时光益读。时光益读犹如魔法般令人着迷，这里充满着朝气和鲜活。天南海北的伙伴因为志同道合聚集于此，成为亲密的伙伴，产生着奇妙的联结。我也像带领我来的学长一样喜欢上这里，并且也像他一样想要把时光益读安利推荐给更多人。

二、入独龙秘境，赴盛夏之约

峡谷秘境，滇藏交界的崇山峻岭之中藏着远古的故事，古老神秘的独龙族世代生活于此，悠然流动着千回百转的时光岁月。由于地理位置偏远、气候复杂、地形陡峭、交通不便等原因，过去独龙江一直是与世隔绝的孤岛，显性贫困与隐性贫困交织，独龙族人民遭受了数千年的苦难命运。如今作为脱贫攻坚的重要战场，独龙族迎来了历史性跨越，掀开了翻天覆地的巨变一页，独龙族同胞的日子过得就像他们编织的七彩独龙毯一样越来越绚丽多姿。尽管如此，当地的教育条件相比其他地方仍有较大的差距，阅读资源缺乏，乡村孩子课外阅读量少、阅读能力差，缺少有效的阅读方法，难以养成良好的阅读习惯。项目团队通过实地调研与考察，并多次与当地负责人进行沟通与交流，将迪政当小学定为时光益读项目组乡村公益图书馆的选址地，并进行乡村深度阅读帮扶。

从高铁到小汽车，从平坦的大道到蜿蜒的山路、陡峭的悬崖，反复辗转，历时近三天，在2022年7月12日，我们终于抵达了云南省贡山县独龙江乡迪政当小学，学校门前便是急湍的独龙江，碧绿如茵，水声淙淙。初来乍到的第一顿晚饭，是当地村民给我们准备的丰富饭菜。在这个偏远乡村里每天都充满着温暖和感动。本地村民白大哥、陈主任、来做考察的张老师，还有迪政当小学的老师们，都在给予我们无微不至的关怀。载我们去乡里取快递、看医生、买物资；帮我们组装床架；怕我们睡得不舒服为我们提供被褥；带我们去隔壁村子看晚会；带我们去探望纹面奶奶，为我们作翻译；晚上一起烤土豆，炸爆米花，喝奶茶……点滴画面仍令我印象深刻，整个村庄对志愿者的热情与善意，没有华丽辞藻与形式，只有单纯和直接的心意表达。我们感受到了多彩的独龙族风情和浓厚的本土文化，感受到了这片土地的赤诚和能量。在真挚又质朴的日子里，星星都被他们点亮了。

感谢大家的关照，使我们后续工作在一定程度上得以顺利开展。第一周集中精力开展建馆工作，我们每天早起干活，甚至加班到深夜，清洁打扫，组装书架，对图书进行分类和贴标签，上架图书，还要维修灯泡，各种小意外不断，只能见机行事。也有村里的孩子跑来给我们搭把手。前期由于灯泡坏了，晚上我们打手机电筒和台灯来赶工作进度。虽然后期渐感疲惫和麻木，但是大家都能够为共同的目标而坚持。在出发前，我们已经为这座图书馆起好了名字，为“时光之境”，境是边境的“境”，是因为图书馆坐落于边境地区；同时也取了个谐音，境也是镜子的“镜”，希望孩子们在这里以书为镜，有镜明自律，在阅读中健康成长，用阅读点亮梦想。“时光之境”图书馆建成后，当看见经过精心挑选的书籍被翻开，看着孩子们惊喜满足的表情，我们知道一切的付出都是有回报的。

时光之境志愿者在抓紧建馆

志愿者与独龙族纹面奶奶

建馆工作临近尾声时，我们紧接着启动阅读营相关工作，从最初担心招募不够孩子，到正式开营时满座的教室。那是我第一次接触到这么多少数民族的孩子们，他们乐观、坚强、善良、纯朴、可爱……我愿将无数美好的词语用在他们身上。他们深怀对外界的好奇，而我们，在他们眼中就是外界的代名词。我们希望搭建起乡村孩子与外界联系的逐梦桥梁，为孩子们带来更多外界的正能量，点燃孩子们对外界事物的好奇与渴望，为他们将来走出大山埋下一颗种子。但我们和孩子们绝非处于拯救和被拯救、奉献与被奉献、教授与被教授的关系。所有人都可以是“师生关系”，我们都是平等的。在这里，我们更多的是抱着成为孩子们的玩伴的心态，希望和他们建立起更多横向的连接，教会孩子点亮他们知识空间的一部分，赋予孩子们成长的内在动力。与此同时，只要我们愿意去发现，我们也可以在和孩子们相处的过程中，点亮我们心里一些还没有思考过、触及过或者学习过、面临过的知识和体验，丰富我们自身。也许我们从孩子们身上学到的东西要远远比自己付出的东西多。孩子们在帮助我，他们在唤醒我的善、激发我的爱、树立我的社会责任感。他们对生活积极乐观的态度、对未来积极向上的进取心，也不断鼓舞我、激励我，让我对生活、对未来充满信心，无形中给予我许多正能量。我们的这场遇见不是单向的，是双向奔赴、互相成长和进步的。

如果问起我那段时间的感受，我会回答，开心又充实，也有不舍，可我的内心更多的是感到惭愧。由于事情太多太杂，那段时间恨不得把人掰成两半用，后期感到有些疲惫和倦怠，作为队长的我难以细致入微地关注到各种情况，没能给予小伙伴们足够的支持和帮助；小伙伴们都是第一次参与支教，在授课方式、活动带领或者与孩子的相处上存在或大或小的问题，我们没能建立很良好的沟通机制；我没有在引导孩子们阅读、增加其阅读兴趣上提供很多帮助；不论是孩子和志愿者之间还是志愿者与志愿者之间都有很多话要讲，但是我们还没有制造出合适的场域让大家尽情地表达，就匆忙散场了……有很多我在启程前想借此机会了解和改变的问题，都没有做到，留下的可能只有那若有若无的羁绊和微不足道的知识点。现实是，从孩子们和小伙伴们的感悟中，我能感受到大家对这段美好回忆的依依不舍。虽有劳累，虽有遗憾，但大家都从这里有所收获，这便足矣。

“教育是一群不够完美的人，带领另一群不够完美的人，走向完美的过程。”我清楚自己可以带去的十分有限，对乡村的孩子们，我不能像老师一样专业地教授全部的学科知识，我不能像亲人一样陪伴他们的童年……但我用自己的一点时间走近他们，和他们一起寻找并感受童年应有的快乐，与他们分享外面精彩的世界，一起憧憬未来成长的模样，我想用自己的一点微光给乡村的孩子们带去温暖，鼓励他们去寻找梦想、追逐希望。

在独龙江的两周时间转瞬即逝。我怀念初到迪政当村看到家家户户房顶上迎风飘扬的红旗的那天，怀念当地村民的体贴照顾，怀念大家干活时的汗流浃背，怀念开营仪式上大家的不绝笑声，怀念课堂上的“鸡飞狗跳”，怀念每天孩子们稚拙的笑脸，怀念孩子们为我们摘的甜而不涩的果子，怀念大家一起买菜做饭的时光，怀念夜晚那抬头可见的满天星斗……

离开的清晨，山风凉凉，雾气萦绕，高山夹峙，但这阻挡不了花儿向往诗和远方。希望孩子们的灵魂依旧似雨露清风一般清新，希望这段朴实而温暖的日子常留我们心间。

三、微光聚星海，守护阅读梦

我觉得很幸运，在公益之路上认识了时光益读。我明白了“赠人玫瑰，手有余香”真正的含义。我给予便是我收获，那是一份心灵深处的安宁与满足。或许我们所能给予那些遥远而陌生孩子们的并不多，但我们彼此之间用爱相连，这一点点的善意汇聚在一起也许便是孩子们灿烂的未来。随着时代的发展，慢慢地，到乡村里开展相关阅读教育活动的群体越来越年轻化了，“00后”也走进乡间田野，正是这样一群充满活力的群体，或许更知道能给孩子们的未来带去什么。大家在志愿路上每一次的全力以赴，每一条曲折的山路，每一份远方的爱心，每一个温暖的脸庞，都是为了给他们带来更多的改变。

“微光会吸引微光，微光会照亮微光，我们相互找到，然后我们一起发光。”希望我这束微光，会影响更多的微光，我们一起赶跑乡村儿童头顶的乌云。希望我们通过自己的行动，影响周围的伙伴，从而有更多的人加入守护乡村儿童阅读梦的行动中。我们重复和坚持，只因我们相信教育是一个缓慢的过程，生命可以影响生命，只因我们相信时间会带来惊喜。

双向赋能，在阅读的窗口绣出花样

周碾锋[①]

一、乡村阅读：亏缺的不同面向

2022年暑假，我和几个队员去往云南曲靖的铁厂、大舍恰和大鲁纳三个地方修建公益图书馆。当地的居民都很热情地帮助我们开展建馆工作，成百上千本书很快填充在三座图书馆。后来，我跟着阅读营队伍去家访，引导小朋友们填写有关乡村阅读的调查问卷。

时光之恰建馆前后对比

过往，我认为之所以需要在乡村修建一座又一座公益图书馆，是因为当地没有图书馆的图书借阅资源。但现实可能不止于此。

通过走访和问卷调查发现，当地往往只有学校图书馆这一个专门借书和阅读的场所，且根据小朋友们的描述，当地学校图书馆的书籍数目和种类并不丰富。小朋友们购买教材和课外书也是需要一定的时间去到镇里才能获得，尽管在家访过程中，小朋友和家长们大部分表示愿意去购买课外读物，但是物理层面的距离不可避免地给阅读热情泼了些许冷水，长此以往，

① 周碾锋，深圳大学2020级汉语言文学专业学生，时光益读大学生志愿者；参与过2022年云南“时光之梦”、“时光之恰”、“时光之纳”公益图书馆建设和阅读营活动。

物理距离或许就会变成心理距离。

在调查过程中，小朋友们最喜欢的书也体现一定的同质化，一方面是由于年龄导向的兴趣所在，另一方面是由于接触多样化书籍缺乏便利性。我在馆址考察借阅情况时发现，具有较高趣味性和可玩性的图书呈现被“争抢”的状态，而文字量较大的小说、名著则几乎“无人问津”。但兴趣是可以培养的，小时候孩子注意力的集中程度本身就较难自我控制，因而对于文学类著作的兴趣缺乏，或许应该先弥补兴趣层面的亏缺。

针对好玩的心性选择适合的读物，暂不强求“经典名著”，或许是个比较好的心态。对于低幼儿童而言，绘本可以成为一个引起兴趣的读物类型，直观的图片辅以简明的文字，门槛不高，可钻研性又不低。而后，再尝试群文阅读，带动孩子们阅读古典诗词和现代诗乃至小说，以群文阅读带动其对于曾经陌生的阅读领域的关注，从而逐渐填补乡村阅读的亏缺。

另外，在暑期趣味阅读营开展期间，小朋友们在大学生支教老师的带领下，到公益图书馆的频率有一定的提升，但支教老师离开后，短期培养出来的兴趣又是否能够支撑下去呢？家长日常多忙于农活生计，孩子们的阅读更多需要自身的规训。稳定负责且有效的引路者在这条长久的乡村阅读路中，也是亏缺的。

二、尝试：把绘本角色演出来

前文有提到，绘本可以成为点燃孩子阅读热情的第一把火。如今深圳建设“儿童友好型城市”的一大举措也是重视绘本和童书的推广，如每一年读书月都会公布“年度十大童书”。

许多绘本自身拥有剧情表演的可行性。绘本图文结合的形式让阅读绘本时仿佛在观看影视的分镜，一页一页地切换下来就犹如影视镜头的切换，而孩子们自身其实也有很强的表演欲望，故而把绘本演出来具有可行性。

暑期在趣味阅读营的时候，我设计了两节绘本导读课。相比之下，第一节课的《猜猜我有多爱你》导读明显比第二节的《野兽国》导读更有吸引力，课堂氛围也更为活跃。在第一节课时，我请了两组同学上台轮番扮演《猜猜我有多爱你》中的“大兔子、小兔子和旁白”，孩子们的活跃度较高，也基本能理解复述书中情节；而第二节仅仅依靠我个人的讲解，讲述图画的大小变化等对于情节发展的作用，于孩子们而言更多是猎奇式的探索。

演绎一本绘本，其实也是在解放天性，开放表达舞台。好动的、我们谓之调皮的孩子往往具有极高的表演和表达能力，如何将这种能力发掘出来，也是乡村阅读教育需要达成的。把一本绘本给演出来，并非易事，这需要伙伴之间的配合、对于情节故事的感知和文本情绪的把握，而这些环节，孩童自然是表达舞台上的主角，老师和家长便是需要适时引导帮助他们的导演，亦是及时给予鼓励和掌声、营造阅读演绎气氛的前排观众。

除此之外，阅读的方式有许多，孩子们的性格、认知水平等都是需要考量的，如此，才能选择出适合的文本，牵着他们走入阅读的花园，而后在适当的时机留给他们与阅读独处的空间和时光。

三、习得：去生活，去创造

阅读是否就只能单纯地输入、习得他人的经验所形成的文本图画呢？我想，其实未必。在通过阅读了解遥远的乡村之外的世界的同时，将目光逗留在当地的人文风景，与孩子们一起去深入了解当地的风俗习惯，而后在生活中创造出自己的读物，进而推广，让乡村阅读情况不局限于输入，乡村也可以输出自己的阅读风格，孩子们也能在读物中创作自己的文字图画，合作点缀出属于他们的读物。

尽管近几年不少乡村的物质水平有了很大提升，但相较城市的车水马龙和高楼大厦，乡村还是保留较多原始的自然风俗和安宁静谧的生活环境。这样的环境氛围极其能够催生并增益文学作品的创作，产出灵气四溢的读物。

暑假在云南的一个多月，与村民、孩子们的相处过程中，我们体验了当地的赶集，看到了他们在生活中的操劳；在火把节当天围着篝火转圈跳舞，享受了纯粹的欢笑与闹腾，即使火苗熄灭，但自然的生息未了，依旧热情澎湃；在斗牛比赛中，看见当地的斗牛文化……

当我们走进乡村、体验乡村，我们发觉孩童的“野性”在呼唤，这些“野性”在采风活动中体现得尤为明显，当夏风吹拂，纯真可以带他们奔跑、想象和创造，以至于他们在写诗的时候可以写出“树木傲慢了它的枝头”这样极具创造性的句子，这是令人惊喜而欣慰的。

在趣味阅读营期间，有队员尝试带着孩子们一起制作绘本。以“情绪是什么颜色的”为主题，以简单的卡纸和笔墨，配以简单的文字和绘画，合力便能制作出极具想象力的绘本。开心的情绪何以是红色？因为过年时的红包是红色的！将生活的情绪比作生活场景中的颜色，一个人的情绪颜色是一个断面，多人合起来，便成了发现生活、定格生活的诗人了。

而后，通过培养写日记的习惯，去不断尝试截取生活的切片，当孩子们将切片集合成自己的生活博物馆，在向外展出之时，会发掘自己的长处和短处，继而再去阅读，或许会有自己的方向和方法，也会发现自己的生活记录所形成的文字与阅读的书目原来也有相像之处。

阅读与创作同步，输入和输出共时，或许可以成为一个需要我们共同奔赴的乡村阅读乃至城市阅读的理想状态。

时光益读初体验

高志威①

追忆 2022 年的夏天，因为时光益读的旅程，让我倍感怀念。在这个夏天，我们建馆一队建成了三座公益图书馆，在曲靖市罗平县的三个村庄留下了我们的印记。这段旅途从深圳的炎夏出发，队伍一行 7 人搭上了前往曲靖的火车。有句话叫“万事开头难”，我们原本 28 个小时就能到站，因为肇庆下雨铁路受损，足足走了 49 个小时，一行人下火车时都有种恍如隔世的感觉。

记得刚到第一个建馆地时，在罗平县铁厂村委的废弃楼里，面对学生的镜头，我情不自禁发出了疑问：这房间怎么可能在一星期后变成一座图书馆呢？没想到经过打扫清理、墙壁粉刷、家具组装之后，将书籍摆上书架，我们真的将时光之梦图书馆建好了。经过全队成员的共同

① 高志威，深圳大学经济学院教师，时光益读教师志愿者；参与过2022年2022年云南“时光之梦”、“时光之恰”、“时光之纳”公益图书馆建设活动等。

努力，我们一共建好了三座公益图书馆，成了我们在那个夏天最美好的回忆。

时光益读之于小朋友，是陌生也是陪伴。在铁厂遇到的第一位小朋友，正是村长小杨哥家的儿子，当时村长邀请我们到家里喝茶，他勤快地给我们每个人搬了一张板凳，并且主动到厨房给我们倒茶。随着一阵玻璃破碎的声音，茶壶被摔到了地上，他一脸尴尬地看着村长，挠了挠头。之后他每天都会到馆里看我们工作的进度，帮忙递工具搬快递，陪伴我们建设了时光之梦。建馆期间，很多小朋友会每天下午到图书馆前面的空地玩耍，我也尝试着跟他们交流，对于阅读，他们是陌生的。对于他们来说课本就是接触的为数不多的书籍了，而我们的图书馆内有超过2000本图书供大家阅读。开馆仪式当天，馆长还有村长号召了几十位小朋友来给我们捧场，馆长跟我说，孩子们终于有地方可以看书了。从那天开始，无论天气如何，图书馆里总会有不同的小朋友在阅读或者做游戏。我想小朋友们在图书馆看书学习的时光，除了是在阅读，更多的其实是在陪伴。我手机里存下了好多张队员跟小朋友们一起阅读的照片，我想这些陪伴的时刻对于小朋友们来说一定是温暖的。

时光之梦图书馆建设前后对比

建馆完成后，我们接着就开展了阅读营活动。带着小朋友们进行了为期两周的班级学习，但是由于村子规模庞大，哪怕我们将阅读营调整为上午下午两个班级，也只能收下先报名的小部分同学。不像村长能够在家工作，方便照料家庭，绝大部分的小朋友是留守儿童，父母亲常年在外打工。除了阅读条件匮乏以外，我想陪伴对于小朋友们来说是更加重要的，相信两周的阅读营下来，小朋友们一定收获了知识，也收获了陪伴。当然，也希望不只是我们举办的阅读营能够陪伴小朋友们，更希望图书馆能够成为陪伴小朋友们成长的精神家园。因为在图书馆里，他们能够读到《老人与海》里的勇往直前与坚忍不拔，也能够读到《唐诗三百首》里的朝代更迭、诗人们的胸襟与抱负，能够跟作家们一起经历不同的世界，收获不同的精彩。有了时光之梦的陪伴，小朋友们的童年时光一定会是丰富有趣的。

时光益读之于队员，是挑战也是成长。队伍一行 7 人集合登上前往曲靖的火车时，小伙伴们也许不会想到，这趟旅程对于我们有着多大的挑战。我们中的一半人没有离开过广东，更加没有乘坐过绿皮火车，直到我们经过长途跋涉抵达铁厂，挑战才正式开始。直击我们的第一个挑战，便是废弃的村委楼，楼里满是灰尘与破旧的家具。当组织人开始打扫卫生时发现，楼里竟然没有接通自来水，也没有厕所可用。幸好有村长带我们到临近的小卖部接水，并且商量好了可借用厕所。我还记得第一天打扫卫生时，我们在图书馆与小卖部之间来回提水数十趟，好不容易清理出了几个房间，组装好了铁架床，大家就已经累得精疲力竭了。忙完后村长带着我们借到了一户人家的浴室，于是大家洗澡的问题也解决了，村长非常热情，协助我们解决了借水、借厕所和浴室等问题。他还大方表态，愿意将车子借给我们使用，以免我们徒步前往 5 公里外的餐馆用餐（由于村委楼没有水源以及厨房，我们每天中午跟晚上都会到餐馆用餐，吃饭的时间是大家最放松愉快的）。虽然木板床硬实而且睡袋也挺单薄的，但是由于满负荷的工作，大家每天躺下就能睡着，休息得很好。随着时间的推移，大家也都慢慢适应了住在馆里的生活。

除了生活上的挑战，建馆工作中也出现了许多的挑战。我们开始工作的第一天就发现，馆内的墙壁由于常年潮湿基本损坏殆尽，需要铲除全部墙体后重新粉刷。为了节省预算，队员们先是花了两天铲除原本破落的墙体，然后前往镇上购买原材料，学着 B 站上的视频开始粉刷墙壁。可是由于专业能力有限，粉刷工作进展很不顺利，后面还是借助一位村民的帮助，我们才解决好了墙体问题。另外由于地理位置偏僻，许多物流快递配送超过预期时间，而且我们队伍要建三座图书馆，时间非常紧急，紧张焦虑的气氛在队伍里蔓延开了。令人欣慰的是，小伙伴们的沟通协调能力有了长足的进步，队长召开了全员会议，根据现有资源安排大家分工合作，优先将已经到货的书架与书籍整理好。那两天我一直留意着队长，一开始我感觉他性格相对内敛，担心他没法快速处理好种种困难。但是后来我看到，他努力地讲着不太标准的本地方言，与快递站点沟通派送事宜，又不断跟时光益读团队沟通物资的解决方案，这是队长的成长。

我想本次的建馆之旅，小伙伴们一定都是获益匪浅的。在我们的成长经历中，没有使用过旱厕也没有睡过睡袋，没有生活在连网络都不通的村庄里，我们更没有住过水电不通的房间。但是我们适应过来了，这样条件艰苦的生活并没有让我们气馁，依然能够抱着热情饱满的态度进行建馆工作。建馆中的各项困难也都能共同面对，分工处理好各项困难。跟小伙伴们一起生活了接近一个月，能够明显感觉到大家紧密结合的友谊。我想这是一个不畏困难、勇于挑战的团队，看到团队成员的成长，我倍感欣慰。

时光益读之于我，是尝试也是感动。在加入时光益读团队之前，我还经历过广东、湖南还有江西的几次社会实践，但是实践地点大多是在城市，当我知道这次出行不仅要睡在馆内我们自备的睡袋里，还可能要自己开车往返于各实践地点，我知道这对我来说是一次崭新的尝试。面对这次的带队机会，我没有任何犹豫，主动报名带领最早出发的队伍，还将我的两个妹妹都推荐进入了时光益读的另外一个队伍。其实社会实践对于我有很深刻的意义，因为我本科时曾经作为学生组织过一次在我老家的三下乡实践活动，对我个人成长有着很大的影响。包括我毕业时选择自己的职业发展方向，都与那次社会实践有关。所以社会实践是我一直向往的事，我作为带队老师也很希望这次实践能给小伙伴们带来一些影响。就像自己曾经说的，会坚持播下公益的种子，期待结出的爱心果实。

在与小伙伴们朝夕相处的将近一个月的时间里，由于时光益读完善的前期准备，加上精心选拔的队长跟队员，基本不需要我操心，大家都能独立地解决各项问题。我特别珍惜跟大家一起劳动、一起工作的时光，很多时候我都在被身边的人所感动着。我被小伙伴们的奉献精神所感动，为了孩子们的图书馆，他们不辞辛苦地努力工作；我被小伙伴们的互相照顾、彼此依靠所感动，来自不同学院的几名同学完美地融合成了一个默契且可靠的团队；我被村长竭尽全力的帮助所感动，从我们到的第一天起就全力支持我们工作，为我们调配各项资源；我被孩子们的天真可爱所感动，我存下了好多张有孩子们纯真的笑脸的照片，还有孩子们给我们画的画，画里充满了阳光与鲜花，充满了希望跟光明。我想我会一直记得这些感动，在每个怀念的日子，在每一个盛夏。我相信队伍中的每个人，都会有不同的收获，因为我们共同走过的这段时光充满了感动。

2022 年的夏天，我参与建造了“时光之梦”“时光之恰”“时光之纳”三座公益图书馆，时常牵挂也时常怀念。我还会继续走下去的，时光益读一直在路上。

从实践活动中看到的乡村阅读现状

赖晓芳[①]

叶圣陶在《略谈学习国文》一文中说：“要养成一种习惯，必须经过反复的历练。必须在国文教本以外再看其他的书，越多越好。”课外阅读在语文学习中对培养学生阅读习惯和阅读能力的重要性不言而喻。博尔赫斯曾说，如果有天堂，那应该是图书馆的模样。时光益读自成立以来一直致力于乡村阅读公益事业的发展，建有用的图书馆、开有趣的阅读营是这个组织一直坚持在做的事。作为时光益读的一员，我也有幸参与了这样的活动。

2022 年 7 月，我参与了团队组织的建馆活动，在云南的乡村地区为当地儿童建造了三座小型图书馆，丰富了他们的阅读资源，也希望书籍能为他们带去更多的光，真正做到开卷有益。同年 10 月，我和队友们到肇庆地区开展了关于当地乡村儿童阅读情况的调研活动，我们走访了几百位肇庆中小学生的家庭，希望通过简单的问卷调查以及真切的谈话，能对他们的日常阅读情况有更多了解。

① 赖晓芳，深圳大学2021级经济学专业学生，时光益读大学生志愿者；参与过2022年云南“时光之梦”、“时光之恰”、“时光之纳”公益图书馆建设活动、2022 年肇庆乡村儿童阅读情况调研活动。

时光之纳图书馆建馆前后对比

在参与活动之前，因为担心自己的能力不足以在十几天中为小朋友们带去真正意义上的提升，于是我选择了为他们建造图书馆这样的体力活。诚然，我一开始就没有把这段体验想得太过美好，但当实地置身其中、一个个实际问题接踵而来时，我和队友们还是渐渐怀疑：自己所做的是否能真正帮到这些小朋友？建完的图书馆能一直发挥作用吗？即使种种疑虑萦绕在我们的心头，我们也没有停止手中的工作，因为如果什么都不做肯定不会有任何改变。去为他们做点我们能够做的本就是最初的目标。第一座图书馆建成开馆那天，我们在吃饭往返的路上停下看风景时结识的两位小朋友早早到了馆内阅读，他们对馆内的书籍和地球仪都颇有兴趣。到现场的还有许多小朋友，比如经常为我们提供帮助的杨大哥家的孩子，和其他经常见到我们却不敢打招呼的熟悉面孔，都在同一时间走进了这座小小的图书馆。我们的担忧也随之消散，只要他们喜欢阅读，那么这间图书馆的作用就远比我们想象的要大。

我们在参与活动的日子里跟乡村的小朋友有了许多接触，除了正式的工作之外，也在短暂的日子里渐渐地和他们熟悉起来，他们也越来越敢和我们聊天玩耍，谁能说我们不算是跨越了年龄的“忘年交”？在我们忙于工作时，也得到了他们的许多帮助。这些小朋友大多很热情，我们在组装书架、给书籍编号上架的时候他们会非常开心地过来帮忙，这也让我明白，公益从来不是单方面付出，而是双方搭建起的桥梁，甚至在我们为他们带来实际改变之前，就已经先获得了他们的帮助。后来在肇庆调研的时候，当我们找不到访问对象，村子里刚认识的小朋友也一直愿意为我们带路，去往他们一个又一个小伙伴的家，我们就这样一起走完了他们所居住的村落，接着到下一个村落再重复这样的过程。

在肇庆开始阅读调研之前，我们先到达了当地一座已经建成的图书馆。我们到达馆内时有很多小朋友正在馆内阅读。其中一个小朋友看见我们的到来，非常认真地向我说明了一些图书馆开馆以来他观察到的问题，比如书籍被某个小朋友损坏，馆内放置的公共画笔本子也被随意乱涂乱画，我记下他所说的问题，并表示我们不在期间他可以找馆长反映这些问题，同时心里突然产生这样的想法：如果能守着这个小图书馆成为管理员，就能亲自解决这些问题并保证它们不再发生，也能满足这个小朋友。后来听说这个小朋友是最认真聪明、最常来图书馆的孩子之一，也暗自开心，哪怕只有三四个小朋友能因图书馆受益、能由此获得自己想看的书、能对阅读产生兴趣，那我们的工作就是值得的，况且远不止三四个小朋友，甚至他们对待图书馆的态度要远比我们这些建造者更加期待、更加认真，因为他们才是这些图书馆的使用者。

从这几次的经历中，我了解到乡村地区儿童的课外阅读现状仍然较差。只有真正在乡村生活过一段时间，才能对当地的风土人情和社会氛围有切身体验和感悟，从而明白这些东西如何影响当地的文化氛围。同时，经过和小朋友们的相处，我们也从正面或侧面了解到影响他们阅读的诸多因素。

在肇庆当地的走访过程中，我们了解到图书馆所在村落的村小学只开设到 4 年级的课程，学生们在五六年级时必须到镇上的小学去上课。对于家离得较远的学生来说，这样的变动无疑会为他们的求学生涯增加负担。当地镇上也只有一所中学，学生们完成义务教育后，大多数会选择在中职学校继续接受教育，只有较少的学生会就读普通高中，这种未来道路的选择也让他们相对轻视阅读素质的培养。教育与阅读相辅相成，当地教育资源的长期缺乏，从各方面影响着孩子们的阅读兴趣与阅读习惯的养成，这是在大部分乡村地区都会有的教育影响阅读的典型问题。

此外，并不是所有乡村小学都有图书室，孩子们常常难以获得图书资源。对于那些偏远乡村来说，大部分镇上仅有的少数书店都并不售卖课外书，且云南地区乡村比较偏僻，要从村落到有课外书籍的县有几个小时的车程。在这种乡村儿童很难获取课外书籍的情况下，学校里的图书室成了孩子们阅读书籍的重要来源之一，而没有图书室的乡村小学让孩子们失去了这个选项，阅读的可能性也就变得更低。

在另一部分有图书室的乡村小学里，大多没有设置专门的管理员，图书室负责人由学校老师兼任。老师的作息与学生是一致的，学生上课，老师也上课，其余时间还需要负责准备课程、撰写教案等。这就意味着，学生放学，老师下班，图书室就会关闭，导致学生在校内阅读的时间很少。课间的十分钟休息时间远远不足以让学生们进行阅读，学校也更提倡学生们利用这一时间进行休息，为接下来的学习做准备。因此，学生们在校内几乎没有时间到图书室去进行课外阅读。

在乡村地区的家庭中，家长的学历普遍不高，也会有部分家长不理解课外阅读的重要性，轻视阅读习惯的培养。家长不懂得教育孩子，认为孩子只要在学校认真听课，在家里能完成老师布置的课后作业，多看教科书，最后能有一个好成绩就可以。这些家长缺乏培养孩子阅读素质的意识，也很难对孩子的阅读进行引导和启发。不过这样的情况还是少数，现在已经有更多家庭意识到了知识的重要性，愿意鼓励孩子去看书，在这样的家庭中的问题是，家长本人几乎没有阅读习惯和阅读时间。试想，如果孩子在看书时，家长在一旁玩手机、刷抖音，这样的家庭氛围和阅读环境显然没办法让孩子对阅读产生兴趣。也就是说，即使重视阅读，家长也会习惯性地将这一重任交给老师，而忽视了家庭和自身对培养孩子课外阅读能力的必要性。

近年来，青年父母外出务工，留在家里照顾孩子的大多是爷爷奶奶辈的老人。这些老人不仅文化水平低，而且往往溺爱孩子，他们既无法为孩子进行学习上的辅导，更不懂得如何教育管理孩子。在童年阶段过于放纵孩子，由他们自行安排的休闲时间更多会花在玩耍娱乐上，只有很少的时间或者不会进行课外阅读。

对于孩子个人来说，最重要的问题就是阅读兴趣有限。孩子正是最活泼好动的年纪，很难坐得住静下心来看书，在他们眼中，游戏、电视、动画、和小伙伴玩耍都远比阅读有趣。尤其是在没有正确引导时，枯燥无味就会是他们对于阅读形成的第一且长久的印象，当这种印象定型之后，很难再让他们体会到阅读的趣味性。

认识到种种问题之后，最重要的就是做出相应的改变去鼓励乡村儿童进行阅读，这肯定离不开年长者的长期陪伴与悉心教导。目前我所能做的，也仅仅是将我所认识的现状写下，希望有越来越多的人重视乡村儿童阅读的问题，并为改善现状而付出长期努力。

固定的阅读

伍泳琪[①]

曾经我以为，阅读是自由的。但来到这里之后，我才发现，阅读，是被固定的。

时光之虹图书馆，坐落在海拔两千米的山顶上，与当地小茶腊组的活动室一体使用。推门而进，看见的不是想象中充满书香的环境。层层堆放的化肥占据了大半的空间，可能搬进来的那天是个雨天，地板上还留着混乱的脚印与灰尘。

和组长商议后，村民们把肥料搬到了室外，靠着墙根堆叠起来。孩子们很喜欢爬上肥料袋的最高处，再滑下来，肥料袋子变成了他们的滑梯。我们也终于能把图书馆好好收拾一番。来之前，我们并没有看过详细的书籍目录，在收拾的时候很惊喜地发现，图书馆里的书籍种类非常齐全，从幼儿启蒙到青少年阅读，一应俱全。

这对我们来说，绝对是个好消息。因为在报名过后，我们面临的最大问题，就是小茶腊组的孩子们年纪都太小了。上初中的孩子要帮家里干活，报名的那天我们等了又等，却始终等不到他们从图书馆门前经过。其他孩子中最大的一个在上 5 年级，最小的那几个，都只有 4 岁。图书馆内丰富的图书资源一定程度上能解决孩子们不同层次的阅读需求。

基于此，本次的阅读营活动便有了两种服务对象。一是 2 年级以下的低年级组，二是 2 年级以上的高年级组。在厘清基本情况之后，我们开始重新制作有针对性的阅读规划。低年级组的孩子注意力分散，便以绘本与启蒙教学为主；高年级组的孩子注意力更能集中，课堂上便可以多讲授一些文

① 伍泳琪，深圳大学 2019 级汉语国际教育（师范）专业学生，时光益读大学生志愿者；参加过 2023 年云南“时光之虹”阅读营活动。

字性的内容。配合图书馆内丰富的图书资源，我们相信接下来的教学计划一定能顺利开展。

时光之虹的独龙族小朋友

然而，阅读是一件自主的事情，我们看似已经为孩子们提供了完整的阅读规划，但真正实施起来，还是有很大落差。

首先来看低年级组的孩子。当地的基础教育缺少幼儿园教育这一环，就算有幼儿园，但考虑到费用问题，且大多数家长认为孩子到了年纪便可以在学校里寄宿学规矩，就此让孩子留在家里。因此在幼儿启蒙上，小茶腊的幼龄孩子们多数存在“两不”问题。一是“不会说”，二是“不会写”，而这两点也影响了他们接触阅读。

“不会说”，指的是由于缺少语言交流，幼龄儿童存在一定的语言表达缺憾。家里的大人经常要在外做工，与孩子的接触时间少，孩子进行语言交流的对象有限，最有效的语言学习方式变成了电视教学。小茶腊的幼龄儿童能说普通话，但不太流利，或者说表达能力有限。原因是电视节目给予的语言材料是模仿性的，当孩子们在某些表达上出现了缺失或模仿不到位，而家庭成员无法及时矫正，将会影响孩子以后的说话习惯，换言之，即容易“说错话”。

具体到阅读营课堂，在低年级组课程中，往往孩子们尝试表达自己的观点时，都无法很好地说出自己的意思，即使老师并不介意且反复引导，但孩子们最后都只会闭口不言，默默坐下。在观察到这个现象之后，配合低年级的绘本教学，我们选择了《在教室说错了没关系》作为拓展阅读材料，在课间和孩子们一起阅读，鼓励孩子们进行自我表达。

“不会写”，指的是由于大部分幼龄儿童还在生长期，小手还拿不稳笔，别说写字，甚至无法画出一条稍直一些的线。图书馆内配有幼儿识字记忆类书籍，可配合开展低年级组的教学。但孩子们的注意力分散，老师在上面带着他们认水果或者读绘本的时候，往往上一秒还在跟读，下一秒就咬着手指把眼神移开不知道往哪看，过不了多久整个课堂就会乱成一团。

所幸，我们发现孩子们特别喜爱涂色这一活动。在这里，笔和纸对孩子们来说是珍贵的存在。尤其是还没到上学年纪的孩子，在家里很少能接触到笔和纸。只要将笔交到他们的小手心里，再把我们亲自绘画的涂色卡片用奖励的方式送给他们，整堂课他们都能乖乖的。此时再结合课程内容，结合识字资料，有意识地整理出涂色卡片，也能达到较好的课程效果。

再来看高年级组的孩子们。在阅读营开展期间，我们会利用下课后的时间进行家访。趁着这个机会，我们了解了许多孩子的阅读情况。这些年纪稍长的孩子或多或少已经接触到了阅读。但因为各种原因，他们在阅读上也存在自己的苦恼。一是“无法读”，二是“不知道读什么”。

“无法读”，这个问题受多方面因素影响。这里的孩子到了该上小学的年纪，就会被带到镇上的学校去，从 1 年级就开始寄宿。由于家庭生活费用安排等原因，孩子们一般不会拥有属于自己的书籍。因此，在漫长的校园生活中，他们的阅读材料就是各类教材，以及学校图书馆的资源。但是学校的读书安排也是不固定的。对此，孩子们的说法不一，有说一学期能去一两次的，也有说一个礼拜就能去一次的，可能因为管理老师等因素不一样，孩子们能接触学校图书馆资源的频率也不一样。同时，虽然小茶腊组开设了图书馆，但由于本地年龄偏小的孩子太多，哥哥姐姐们进图书馆的时候他们也要跟着进去，但进去了却又只会撕书或乱涂乱画。久而久之，为了保护图书馆资源，小茶腊组的时光之虹图书馆也减少了开放次数。

由此来看，孩子们的阅读来源是不稳定的，他们能够获取的阅读资源是不足的，他们获得的阅读机会是有限的……以上种种，造成了孩子们“无法读”的难题。

“不知道读什么”也受到主客观因素的影响。

客观来看，这个地区的教育有比较重的应试风气，一定程度上会打击阅读发展。在和孩子们的交流中，我们发现，当地学校非常看重成绩。这也带来了一系列的衍生问题，包括师生交流、生生交往等各方面。从阅读这一方面来看，当地的这种客观因素限制影响了孩子们在阅读上的选择。在我们和孩子的交流中，有部分孩子认为学校里的图书馆阅读活动就是走个过场，本身是没有意义的，他们情愿多听老师讲两节课。

因此，客观因素也影响了主观因素。对孩子们来说，如果读一本书的价值比不上做一套试卷，那么他们自己会失去接触阅读的兴趣。虽然从本地实际来看我们不能否认应试给孩子们带来的好处，毕竟分数是他们走出大山的机会。但我们也不能忽视，过于注重成绩会打击孩子们的阅读兴趣和阅读自由。

在这些因素的影响下，“不知道读什么”成了当地孩子面对阅读时的常态。

上述种种问题，虽然是此地的阅读现状，但既然我们作为志愿者来此开展阅读营活动，面对这些情况，还是想尽自己的一份力量。所以，结合我们的课程，我们决定在自己阅读营志愿者这个身份上，做自己力所能及的事情。

首先，我们结合时光之虹内的图书资源，开展阅读营课程教学。以历史民俗课为例，图书馆内有许多和故宫相关的历史文化书籍，包括故宫所藏书画以及故宫本身历史等内容。因此，在课程设计上，历史民俗课以故宫作为切入点，给孩子们关于故宫的整体观念，树立关于故宫的基本印象。再在课堂后半段鼓励孩子们自行寻找馆内和故宫相关的书籍，读一读，找出书中写了故宫的什么，和课堂上说的哪个点是一致的。以此形式，充分调动图书馆内资源与课程的结合，提高阅读资源的利用率。

其次，在趣味阅读课上，我们会对孩子们进行不同角度的阅读指导。如结合孩子们生活中实际的阅读情况，鼓励他们把握一切可能接触的阅读资源。在校期间，有教材和配套的练习，上面的一些文章既然被选录，就有一读的价值，应该学会用欣赏的眼光去阅读这些材料，而不是单纯当作语文练习。另外，阅读应该是广泛的，有自己感兴趣的种类最好，但有时候接触到一些报刊，也可以进行阅读，多感受不同文体的写作魅力。

再回看本文的标题：固定的阅读。在当地，各种不定的影响因素使得孩子们的阅读变成了一块逼仄的固定之地。他们阅读的内容有限、阅读的时间有限、阅读的机会有限，而我们能起到的作用是微小的。

但尽管如此，只要当我们来到这里的时候，总有孩子愿意走上前来，轻声地问一句："哥哥 / 姐姐，你能和我一起读这本书吗？"

那我们所做的一切便都有了意义。

粤西北乡村儿童阅读调研感想

尹珧毓[①]

2022 年 10 月，我们前往广东省肇庆市德庆县凤村镇古杏村和禄村村进行乡村儿童阅读情况调研。我们发现，当地孩子普遍存在阅读重要性认知不足、阅读资源匮乏、阅读时间较少、阅读能力较差、阅读信心较低等不利的阅读情况。

对于阅读重要性的认知，当地孩子大部分在非常不重要、不重要、不知道、重要、非常重要的 1～5 个等级中，选择了 3～4，即不知道和觉得阅读重要，当询问他们为什么觉得阅读重要时，他们大多沉默、不知道怎样回答。从小接受家长灌输的"读书很重要、要好好读书"这一观点，但他们从未了解过阅读能给自己带来哪些短期或长期的、细节或整体的变化。孩子们不明白阅读能给自己带来哪些进步和改变、能为自己解决哪些困惑或难题，就会导致阅读自我驱动力较少。

关于阅读资源匮乏，当地孩子家里有极少量的适合自己阅读的课外书，且每月购买的课外书数量大多为 0～1 本，对于低龄儿童，绘本更是微乎其微。镇上的图书文具店销售的也大都为辅导书、工具书和教材，以及一些课本上的固定推荐书目。学校图书馆基本都是老旧的全文字版课外书，很难吸引孩子们进行借阅。抛开趣味性和选择性不谈，适龄的课外书对当地孩子来说都是较难接触到的。除阅读图书资源之外，孩子们的阅读场地资

① 尹珧毓，深圳大学 2021 级会计学专业学生，时光益读大学生志愿者；参与过 2022 年广东肇庆凤村镇乡村儿童阅读情况调研等。

源更为匮乏。学校图书室假期很少开放，且学期中对外开放时间很短，也仅限于在该时间段内借书和还书，孩子们很少会去学校图书室内进行阅读。附近的村子和镇上没有一家开放的图书室。在禄村党群服务中心的二楼，有个固定开放的房间，孩子们会三五成群前往，但房间内书籍较少，且无人看管纪律，也未能营造一个良好的读书环境。缺乏合适的课外书、缺乏进行阅读的固定场所，阅读资源的匮乏成为影响乡村儿童阅读的主要不利条件。

关于阅读时间较少，这个现象不可避免地与乡村儿童阅读资源匮乏相关。但随着智能手机的普及和读书软件的开发，使用电子设备阅读也成为当今的一大潮流与趋势，调研发现，当地孩子很少用手机进行阅读，就算是看新闻与资讯也少之又少。当地孩子使用手机的情况分为三种，第一种是家里父母平时不在，为了方便联系，给孩子配备智能手机，这种情况的孩子每天使用手机的时间高达 6 小时以上，且大多数是玩小游戏、刷娱乐短视频；第二种是家里父母制定了每天固定可自由支配玩手机的时间，比如每天下发手机一小时，这种情况的孩子也是抓住这仅有的一小段时间刷娱乐短视频；第三种情况就是留守儿童，且父母也并没有给配备智能手机，他们平时不接触智能手机，假期父母回家才会适量使用。纸质书籍阅读较少，阅读资源匮乏是一个主要因素；电子书籍阅读较少，娱乐时间占比过大成为另一个主要因素。

关于阅读能力较差，在古杏村，我观察到孩子们一般拿到一本书不知道从何读起，大多数是随便翻翻看完自己感兴趣的图画和照片，然后放回原位换下一本书。他们大多不能够独立地从头到尾读完一本绘本，需要成人去引导和帮助。然而家长的文化水平和时间不足以支撑他们给孩子做一定的阅读辅导。学校里的教师在完成主要的教学任务之外，也很少会给孩子们上阅读课，详细教授阅读方法并进行阅读练习也很少有。在做问卷调查时，通过询问问题时孩子们的反应也能看出其阅读能力水平的差距。在询问当地孩子时，通常一个问题我们要读 2~3 遍，甚至有时还需做出一定的解释，他们才能给出比较确切的答案。读完第一遍问题时，他们的表情大多是疑惑的。我们走访时去到一户人家，遇到一个理解能力极好的 6 岁小女孩，提问问题时只需读一遍便可以给出确切的回答，很多问题她都能不听选项就给出自己主观的答案，她每天阅读时间超过 2 小时，后面我们发现，孩子的爸爸是一名退伍军人，她在广州读书，国庆时回老家探亲，平时很爱看书，成绩也比较拔尖。不了解阅读方法、无人引导读书多多少少导致孩子的阅读能力较差。

关于阅读自信心较低，在小学阶段孩子们的阅读能力低下的原因往往与智力并没有太大的联系，阅读兴趣与自信心成为影响阅读能力发展的因素。可能孩子们在日常的教学生活中长期接触教科书、教辅，对类似于“读书”“看书”这样的字眼存在消极懈怠心理，逐渐对阅读降低了兴趣，对阅读、看书产生厌倦感与恐惧感，不愿意开始投入阅读，阅读能力也无法提高。长此以往，“不愿读”与“不会读”形成恶行循环，导致孩子们无法真正体会到阅读的快乐。在阅读营课程中，由于绘本导读具有较高的丰富性与趣味性，课堂提问也涉及一些日常课堂教学之外的知识，一些在学校中无法获得老师较高评价与关注的孩子，可能在阅读营课堂中表现良好，逐步发现自己的闪光点，慢慢获得自信，愿意接触阅读。

在凤村镇禄村村的调研中，我发现一位特别的女孩，她与当地其他孩子的口音都不太相同，经过初步了解后，我们得知她是跟随母亲改嫁从梅州来到肇庆的，目前母亲与继父在外务工，自己跟随继父的父母，也就是非亲生的爷爷奶奶一起生活，母亲只有过年才会回家。得知我们团队即将在自己生活的村子里建一座图书馆，而且假期会定期来上课，在整个调研活动中，她都特别愿意配合我们，并积极为我们带路寻找村子里面的其他适龄儿童进行问卷调查。10月初的广东天气燥热、太阳高挂，她一大清早就在村口等我们，下车之后她立马带我们到别的孩子家里走访调查。村子里道路崎岖，且自然村距离遥远，也丝毫没有降低她带路的热情。中午午饭时间，她还是没有回家，我询问理由，她说家里没人，我问她那你午饭吃什么呀，她说那就不吃了。我拿出包里的面包给她，她拒绝了我，笑着跟我说喝两口水就饱了。和她聊天时，我问她平时都去哪里玩，她说就和村里的孩子们一起闲逛，有的大孩子可能有智能手机，他们会一起刷视频。我说等我们的乡村图书馆建成，你们就能一起到馆里看有趣的书了，寒暑假我们也会来陪你们看书、和你们做游戏的，她说她很期待。整个中午她都在室外冒着汗等我们，最后一起在装修中的禄村村图书馆面前合了影。今年春节期间，也就是2023年1月，她拿父母的智能手机联系到了我，她把当时国庆期间的合照拍给我看，说自己打印了两张，一张装在身上，一张压在家里的桌子下。她说很开心家门口有一个可以读书学习的图书馆，自己也一定会好好学习。她还说现在大家有空就会到馆里去看书，有时候还会早早去门口等着，馆里的书很有趣，和小伙伴们一起看书也很有趣。

习近平总书记在2023年新年贺词中强调："明天的中国，希望寄予青年。青年兴则国家兴，中国发展要靠广大青年挺膺担当。"4月23日是世界读书日，首届全民阅读大会当日在京开幕，习近平总书记发来贺信。在贺信中，习近平总书记指出："希望广大党员、干部带头读书学习，修身养志，增长才干；希望孩子们养成阅读习惯，快乐阅读，健康成长；希望全社会都参与到阅读中来，形成爱读书、读好书、善读书的浓厚氛围。"

时光益读，一个年轻的高校公益组织，一个专注于乡村儿童阅读推广的组织，我们深入村落，希望通过"阅读"能在"时光"之中为乡村振兴带来有"益"的影响，希望若干年后，村里的孩子们会想起年幼时常去的图书馆、会想起在那里度过的有趣且有意义的童年。也许某一本书就激发了某个孩子的灵感，使他有了理想和目标；也许有很多孩子就因为阅读氛围慢慢喜欢上阅读，使阅读这个好习惯伴随终身。乡村儿童的阅读推广、提高乡村儿童的阅读能力、培养乡村儿童的阅读习惯，这些都需要长年累月的积累去推动完成。不积硅步，无以至千里；不积小流，无以成江海。我相信，一步一个脚印，一年一月地坚持，目标终会达成。

近距离观察的那些天

曾晓怡[①]

我在凤村镇古杏村建设乡村图书馆的经历是弥足珍贵的。这里的风景与众不同，经历让我难以释怀，思考让我刻骨铭心。

---

① 曾晓怡，深圳大学2021级金融学专业学生，时光益读大学生志愿者；参与过2022年肇庆"时光之杏"建馆活动、2023年云南"时光之纳"阅读营活动等。

我到达的第一天是中午，随着汽车缓缓驶入小镇，临街敞开大门的住宅、夫妻小本经营的商店，一一展现在我的眼前。可能是中午的原因，小镇仿佛在沉睡中，我感受到了难得的静谧。这里就像所有的县城小镇，奶茶店、五金店、快递驿站一应俱全，但也像所有的县城小镇，没有大型商圈、综合医院、少年宫。最让我难忘的是镇上的一户人家，他们的房子藏在临街住宅的最后一排，我走完狭长的小巷才能到达。小巷一米宽，里面的阳光被两旁的楼屋和空调外机挡住。当我踏出小巷时，一片清脆的绿溢满我的视野。从左到右，从近到远，铺满了一整片水稻田。在那一刻，我感受到了乡土的真挚和人与乡土深深的羁绊。在大都市，我们无法想象自己屋外的风景是一片水稻田，因为我们慢慢与土地断了联系。小县城并不是完全城市化的大都市，附近的村民搬到离村不远的城镇，就近完成了城镇化。他们既满足了传统文化中安土重迁的思想，又走上了现代化之路。这让我不得不想到，中国城市化的下半程将是就近的城市化。人往高处走的思想无可厚非，但我们也应该保障留下的人的资源，基本实现资源的均等化。

建馆过程总的来说非常艰辛。首先是清扫，我们的乡村图书馆选址在古杏村村委会二楼，原本是村医临时居住的地方。废弃后，所有的家具都覆盖着灰尘，空气里弥漫着发霉的味道，蚊帐被老鼠啃咬成一块块纱布，甚至在角落里还有两只老鼠的干尸。我们四个人两两合作，把保险箱、床、桌椅等重物搬出去，然后把一桶桶水从一楼提到房间，再一股脑倒在地板上清洗。由于房间没有排水系统，我们还要反过来用拖把把污水吸回桶里，运到楼下的卫生间倒掉。随着清水一桶桶倒在地上，污水一桶桶运出房间，我们用了一天时间，终于完成了地板的清洗。其次是刷墙，为了降低成本，我们只能自己从网上购买刷墙材料。这是我第一次知道泥子是什么，也是第一次掌握刷墙的手艺。我们先用泥子补墙缝，让墙看起来更加平整；然后把两种材料混合成油漆，“少量多次”地刷在墙上。刷墙简单却辛苦，虽然只需要用滚筒刷蘸上油漆在墙上上下涂抹，但手臂笔直举着滚筒刷，头一直仰着，不一会儿就会精疲力竭。粉刷我们一共用了两天，如果没有热心村民的帮忙，我们或许还要用更久时间。我们补泥子的技术是村民教的，还有另外两位村民大哥帮我们粉刷。大家都很关心图书馆的建设，在建馆途中，小朋友、家长都好奇地来参观过。

在古杏村的时候，每天的经历都让我产生很多思考，有些灵光一现，有些刻骨铭心。

虽然书籍是进步的阶梯，但走楼梯总是累的。天生能通过读书获得快感的人毕竟是少数，对于更多的孩子，阅读快感需要后天的培养；但可惜的是，这里的孩子很少养成良好的阅读习惯。每当我问他们阅读是否重要的时候，他们都认为十分重要，但观念与行为并不总是一致的。就像我们都知道运动有利于健康，但坚持锻炼的人还是少数。这里的孩子都知道阅读的重要性，但身处的环境使他们很难养成良好的阅读习惯。如果所有的孩子都骑着自行车你追我赶地玩，你是加入他们还是自己一个人在图书馆看书？如果家人的娱乐活动是看电视和玩手机，你是模仿他们还是自己待在房间里看书？如果没有阅读的氛围，你是否能意识到读书也是休闲的方式？我们总是会高估自己的意志，而低估环境的影响。现在是碎片化信息的时代，短视频盛行，人们如果习惯了在短短 10 秒内就获得刺激，怎么会通过漫长的阅读获得温和的刺激？

如何引导孩子们持续阅读，我想应该有两种方法。

首先是保持孩子们的好奇心。好奇心是阅读的一大动因。这里的孩子好奇心强，比如人体结构的书被他们翻了很多次，但即使是儿童科普书籍，也做不到所有的内容都通俗易懂。孩子们还会对阅读内容进行发散，所以他们的阅读过程总会有很多为什么。当我陪他们读书的时候，他们问了很多问题，有些问题我也答不上来。但有时我们总会忽视孩子的问题，自己回答不上来也不会陪着孩子去寻找答案，而是草草打发，久而久之，他们的好奇心也消散了。

其次是让孩子们养成阅读习惯。我们总是认为思想决定行为，却忽视了行动也会反过来影响思想。当阅读成为生活的必选项后，是否喜欢已经失去了意义。就像我们不会说自己喜欢睡觉、喜欢喝水，但我们会无止境地去做这些事。陪伴是最合适的养成阅读习惯的办法。每当我在图书馆挑出一本书读的时候，周围总会有几个小朋友围着我，或许是出于对我的好奇。他们有时会自己去挑一本书来读，有时会围着我的书读。如果我都不能以身作则去阅读，劝导孩子们阅读是没有说服力的。

在出行中，有两个小朋友让我印象深刻。其中一个我取名叫燕燕好了。燕燕是个女孩子，上 4 年级，是家里的老大，她下面有两个妹妹和一个弟弟。她的妈妈出去打工了，爸爸留在家里种田和照顾孩子。身为长女，她每天都会帮家里做家务，晒衣服、做饭，她是个好姐姐，每次跟妹妹来图书馆，她都会照顾好妹妹，不让妹妹离开她的视线。她喜欢跟着小伙伴在村子里嬉闹，学习成绩也不是最好的，村书记偏爱的好孩子名单里也没有她。但每当我在馆里看书的时候，她总是第一个凑过来、待在我身边时间最长、问最多个“为什么”的孩子。我看得出她对知识的热爱，但我也会惋惜，她虽然有对知识的热爱，这份热爱在她的生活中占比太小了。世界上有很多像燕燕的孩子，拥有上帝给予的礼物，却不是礼物厚重的人。我赞赏那些在逆境中成长的种子，也惋惜被风雨摧毁的幼苗。

另一个孩子，叫他小谦好了。他是个非常有礼貌、有同理心和懂事的孩子。村书记说，给村里这么多小朋友上课，小谦是少数见到她时会叫老师、会问好的。他会在图书馆认真看科普书，会默默观察我们的举止，会在我们要走的时候悄悄问我们下次还会不会来。他太懂事，也让我很心疼。小谦不像这个年纪的其他小朋友，去嬉闹、去追赶，而是有些小心翼翼，在应该勇往直前的年纪，用小小的触角犹豫地接触这个世界。他太有同理心，这让小谦体验更多、懂得更多，也担负更多。他需要用更多精力去消化自己的情绪、去处理自己与外界的关系。

在出行中我接触到了形形色色的孩子，他们有的开朗，有的内向，有的听话，有的叛逆。我遇到过一个小男孩和一个小女孩，他们语言能力强、对自己认知明确、思想成熟，性子有些“傲”；还有一个小女孩，4 年级左右，家访时她给我们倒水、问我们吃不吃糖，情商很高，这几个小朋友在同龄人中有些突出。更多的孩子是符合这个年龄心智发展的。他们会回答很多个不知道，会嘻嘻哈哈地你追我赶，对未来一知半解。我很好奇，这些孩子将来会是什么样的人，什么将影响他们的生命走向，又是哪些人能达到自己天赋的上限。

书中自有黄金屋，乡村图书馆的建设可以为乡村的孩子提供更多的教育资源，丰富孩子的课余生活，提升他们的素养，让他们在文化活动中获得快乐和精神上的满足。每个孩子就像一颗种子，他们历经风雨，在困境中艰难成长。如果时光之杏能在他们追求完满的道路上，为他们遮蔽一阵淅淅沥沥的小雨，那便是我们的意义，是我们的荣幸。我对时光之杏的建设深感自豪，也期待着这里能够有更大的发展。

翻过那座山，看见另一个世界

谢圆月 ①

2022年的盛夏，我非常有幸能作为时光益读暑期阅读营出行志愿者，翻越赣南的群山，来到江西思顺，来到“时光之思”。虽然我也来自农村，但这里的许多事物和孩子于我而言都是独特的。思顺乡是江西省的一个偏远小乡镇，经济发展相对落后，人口流失，阅读和教育资源匮乏，但家长比较重视教育。在时光之思阅读营与孩子们相处的这16天里，我们给彼此留下了珍贵的回忆。现在用文字记录下的是我曾看过、来过、参与过的世界。我也希望，这个世界被更多人看见。

一、初遇印象

2022年7月14日下午，烈日炎炎，车子一路颠簸着向大山驶进。出租车师傅是一位拥有多年驾龄、经验丰富的司机，但在行驶时也不敢掉以轻心——小路迂回曲折，都是单行道。他笑言自己也没来过，这里的路不好走。在颠簸的车上，我们的内心既满怀期待又有些许紧张好奇，好奇这蜿蜒山路所向之地，是不是也会因交通闭塞而阅读教育资源匮乏。一路行程仿佛“柳暗花明又一村”，伴随着一大片青葱碧绿的稻田映入眼帘，我们最后来到了山中小平原：思顺乡。

到达当天，馆长和当地老师带领我们参观了时光之思图书馆。图书馆比我以前在照片中看到的要大，书架布局错落有致，书本摆放整齐，就连书架上的彩绘小石头也在展现着图书馆的精致雅观。后来听当地乡干部讲，在“时光之思”建成之前，全乡只有1间位于中小学校园中且限制出入的

① 谢圆月，深圳大学2020级汉语言文学（师范）专业学生，时光益读大学生志愿者；参与过2022年江西“时光之思”阅读营、2023年广西“时光之柳”阅读营。

图书室，图书室中的书籍数量、书籍类型并不能够满足全乡儿童的阅读需求，且乡里无其他书店，家长购买课外书籍需到县城或通过网上购物的方式购买，两种方式都极为不便利。这是许多乡村儿童在图书资源上普遍面临的困境。

时光之思图书馆

二、深入调研

对乡村儿童阅读状况的调研也是我们这次暑期阅读营支教的实践内容之一。我们主要通过问卷调查法、访谈法、观察法等调研方法，了解当地儿童的阅读类型、阅读习惯、阅读困难等信息，力求全面掌握当地儿童的阅读现状及成因，提出相应建议。

问卷调查和档案收集的数据范围广，但存在主观性偏差的问题。例如，有些低年级的儿童无法合理评估自己的阅读时长和书籍数量，不少家长因外出务工无法长时间陪伴孩子成长，也并不真正了解儿童的阅读现状。所以除了广度以外，我们也在寻求调研深度，家访便是重要途径之一。活动中期，我们在掌握儿童基本情况的前提下，筛选出家访对象并分两队前往儿童家中了解情况，共整理出 25 份家访信息。

根据家访记录，绝大部分家长都表示坚定支持孩子的学习教育，但受限于知识文化水平与陪伴时间，无法给孩子提供科学有效的阅读和学习指导，更多的是靠孩子“自觉”。也有家庭因为孩子的学习问题而焦头烂额，比如小良一家。

小良是阅读营里活泼外向的男孩子，班上“小霸王”的好朋友，有点调皮捣蛋，但并非“桀骜不驯”，当犯了错被老师教育时会及时认错，态度良好。可答应好改正错误转头就忘了，继续与班上的“好兄弟”起哄闯祸。正因为他的活泼好动难以专注于学习，其母亲对于他的学习成长无比焦急——这从家访当中我们也能明显感受到。我们那天去小良家进行家访的时候已经是傍晚 6 点多，在打电话询问家长是否方便时，小良母亲非常客气地欢迎。当时小良并不在家里，据其母亲说是每天放学回来之后扔下书包就跑出去玩了，她对小良的评价是“好动、马虎、玩心重”。但当谈及孩子的成长经历时，其母亲又娓娓道来，和善中夹杂着愧疚与焦虑。小良从小由爷爷抚养，后来才与父母居住在一起，这也是其母亲认为孩子没有从小养成良好学习习惯的原因之一。其父脾气暴躁，有时会打骂孩子，但母亲的教育观念则截然不同，认为要讲道理，注重沟通。或许是受母亲的影响，所以小良在接受教育时能听得进去，能及时承认错误。这也展现出家庭教育潜移默化的作用。

其实小良是很多乡村小男孩的代表——有点调皮，但“孺子可教”，他们以“兄弟义气”一起闯祸捣乱，更多时候也需要学校教育的正确引导。

三、学会阅读

阅读是个体在课堂之外获取知识、提升自我的最重要途径。在阅读营支教出发之前，我选择了上趣味阅读课，但在准备过程中也思考了很久——究竟如何上好阅读课，让孩子们觉得阅读是有趣味的同时又能汲取书籍营养价值呢？在网上观摩学习了几位名师的阅读课以后，我最终把教学方向细化为绘本阅读教学。如果要有趣味那必然与丰富多彩的阅读形式密不可分，但形式又不可流于表面，所以要依据书籍内容合理设置问题和活动环节。在阅读营我上的第一节趣味阅读课是借鉴了窦桂梅老师的公开课，引导孩子们阅读绘本《大脚丫跳芭蕾》，我在备课写教案时有点忐忑，怕孩子们不会积极参与其中的朗读表演等活动环节，但实际的上课氛围是超过我预想的，在揣摩人物情感和环境气氛并为其选择相应配乐时，班上便有男孩自告奋勇上台献唱自己认为合适的歌曲，到了朗读表演环节，班里的“小霸王”小力也敢于上台表现，有不断尝试，有掌声鼓励，也有欢声笑语——这是我们喜欢的趣味阅读课。

四、离别絮语

我在江西思顺的 16 天，有吵闹有汗水，也有温情和收获。离别总比想象中来得早，真正该道别时却已语塞。在结营仪式的前一晚，老师们在明信片上给阅读营的每一位孩子都认真写下了寄语。第二天颁奖并分发明信片的时候，我看到了许多孩子脸上的喜悦与不舍。其中班上的“小霸王”小力，整天“嬉皮笑脸、玩世不恭”的模样，令人哭笑不得，但在结营仪式上颁发奖状和明信片时，我看到了他脸上的神情变化——不再是平时嬉笑的模样，欲言又止，耷拉着脑袋，更像是犯了错的孩子。或许在那一刻，他感受到了老师们的真诚，也真的意识到了自己曾经的错误吧。与此同时，我也逐渐明白，即使是再难管教的“问题小孩”，也渴求爱与关怀，也会被真诚打动。作为一名阅读营支教老师，在 14 天与孩子们的相处时光里，我逐渐看见他们的世界。我们彼此的相遇并不能直接改变谁的命运轨迹，但我们所热爱的书籍和知识可以。愿孩子们在阅读中积蓄足够的精神力量，去抵抗生命的灰暗，去追寻自己想要的生活。

阅读是一场没有固定终点的旅程。在 2022 年 7 月，我们翻过赣南的群山，来到思顺，看见这里孩子的纯真与灿烂；在未来，我希望这里的孩子通过阅读，也能翻过高山，看见外面的世界，遇见更多的可能。

路漫漫，其修远兮

郑　琳[①]

在江西省思顺乡的阅读营里，有几千本图书等待着一双双稚嫩的手去翻阅。但事与愿违，我们等来的往往不是求知若渴的孩子们，而是由于没有阅读习惯而对图书不感兴趣的孩子们。

在这种情况下，最受青睐的还是漫画和绘本，下至六七岁、上至十二三

---

① 郑琳，深圳大学2020级汉语言文学（师范）专业学生，时光益读大学生志愿者；参与过2022年江西“时光之思”阅读营、2023年云南“时光之恰”阅读营。

岁的孩子，都仍然只喜欢翻阅带有图画的书籍，而较低的师生比又不能满足单独指导的要求，故而培养阅读习惯这种需要激发兴趣、持续关注的事情，就成为阅读营的一种奢望。或许，我们也不能抱有太高的要求，带着孩子们去认识、了解某几本书，已经是我们能够做到的最有价值的事情了。

在这个过程中，有一本书引起了全班的轰动，回想起来，这也是一件非常有趣的事情。

故事的“主角”是一本教授学龄前儿童如何穿衣服的绘本，不可避免地，里面会出现小孩子全身裸体的卡通图画，班级里的小男孩就拿着这本书在班里嬉笑打闹，把带有身体插图的页面明目张胆地展现在女孩们的面前，女孩们没见过这种场面，羞怯难当，来和老师告状，意图把这本书列为禁书，放到他们谁也拿不到的地方。

我看到不禁感到有些好笑，正好阅读营的性教育课程还没有上，我寻思就把这本书当作性教育课堂的一个引入。

在此之前，我先用“脏话”来开启话题。

“在今天之前，我和很多同学都说过一句话，就是‘不要说脏话’，今天我们在上课之前就来好好聊一聊这个话题。大家想一想，为什么脏话是脏话呢，它们有什么特点？”

孩子们不说话。

“我们会发现脏话很多都和性有关，但是这部分又是家长告诉我们要好好保护的隐私，所以就成了一些人利用的话题。”

“另一方面呢，正是因为我们想要好好地保护它，乃至于往往会避而不谈，所以我们对这方面很不了解，就更容易被别人曲解，久而久之，代表脏话的这些词就带上了其他的含义，我们不仅没有保护，甚至还伤害了我们的隐私。”

“那大家觉得利用和曲解这个方面意思的人是好的还是坏的？他们利用有自尊心、想要好好保护隐私的人的弱点，去攻击和曲解他们，这样是正确的吗？”

有些孩子摇摇头，表示不正确。这时候我开始以这本书为例子。

“这本书大家应该很熟悉吧，最近我们班有些男孩，拿着它在班里横冲直撞，还展示给女孩看，是想干什么呢？”

有些孩子既兴奋又不好意思地笑了。

“有谁知道这本书是讲什么的吗？”

孩子们没说话，不知道是想说又不敢说，还是不知道这本书讲的是什么。

“它其实是教幼儿园小朋友怎么穿衣服的绘本，但有些小朋友就抓住它的某一两页，不仅曲解了插图的意思，还利用这一两页去攻击别人，这是不是就和说脏话很像？”

“但老师这节课不是想要批评谁，大家发现了吗，无论是攻击的人还是被攻击的人，他们之所以会攻击以及被攻击，是因为大家对这个事情都不了解，如果我们知道它的正确含义，那就不会曲解它，更不会被曲解的意思伤害，对吗？”

“所以我们与其藏着掖着，不如大大方方地讲清楚、讲明白，把相关的知识学好，这样才能保护好自己，也避免伤害别人，是不是？”

孩子们表示同意，我正式引入了性教育的课堂主题。

在这节课上课前，其实我有些忧虑，担心这个话题把握不好尺度和节奏，一旦孩子们“兴奋过头”倒起了反作用。但课堂上不仅没有吵闹，反倒是因为话题的特别和学生们的“害羞”，变得格外有秩序。

在这节课的几个月后，我意外翻阅到一席公众号里的一篇推文《我把学生们能想到的脏话都写在黑板上，真的很壮观》，它讲述了一堂与性别有关的语文课，通过“语言的反叛”游戏，以及总结和反思，得出观点：禁忌，让脏话更有力。最终，让孩子们回归到了课堂的出发点，即坦然地面对脏话，才能思考脏话背后的东西。

起初，我是被这两节课堂的相似所吸引，而后又感叹于这位作者所做尝试的勇敢、全面，于孩子们而言的深刻、难忘。这位作者也曾经做过支教老师，同时光益读一样，认为选择书籍进行阅读的自由是语文教育中非常重要的底线。

时光益读的活动时间是在寒暑假，各种非学科知识作为日常学习的补充，似乎不存在冲突。但如果期望孩子们通过阅读获得更多，更长的“非假期时间”才是产生影响的关键，却也是我们作为大学生支教老师所鞭长莫及的部分。想来，图书有了，怎么让孩子们想读、能读，谁又能解决他们阅读时遇到的问题，仍是前路漫漫，尤待求索吧。

山之肖像

赵思颖[①]

"看镜头，三、二、一，笑！"

阅读营开课的前一天，我正在为孩子们进行入营照片的拍摄。孩子们排着队，像嗷嗷待哺的小鸟一样从队伍里探出头来好奇地张望。

他们中有特意打扮，簪着小花来上课的女孩子；有被爷爷奶奶从山上抓来报名，脸上还有泥土痕迹的男孩子；也有跟着哥哥姐姐来旁听，懵懵懂懂的幼儿园孩子。孩子们笑起来很羞涩，甚至可以说是紧张，但眼神却清澈明亮。孩子们也很单纯，稍微逗两句便会"扑哧"一声笑出来，笑意直达眼底。他们一张张脸上充满了对阅读的渴望，他们在时光益读的旗子前面一站，非常阳光。

一、大山

坐上复古的绿皮火车，经过 30 个小时的辗转后，我们又坐上了开往山里的大巴车。映入眼帘的是连绵不绝的青山，点缀其中的是一簇簇小山村，炊烟袅袅。不知道转了多少个弯，我们晃悠悠地踏上了山里的土地。

我们拖着行李费劲地走路、吃力地爬坡，穿过一片高高的树林，终于抵达村子。村民们都好奇地看着我们，有些胆子大的孩子主动上前与我们搭话，问我们是不是来给他们上课的老师。我们和他们聊天，孩子们说村里的学校供附近几个村的孩子读书，离得远的要早上四五点就出门。村里的孩子们大部分由爷爷奶奶照料，放了学就到山里去玩，也有部分孩子会来公益图书馆看书。

① 赵思颖，深圳大学2020级护理学专业学生，时光益读大学生志愿者；参与过2022年云南"时光之初"阅读营活动。

参加时光益读阅读营的孩子们

淳朴的生活方式，出门就能迎接到大自然，还有叽叽喳喳的孩子们。这是我第一次深入远乡村，这一切对我来说是那么新奇。我对在这里的生活充满了期待。

二、孩子

一开始，我是抱着“陪伴阅读”的心态参与阅读营活动的。作为媒体专员，我的授课任务并不是很重，更多的时间是在教室里旁听，观察孩子、捕捉细节。在课外时间，我和孩子们进行互动，很多时候他们会挑选一本自己喜欢的书要求我讲给他们听。

在幼儿园孩子们中，《大卫，不可以》系列丛书成为炙手可热的绘本。即使已经读过很多遍，他们还是会不厌其烦地随着我的讲述和大卫一起“捣乱”嬉笑。我当然也不会放过任何一个机会，经常将绘本中的内容反问孩子们，让他们不仅开心地看了书，更有所收获。

年龄稍大一些的孩子则偏向于阅读知识百科类插图书籍，在我们的主动搭话中，他们也会害羞地与我们分享其喜欢的内容和对书中世界的幻想。

也有孩子要求我们为他们讲述外面的世界，比如大学和城市、动物园和游乐场等。孩子们聚精会神地听着，脸上满满的求知欲。

在自主阅读的时间，我也会悄悄关注孩子们的表情，试图读出他们的喜怒哀乐。

阳光洒在他们毛茸茸的头发上，每个人都在埋头阅读。有人眉头紧锁，不知是在与书中主人公共情，还是在经历一场刺激的冒险；有人笑眼盈盈，兴致高昂时也会发出几声轻笑；也有人眼睛溜溜转，虽是读书的姿态，心思已经飞到窗外的后山上了。

三、分享

随着与孩子们日渐熟络，我也对他们有了更加深入的了解。在和孩子们的相处中，他们越来越愿意向我敞开心扉，诉说内心的想法。他们的话题有关于学习的，比如对于暑假作业的担忧、对于课堂内容的一知半解；有关于生活的，比如哪个小朋友和别人打了架、今天爸爸妈妈回家给带来了好吃的；有关于梦想的，比如想要走出村子、前往县城继续学业，或者未来能有一个美满的家庭。孩子们的言语纯真，眼眸里也写满了认真。我听着也觉得有趣，常常能和他们聊得开怀。

我告诉孩子们，阅读不仅是为了提升学习成绩，更是为了解决生活中的难题，也能够完成自己的梦想。

孩子们也悄悄地在内心记住了这些话。“老师，今天 ××× 想直接喝水龙头的水，我告诉他不行，因为我昨天看书知道了喝水龙头的水会肚子疼。”“老师，我下学期一定好好学习，我很想去上海看一看！”一个孩子这么做了，更多的孩子也加入进来。我感到很高兴，孩子们不再是一味阅读有趣的部分，更将读到的知识运用到了生活中，这对我来说已经完成了一项很重要的任务。尽管这对他们的人生来说只是微不足道的一点，但也是这一点点在改变他们对于生活、对于未来的态度。

四、感悟

备课、上课、讨论、总结……每天的安排很紧凑，阅读营在忙碌中不断深入，我逐渐意识到我们的目标并不是提高孩子们的成绩，而是通过阅读课开阔孩子们的眼界、培养孩子们良好的阅读习惯。我们能做的只是在他们内心播撒阅读的种子，让他们能够学会阅读、爱上阅读，在书籍中遨游，在精神世界里得到满足。

渐渐地，越来越多的孩子能提前来到图书馆安静阅读。我依旧认真观察他们的表情。这一次，我能看到久久不翻动一页书在细细品读的孩子。这一次，我能看到看着书、托着腮，陶醉在想象世界的孩子。

阅读很奇妙，能够为我们展现一个五彩缤纷的世界；阅读很神奇，能为我们带来极高的精神价值。希望我们为孩子们带来的阅读体验能够伴随他们终身，影响他们，让他们成为想要成为的人。

我们因阅读而相遇

何佳玲[①]

我十分有幸能够成为时光益读团队的成员，更值得庆幸的是成为 2022 年暑假实践活动的志愿者之一。我和时光益读的故事因公益和阅读而起，我与乡村儿童的相遇因时光益读和阅读而来，我们彼此陪伴，共同成长。在开展团队工作和深入乡村与孩子们的相处中，我能够深刻感受到我们所努力在做的事情是值得的，因孩子们读到有趣的绘本时脸上的笑容而值得，因孩子们安静阅读书籍时稚嫩纯真的神情而值得，因家长们为我们竖起坚定的大拇指而值得。

在 2022 年暑期实践活动中，我对当地儿童阅读现状和建设时光图书馆的意义有了更深入的认识。

2022 年 7 月 10 日至 7 月 30 日，深圳大学时光益读社会实践建馆三队前往广西壮族自治区桂林市全州县绍水镇柳甲村柳甲小学开启为期 20 天的暑期社会实践活动，主要活动内容：一是在柳甲小学的一间教室建设时光图书

---

① 何佳玲，深圳大学2020级电子商务专业学生，时光益读大学生志愿者；参与过“时光之柳”公益图书馆建设和阅读营活动等。

馆，名为“时光之柳”，包括图书馆的修整、粉刷、装饰、安置书架、图书上架及举行开馆仪式等；二是在“时光之柳”建成之后，开展阅读营活动，为期 10 天，为孩子们开设趣味阅读课程以及一系列以“激发兴趣、掌握方法”为宗旨的课程。陪伴孩子们阅读，与孩子们真诚地沟通和交流，一起度过不一样的暑期生活。我们团队秉承时光益读的愿景——人人享有阅读自由，尽最大努力为孩子们建造一座图书丰富、环境舒适、书香氛围浓郁的时光图书馆，倾心倾力地陪伴孩子们一起享受阅读时光，为孩子们带去精彩有趣的课堂和真诚的交流，和孩子们携手，与书为友，彼此陪伴，共同成长。

时光之柳建馆前后对比

在建馆期间，我们通过对当地村镇的走访了解到，柳甲村及附近的村都是没有配置图书馆的，也没有书店，只有柳甲小学三楼有间小房间里有个狭窄的图书阅览室，不过里面的书籍数量极少且破旧，阅读环境也比较恶劣，缺乏温馨的阅读氛围。绍水镇是有文具店的，但图书馆和较大规模的书店是没有的。可见，此地孩子们的阅读条件是相对落后的，阅读能够影响和感染当地孩子的可能性不高。

在阅读营期间，我们通过和孩子们近距离的沟通和交流了解到，孩子们是热爱阅读的，当我们图书馆开馆时，孩子们都围着图书转，舒适的环境、多种类的图书为孩子们打开了一个新的世界，但在这之前，他们接触除教材以外的书籍是比较困难的。在与当地孩子的家长进行访谈时我们了解到，家长们对我们建造的时光之柳公益图书馆是给予高度赞赏的，认为这是孩子们的福音，由于自身受教育的水平以及经济条件等的限制，家长们虽然有重视阅读的认知，但也不能给予孩子们较好的阅读条件和环境，没有优质的阅读环境，孩子们在家也很难进入阅读状态，阅读效果也是有限的。可见，阅读的基础设施以及阅读的环境和氛围是需要社会和政府提供支撑的，在乡村振兴的路上，教育是重中之重，而阅读是教育的重要一环。

幸运的是，绍水镇柳甲村儿童阅读的状况是在不断改善的。从我们决定在此建设深圳大学时光之柳公益图书馆时，当地政府和村民就积极协助我们展开调研工作，为我们在柳甲小学开展社会实践活动提供了物质支持，在开馆仪式当天，当地政府和村民也都积极参与进来，为时光之柳公益图书馆的未来发展提供了强大助力。可见，当地政府和村民对儿童阅读的重视程度是很高的，也愿意为之付出时间和精力，这是改善当地儿童阅读状况的好势头。在阅读营期间，家长们也积极地配合我们的工作，坚持日复一日地接送孩子们上下课，在与我们进行访谈时，也都表示日后会经常接送孩子们来图书馆进行阅读。在与孩子们的近距离沟通和交流中得知，他们是喜欢阅读的，他们会很认真地了解图书上的内容。在我们开馆之后，孩子们每天都很早来到馆里，认真地阅读书本，安安静静的他们正在被阅读所滋养。可见，优质的阅读环境和丰富多彩的优质图书会直接影响孩子们的阅读状态，并激发他们的阅读兴趣。

2022 年的夏天我因与时光之柳的相遇而拥有了一份珍贵回忆，与孩子们 20 天的相处也留下了许多美好的回忆，有些回忆深刻地印在我心中，最是难忘，最是怀念。积极而又可爱的小女孩拥有强大的号召力；纯朴又懂事的小女孩在老师的奖励之下展现了自己聪明伶俐的一面；像刺猬一样以危险的外衣保护自己的小女孩也有一颗柔软的心，与伙伴针锋相对又总是默默陪伴与保护。孩子们的积极配合使得相处格外融洽。校园里环绕着欢乐的笑声，为了团队奋力拼搏，落后时互相鼓舞，领先时拍手击掌，你我之间的互动也拉近了彼此的距离。一次又一次的对话、互动，我们从陌生到熟悉，从小心翼翼到轻松自在，我们在这片土地上建立起真挚的情感，这份情感的记忆将留存于每个人心中。一次特别的赴约，让我们走出校园，融入乡村儿童的世界。20 天的时间虽短，却是满满当当的经历，有收获，有不舍，有遗憾，也有思考。我们共同用 20 天构建了一幅别样的风景画，这是孩子们的收获，也是我们的收获。我们企盼时光之柳图书馆物尽其用，持续发展。我们期待乡村儿童的童年多一些关爱与陪伴。我们憧憬更多的教育资源投入偏远的乡村地区。十分有幸，我们因阅读而相遇。

在成为时光益读成员的一年半时间里，我认识到保持热忱、主动交流与反馈的重要，感受到彼此信任和爱与治愈的力量。加入时光益读的我们，或是对公益拥有热情的，或是对阅读充满喜爱的，或是对乡村儿童心怀关爱的，但在碎片化的工作后、在付出大量精力后、在感到略有无力和失落后，我们都能够想起做公益带给我们的成就感、能够想起阅读带给我们的平静、能够想起陪伴孩子们时他们的笑脸。时光益读因爱公益而来，因爱阅读而起，因爱乡村儿童而生，我闻讯，你听说，我们因时光益读而相聚。在这里，我们可以爱公益带给我们的快乐、我们可以爱阅读带给我们的宁静、我们可以爱孩子们脸上灿烂的笑容，我们可以爱每个时光人，我们可以在付出中获得感悟，在奉献中治愈自己，我们在这里爱与被爱，我们在这里治愈与被治愈。十分有幸，我们因阅读而相遇。

时光益读未来可期，祝福时光益读。

时光之馆，爱在乡村：建设乡村公益图书馆的故事

颜成慧[①]

一、馆长基本情况

我是一名乡镇中学的老师，2011 年 8 月参加工作，曾就职于怒江州泸水市第一中学，2017 年调回自己家乡保山市隆阳区潞江镇人民政府。在政府部门工作了两年后，我发现自己还是热爱教育事业，喜欢校园生活，喜欢与学生、老师相处，更重要的是家乡教育落后，我认为当老师会更有意义、更有价值。于是我又申请调回教育系统，2019 年至今就职于隆阳区坝湾民族中学，成为一名高中美术教师，服务于家乡的莘莘学子。

我与深圳大学合作引进“时光益读”阅读项目，建设保山潞江镇片区“时光啡阅”“时光之粒”“时光之青”三座图书馆，共藏书一万五千余册。

---

① 颜成慧，云南省保山市隆阳区潞江镇“时光啡阅”公益图书馆馆长。

我担任“时光啡阅”图书馆馆长，连续三年为潞江镇居民提供图书馆服务。

二、建馆初心

云南省保山市隆阳区潞江镇是一座以咖啡和水果文明的小镇，是少数民族聚居地，有傣族、回族、傈僳族、德昂族等。因为生活在热带经济作物区，物产丰富，人们生活自给自足、舒适安逸，也造成这里的孩子们普遍不喜欢读书，吃不了苦，没有奋斗精神。再加上小镇除了学校里有小型的图书角之外，并没有像样的图书馆，孩子们获取知识的途径是有限的。孩子们也大多沉迷于电子产品和网络游戏，与阅读渐行渐远。出于文化熏陶和传承的需要，应该给小镇的孩子们创造阅读的空间，尤其是帮助其养成阅读的习惯。因此我们一直在寻找适合的地点和书籍创造阅读的空间，拓宽乡村孩子们的阅读渠道。当我得知深圳大学“时光益读”团队的师生要寻找适合建馆的社区建设公益图书馆，便赶紧联系了团队工作人员，表达了我的愿望。我与“时光益读”公益组织的师生们沟通联系，也推荐他们到新寨村和白花知青农场社区，通过考察，他们决定在我们小镇的咖香书院“颜途时光”工作室、知青社区、新寨村三个地方建设图书馆。在大家的共同努力下，2021 年 7 月 26 日，三个图书馆顺利开馆。

三、建馆历程

2020 年 8 月我建成个人工作室，对外免费开放，利用每周末带领周围孩子探寻动植物生物知识，培养孩子对大自然的敬畏之心，以及爱心、细心、耐心，以随手观察记录自然笔记的方式，宣传咖啡文化。

2021 年 7 月 26 日“咖香书院——时光啡阅”顺利开馆，馆内有 2384 册图书，分为绘本图画 1135 册、自然科学 212 册、中外文学 620 册、社会科学 356 册、教辅教材 61 册。

2022 年 2 月 1 日由馆长和副馆长自行组织公益阅读活动，第一期“中华文明五千年阅读营”免费招收到 20 名学员，开设连续 7 天的阅读课，受到了一致好评。

2022 年 4 月 2 日起，公益组织第二期阅读训练营招收一至六年级喜欢阅读的孩子，由深圳大学的志愿者带领孩子们阅读。共开设 12 节课，共招收 22 名学员，每周五由深圳大学的两位志愿者老师通过远程视频课程的方式，以《中国历史》及《中国地理知识》两个模块让孩子们建立起对祖国河山的好奇心与探索欲望，培养学习兴趣。6 月 18 日顺利结营。

2022 年 7 月 14 日"时光啡阅"第三期阅读营，迎来深圳大学 5 位志愿者，共招收 14 名学员，每天下午 2 点到 6 点开课，内容包含国防教育、自然科学、美术、音乐等，内容丰富有趣。

四、图书馆小结

经历了一年半建设乡村公益阅读图书馆，我们与深圳大学合作阅读公益活动，把正式教育与非正式教育融合。深圳的大学生把远程教育传播到小镇里，每一节课孩子们都听得很认真，孩子们积极和老师互动着，高高举着手，响亮地说出自己稚气的想法，回馈以同样的热情和真诚。我深为孩子们认真阅读求知的精神和深圳大学师生们的无私奉献而感动，由衷地被他们学习的快乐所感染。这样非正式的课堂，每一堂课都是轻松而激动的，"时光益读"团队给予讲师很大的自由，可以完全按照孩子的需求去充实内容。这是完全非功利的课，这样的课堂，对于一个老师而言，可谓难得而又纯粹。这样的课堂，照亮了我，也成就了我，使身处其中的我心中充满了幸福。"时光益读"团队、小镇教师、图书馆馆长、副馆长、家长和孩子们的共同努力促成了乡村公益阅读活动。这也是我第一次从正规的教育行业老师变身为非正式教育的老师，在小镇里发挥着教育服务的作用。

五、未来发展

建设乡村公益图书馆，我们将更加注重正式教育和非正式教育的协同，搭建开放多元、充满活力的教育平台，与各级各类学校和家庭一起形成教育合力，共同育人，为培养热爱阅读的孩子提供更大的空间。有喜欢听课渴求知识的乡村孩子，有认真用心上课的大学生老师，有组织阅读活动的馆长，还有汇心承爱慈善基金会的爱心人士的帮助，未来我们要积极地推动这个项目发展，把"时光益读"乡村公益阅读做得更好。

华尔山顶的夏天

刘希静[①]

2017 年的夏天，会长刘迎新带着我们一行 6 人，从深圳市到了遵义市土坪镇华尔山小学支教，那是一段难忘的时光，也是一段特别的日子。

我们在山脚下租了一辆车，沿着山路蜿蜒而上。很快我们就被颠得七荤八素了，大概在山路上转了一个小时，才来到山顶上的华尔山小学。

我们从车上拿下为孩子们带来的礼物和在镇上买的鸡蛋、挂面、被褥、简单的日用品，学校旁边校长家的空房子成了我们的临时安置所，找些木板铺在地上，加上带来的行李，席地而卧，房间里有些闷热，蚊虫很多且充斥着浓浓的牛粪和青草的味道，但一路的疲劳和颠簸，使我们很快就沉沉地睡着了。

山顶上的太阳异常明媚，刚一出来就是暴晒。孩子们从华尔山的四面八方早早地就来到学校，他们叽叽喳喳地讲述着对夏令营的期待，寻找着去年暑假在这里支教的老师是否再次到来。我们给他们分成两个班，高年级班和低年级班。

华尔山小学支教活动

① 刘希静，深圳市汇心承爱慈善基金会秘书长。

第一堂课当然是要互相熟悉了，我们拿出从城里带去的花花绿绿的小食品和糖果，教室立刻就沸腾了，孩子们开心地互相研究着这是什么口味、那是什么口味，互相调换着自己喜欢的食品。悠扬的口琴声、读书声、做游戏的欢笑声，在小小的校园里回荡着。

我们也入乡随俗，和当地的村民一样，每天吃两顿饭，大学生志愿者给孩子们上课，我们给大家做饭。会长成了主厨，食材很简单，但我们施展着自己的最高厨艺，使小小的厨房飘起了阵阵香气。

突然，我发现厨房的窗口有一双胆怯的小眼睛在向里面张望，厨房里还有我们当时从山下带来的李子，给了他一个，他拿着飞快地跑开了，吃完后，又趴在了窗口。还有什么可以直接吃的呢？我翻到了一袋薯片，从窗口递给他，拿到薯片，他又飞快地跑开了，这时我才看清，虽然正值盛夏，但他还穿着很厚的春装，衣服已经看不出原来的颜色。几次的你来我往，我和他开始熟悉起来，他叫小佳，6岁，他的姐姐在参加夏令营，他在等姐姐放学回家。

放学的时候，我们和大学生志愿者分几路护送孩子们，我顺路到小佳的家里家访。小佳和姐姐在前面跑着喊爸爸，这时从黑暗的房中走出一个青年人，瘦瘦的，只有三十几岁，但已经是四个孩子的父亲。由于室内光线过于昏暗，我们看不清他的脸，听着他缓缓地述说着生活的不易，孩子的母亲由于不甘贫困，到外面打工去了，具体去了哪里也不知道，已经出走一年多了，小佳下面还有一个妹妹，只有1岁半，无人照顾，自己每天一面带着娃，一面打点儿零工，饭还是可以给孩子们吃饱的，但现在最让他难受的是小佳的大哥小吕，今年初三毕业，考取了镇上的高中，要住校读书，学费、资料费加上住宿生活费，每个月要800元。按现在家里的状况，这位父亲真的不知道该怎么办，出去打工供大儿子读书，三个小孩子没人管，不出去打工，就得让老大辍学！这时，我们的会长把小吕叫过来，问他："想考大学吗？"孩子低头沉默了很久，幽幽地说："不知道。""如果你有足够的生活费，你想读高中考大学吗？"会长再问，他坚定地点点头。"孩子，你的任务是认真地读书，好好地成长。你读高中的费用阿姨解决。"会长对他说。我们现场决定小吕高中三年每月的生活费由基金会公众号发起一对一捐赠，按月转到指定账户，让孩子顺利完成学业。

我们从房间里出来，发现外面比屋子里亮很多，晚霞映红了天边，太阳的余辉从云缝中钻出，映照着静谧的山村，我们缓缓地沿着山路往回走，这里的土地很贫瘠，碎石、杂草长满了山坡，偶尔有土的地方会种些苞谷、豇豆和土豆。

山里的生活很清苦，但对于城里的孩子来说，却充满了新奇。孩子们的友谊很直接，没有城市和乡村的界限。小天是深圳去的孩子，和当地一个叫小峰的孩子成了朋友。小峰的爸爸妈妈在外打工，问起来，10 岁的小峰和妹妹已经学会了独立。每年春节的时候，他们爸爸妈妈给他们买些大米，腌些豇豆，再给他们扔下几百元零花钱就走了，兄妹两人自己生活。小峰带着小天去山里骑牛，用大树叶子给黄牛饮水，到山谷里钻山洞，到草地里捉虫子、逮蚂蚱。两个人成天形影不离。

时间过得很快，眼看就要分别了，小天拿着从深圳带去的乐高，准备送给小峰做纪念，却找不到小峰的身影，在快发车时，突然看到小峰从山下飞快地跑过来，气喘吁吁地喊着："小天，我去山下给你买最好吃的雪糕去了。"雪糕打开包装，已经化得不成样子，两个孩子你一口我一口地舔着，融化的雪糕掉在地上，真甜！真好吃！这对于小峰微薄的生活费来说是昂贵的礼物，对于小天来说是甜蜜的记忆。这份情谊，恰是一种双向的奔赴。

车子启动了，送别的孩子在后面追着车子呼喊着"再见"。我们的心却久久不能平静。人生最珍贵的时光就是童年。童年是对世界和自我认知的开始，所有的童年都是应该被祝福和期待的。然而，童年可能会遭遇物资的匮乏和贫苦、亲人离去的孤单，在"各有各的"不幸中，缺乏最起码的教育和读书机会足以影响孩子的一生。无论现实如何沉重，但孩子内心对爱的渴望、对未知的好奇、对未来的憧憬一点都不应少。

孩子们都是一颗颗亟待发芽的种子，或许多一点阳光雨露的滋润就能破土而出，茁壮成长。期待爱的雨露，更早、更快、更全面地洒在每一颗种子上，让阳光盛开在每一个爱留下过足迹的地方！

我的出现就是为了你

李　炜[①]

2014 年深圳的初春，格外温暖而明亮。

一个机缘巧合，某援藏干部向社会发出捐赠请求，想筹款建一所幼儿园，因为当地的成年人都外出打工，老人在家劳作，而当地也没有幼儿园，孩子们自己在乡间玩耍或在公路上追逐汽车，无人看管，无书可读，也很不安全。

现任基金会秘书长程乐东了解到情况后，很受触动，向现任基金会理事长刘迎新女士推送了这一信息。恰巧当时有个聚会，叶宇筠、刘军、孔芸、周海燕、王秋红、刘明、张坤强、王晓燕、廖爱南等人一呼百应，纷纷表示愿同心慈善。刘迎新女士提议，既然大家心愿一致，不如成立个基金会，把慈善活动可持续地坚持下去。

提议一经发出，便得到大家的一致认可。大家你一言我一语地讨论，基金会起什么名字，怎么制定章程，关注的方向是什么，以后怎么运作等。我们希望用自己的微薄之力，以亲历慈善的方式，亲自参与、设身处地地回馈社会，并致力于改善基础教育相关领域的条件，希望基础教育阶段的孩子们能从中受益。我们是为了督促自己能长期、持续地从事慈善活动，而不是一时冲动，并希望能将这份初心传承下去。我们不为名利，致力于打造一个简单、干净、纯粹、专注、有效、温暖、可持续的基金会。

于是，捐建西藏日喀则幼儿园就成了汇心承爱基金会的第一个项目。

在项目初期，双方针对具体需求、幼儿园选址、面积、容纳学生数、预算等进行了多次沟通交流和协商，具体方案确定后，在接下来的一年多时间里，西藏日喀则嘉措雄乡政府及对接人定期向基金会汇报进度，并发送工程现场照片，基金会也定期督促并给予合理化建议。

① 李炜，深圳市汇心承爱慈善基金会理事。

日喀则幼儿园建设前后对比

幼儿园建成的时候，理事们都很激动，这是我们一点一滴用心做成的第一个项目，就好像用心孕育终于呱呱落地的第一个孩子，内心既喜悦又骄傲。当地乡政府发出了参加开园仪式的邀请，虽然隔着几千里地，理事们还是决定赶赴现场参加开园仪式，想亲眼看到孩子们入园，看到他们有课可上，有书可读。

理事们加班加点安排好各自的工作后，在理事长的带领下，带着用心为孩子们准备的衣服和书包文具等礼物，自购机票赶赴西藏参加开园仪式。

虽然路途遥远颠簸，虽然大家都有不同程度的高原反应，严重的一路上都头痛呕吐，但大家都坚持前往，一颗心激动沸腾。当弯腰接受洁白的哈达，当见证了在泥土路上奔跑的孩子们终于可以坐在教室里看书学习的时候，大家禁不住眼含泪花。

孩子们终于有了归处，不会在家长外出劳动的时候无人照看，不用在泥土路上跟着汽车奔跑，不会生病了无人照顾，他们可以安全地在幼儿园里做游戏，可以开心地跟着老师读故事，这一切多好啊。我们亲历了，付出了，见证了，内心也圆满了。一切都值得。

这些年，基金会的慈善项目持续在做，我们的脚步没有停止，却也始终清晰记得西藏日喀则嘉措雄乡幼儿园项目——我们的第一个慈善项目。现在幼儿园的孩子也多了起来，乡政府配备了教师，各项措施也更加完善，孩子们可以安心而愉快地度过他们的童年。有时我们也会想：第一批入园的孩子现在都长大了吧，也都上小学了吧，开始找寻自己的理想了吧？他们稚嫩的翅膀上有我们曾经助力长出的羽翼，能自由地飞翔，真好。基金会的理事们都说，我们的出现就是为了他们每一个人能生活得更好。

孩子们领取书包和文具

我想，我的出现就是为了你
不然，为何只看了你一眼
再也不能忘记
我想，我的出现就是为了你

2014 年初，是我们初次相见
照片里，你睁大双眼
尘土沾满你的衣衫
迷茫把你的无邪渲染

而我，在遥远的大海的这边
在每日的匆匆之后
把繁杂的世事忙完
在经意与不经意之间

是的，我只看了你一眼，
从此对你满含挂牵

我又能为你做些什么
只怕这山高路远
我的力量也很有限

多少天里，我魂牵梦萦难以入眠
——汇心承爱的出现
就是你我前世结下的缘
在这一世去实现

是我深深的念
是你真切的盼
爱你，如珍爱自己一般
爱你，也感谢你
感谢你我在彼此的生命里出现

2015 年，我们建成了第一所幼儿园
让你能在安静的地方
看到那方蓝蓝的天
我也为和你一样的孩子们
建了图书室、阅览馆
添了桌椅、电脑、篮球、秋千

看到你们在蓝天下奔跑
在阳光里呼吸
在亲手描绘一个幸福的童年
我也忘却了疲倦
走过一站又一站，一年又一年

这十年，我的足迹走过了西藏、内蒙古、湖南、四川
走过汕头、长沙、武汉、西安
这些年，“汇心读书会”与大家见面

每月一聚，共读优雅的诗篇

这些年，“读书月”活动出现
琅琅的书声从此响彻在校园
这一年，多名老师受邀来深学习参观
我们面对面交流体会，倾诉情感

我的力量微弱
可我有越发坚定的信念
我相信，我们每多读一本书
每个人便拥有更美好的明天

故事继续，现在是 2023 年
因为，我的出现就是为了你
所以，我的足迹便不会停息

如果，能为你的人生架起一座桥梁
让你看到更美丽的风光
如果，能为你的梦想增添力量
让你对未来有更美好的向往
如果，能让你的心充满明媚阳光
为你的远航指引正确的方向

如果是这样，一切就足够了
我做的一切都是为了你
这就是我出现的全部意义
你是我们所有人最爱说起的话题

汇聚大爱，心同为善
承载希望，爱启未来
我们的出现就是为了你！

赠人玫瑰，手留余香。透过一个个的捐赠项目，我们一直在经历、在感受、在努力、在学习，也一直进步着，感悟着，爱着，勇往直前着。9年了，大家早已变成了一家人，齐心协力，认真付出，如果有什么想表达的，我们想对每一位捐赠者致谢！对每一位参与者致谢！感谢一路有您！

唤醒：从亲子阅读中感受家庭美育力量

王　婷[①]

说到美育，往往会被等同于音乐、舞蹈、书法、绘画等“艺术教育”，其实，宽泛地看，一切涵盖美感教育、审美教育的美学素养教育都可以纳入美育的范畴。那么，阅读与美育的关系是什么？尤其是备受早期教育推崇的亲子阅读，该如何在亲子共读中体现认识美、体验美、理解美、创作美的美育力量呢？

所谓亲子阅读（parent-children book reading），“特指家庭情境中父母和孩子共同阅读故事书和图画书的一种阅读活动”。

首先，“亲子阅读”的内涵，强调了亲子阅读的家庭情境。

记得我曾受邀参加一次少儿绘本故事大赛，评审询问现场一位专注听故事的小朋友为什么喜欢听故事，没想到答案竟是“爸爸抱着我”，这是我第一次意识到，亲子阅读的影响或许不仅是“促进阅读”，更有深层的“情感教育”，而“情感教育”恰恰是家庭教育异于社会与学校教育的重要教育方式和影响内容。相比于学校教育对于知识的传授和社会教育对于才艺技能的培训，在针对个体的成长教育中，家庭教育往往“以亲缘和情感为纽带”，重在艺术修养和审美思维的唤醒和逐步建立。因此，当在温暖怀抱和亲情陪伴下实施亲子阅读时，不仅是给孩子传递着生动的故事，也在实现着一份与孩子的情感共振和感情交流，更凸显了家庭教育情境下一种潜移默化的美育熏陶，以一种孩子感到舒适的家庭情境和情感心境实现着对孩子最初艺术审美思维的唤醒和启迪，在与孩子的亲子共读中，丰富着他

① 王婷，国际新闻学博士，深圳大学教授，深圳大学语言文字工作委员会办公室主任。

们的观察力、想象力和形象思维力，也同时在帮助孩子建立最初的善、恶、美、丑的道德观、审美观。由此看来，亲子阅读所强调的“家庭情境”，绝不仅是一个“空间”概念，更映射了家庭教育中所侧重的情感教育，蕴含了亲子阅读在孩子早期教育中的重要作用，以及如何使家庭成为孩子早期美育和德育教育的最好实施场所。

其次，“亲子阅读”的内涵，强调了一种共读特征。

其实，我对亲子阅读中的“共读”理解是有过误区的。我曾认为亲子阅读的目的就是鼓励孩子自己阅读，“共读”只是“自主阅读”的过渡和扶持，尤其我女儿识字较早，我曾执拗地把亲子阅读当作对女儿认字的检验，甚至有意不出声，手指点字让女儿自己判断识别。那么，亲子阅读的目的究竟是什么？亲子阅读的主体应该是谁？

这种认知误区的转机来自女儿读小学 2 年级，那时她每天都有一段时间要做眼部理疗，为了打发枯燥的陪护时间，我开始为女儿读书，当时选的读本是英国小说《随风而来的玛丽阿姨》，这本带有奇幻色彩的童话故事塑造了一个拥有神奇魔法的超级保姆，充满了意料之外和无穷的想象力，极具吸引力，我在为女儿朗读时，自己也沉浸其中，没想到这种“我读给你听”的亲子阅读方式，反而激发了孩子自主阅读的浓厚兴趣，女儿眼睛好后，不仅很快把“玛丽阿姨”系列读完，也由此开启了她“如饥似渴”的自主阅读之路。相比于之前对亲子阅读狭隘而偏颇的理解，大声为孩子朗读让我重新认知了亲子阅读的主体内涵，也使我在无意中践行并理解了亲子阅读的“共读”特征，即我和孩子的共同阅读。在整个过程中，我不仅是陪伴，我和孩子是作为共同主体参与到阅读中的，我在阅读中没有缺失，更没有把自己排除在阅读之外，尤其当我绘声绘色地讲故事时，我的沉浸给了孩子很强的代入感，我身体力行地传达出“阅读是有趣的”，并成为孩子热爱阅读的榜样，也同时赋予了“阅读”这件事深层的意义关联，即阅读，不是识字，更不是带有压力的任务，阅读是轻松的聆听，是愉悦的享受，是我和孩子的共同热爱、想象驰骋和情感交流。总之，阅读是美好的，这恰恰是亲子阅读所传递出的重要的审美态度和美育感受。

除此之外，作为亲子阅读的重要媒介，图画书本身就是非常好的美育内容。

图画书，也被称为绘本，由文本和图像构成，蕴含了符号、形象、情感基本要素，在选材和故事内容方面，更富有故事性、情节性和悬念感，更符合孩子的接受习惯，尤其在家庭情境下，在父母怀抱中，以翻页形式、声音启迪展开的亲子阅读，借助连续性叙事和放电影般的图像吸引，给孩子提供了视、听、触、感等多重想象和审美空间，能够让孩子更好地得到美的启蒙，也成为开展家庭美育最便捷的方式之一。

美育是审美的教育，是情感的教育，也是认知态度的教育。作为孩子早期美育的重要实施载体，优秀的绘本是美的，在视听传递中，感受美丑善恶，传达情感情怀，家庭情境下的阅读陪伴和情感交流是美的，亲子阅读是美好的。

附录 1　乡村儿童阅读状况调查问卷[①]

小朋友好，欢迎你参加我们时光益读的活动，现在我们进行一项关于阅读情况的调查，请仔细听题，根据老师的提问如实作答。这次调研不会记下你的姓名，你的回答对我们未来更好地开展阅读营有很大作用，谢谢你的配合。

1. 过去一年你是否进行了阅读？（注：阅读指在纸质或电子媒介上浏览图文信息）【单选题】

○ 读了　○ 没有　○ 不知道

2. 过去一年你阅读了多少本书（含纸质书和电子书）？【单选题】

○ 0 本　○ 1～5 本　○ 6～10 本

○ 11～15 本　○ 16～20 本　○ 20 本以上

3. 过去一周你平均每天阅读的时长？【单选题】

○ 0 分钟　○ 1～10 分钟　○ 11～20 分钟

○ 21～30 分钟　○ 31～60 分钟　○ 60 分钟以上

4. 过去一年你用哪些数字设备进行过阅读？【多选题】

☐ 手机　☐ 平板电脑　☐ 台式电脑

☐ 电子阅读器　☐ 广播或音频听书　☐ 其他，请注明

5. 过去一周你平均每天使用手机的时长？【单选题】

○ 0 分钟　○ 1～10 分钟　○ 11～20 分钟

① 问卷设计者：张晗，深圳大学传播学院副教授；林书慧，深圳大学2020级新闻学研究生；熊苗，深圳大学 2021 级新闻学研究生。

○ 21～30 分钟　○ 31～60 分钟　○ 1～1.5 小时
○ 1.6～2 小时　○ 2 小时以上

6. 过去一周你平均每天使用手机浏览娱乐内容的时长？（如短视频、动画片、网络聊天、娱乐新闻等）【单选题】

○ 0 分钟　○ 1～10 分钟　○ 11～20 分钟
○ 21～30 分钟　○ 31～60 分钟　○ 1～1.5 小时
○ 1.6～2 小时　○ 2 小时以上

7. 你喜欢阅读什么内容的读物？【多选题】

□ 故事绘本　□ 卡通漫画　□ 科普读物
□ 游戏益智　□ 文学经典　□ 小说
□ 教材教辅　□ 报纸杂志　□ 大人的书
□ 其他，请注明

8. 你阅读的主要目的是？【多选题】

□ 学习文化　□ 增长知识　□ 满足好奇心
□ 休闲放松　□ 与同伴交往　□ 打发时间
□ 其他，请注明

9. 你认为阅读重要吗？【单选题】

○ 十分重要　○ 重要　○ 不太重要
○ 不重要　○ 不知道

10. 你一般采取哪些方式阅读？【多选题】

□ 自己独立阅读　□ 听大人朗读
□ 老师带领一起阅读　□ 边讨论内容边阅读
□ 边分享感受边阅读　□ 边做游戏边阅读
□ 阅读后把想法画（或写）下来　□ 其他，请注明

11. 你阅读绘本能够做到？【多选题】

□ 认识图片中的物品和角色　□ 能够辨认一些文字
□ 可以一字一句地读出书上的文字　□ 能够读完整本绘本
□ 能够用自己的语言复述书中的故事

12. 你附近学校图书室、农家书屋、公益图书馆等阅读场所的数量？【单选题】

○ 没有　○ 1~3 家　○ 4~6 家
○ 7~10 家　○ 10 家以上

13. 你平时想看书或借书的时候这些地方开放吗？【单选题】
○ 开放　○ 不开放　○ 不知道
14. 你有多少本课外书？（不含课本和教辅）【单选题】
○ 0 本　○ 1~3 本　○ 4~6 本
○ 7~10 本　○ 11~15 本　○ 16~20 本
○ 20 本以上
15. 你阅读的书主要来自？【单选题】
○ 跟朋友交换　○ 图书馆借阅　○ 家里购买
○ 他人赠送　○ 其他，请注明
16. 你目前阅读过程中存在哪些困难？【多选题】
□ 没有合适的书读
□ 不知道读什么
□ 不知道怎么读
□ 在阅读过程中注意力不集中
□ 缺少阅读兴趣
□ 没有大人陪同阅读
□ 大人也不知道怎么指导阅读
□ 老师没有教
□ 其他，请注明

17. 下面的问题请你从 1 至 5 挑选最符合自己的选项【打分题】（请用数字 1~5 打分）

如果我尽力去做，我总能找到想读的图书____________
对我来说，坚持阅读这件事并达成目标是能够实现的____________
只要我努力，读到有难度的书也能克服并学会____________
即使遇到困难，我也能找到解决阅读问题的方法____________
我能很好地参与阅读活动并学到阅读方法____________

18. 平时在家谁照顾你的生活？【单选题】
○ 爸爸妈妈等父辈　○ 爷爷奶奶外公外婆等祖辈

○ 其他亲戚　○ 其他，请注明

19. 平时的主要照顾者看书吗？【单选题】

○ 经常看　○ 偶尔看　○ 很少看

○ 基本不看　○ 不知道

20. 过去一年你买了多少课外书？（课本和教辅除外）【单选题】

○ 没有　○ 1～3 本　○ 4～6 本

○ 7～10 本　○ 10 本以上

21. 你认为阅读对你的帮助在于？【多选题】

□ 更想读书　□ 能够独立阅读　□ 使用词汇更丰富

□ 思考事情更清晰　□ 书写更流畅　□ 其他，请注明

22. 你的性别为？【单选题】

○ 男　○ 女

23. 你的年龄【单选题】

○ 0～3 岁　○ 4～5 岁　○ 6～8 岁

○ 9～12 岁　○ 13～15 岁　○ 16 岁以上

24. 你家中的小汽车数量【单选题】

○ 0 部　○ 1 部　○ 2 部

○ 3 部　○ 3 部以上

25. 你父亲的职业【单选题】

○ 农民　○ 工人　○ 教师

○ 医生　○ 公务员　○ 手工业者

○ 私营业主　○ 其他，请注明

26. 父母的受教育程度（选较高的填写）【单选题】

○ 小学及以下　○ 初中 / 中专　○ 高中 / 职高

○ 大专　○ 本科　○ 硕士及以上

附录 2　调研地区基本情况表

地区				自然	地理位置	经济状况		总人口（截至 2022 年）	社会状况
省份	市/州	镇/乡	村庄			年人均生产总值（元）	年人均收入（元）		
云南	曲靖	九龙街道	舍恰村委会	高山峡谷地貌，地势起伏大，自然灾害较多	三省交界处，地处偏远乡村	不详	5000	6300	经济：当地居民以务农为主，较多劳动力外出务工 教育：集中办学，学生每两周回家一次，有部分家长不重视教育 交通：有大巴、中巴等公共交通联通村县，不少家庭有小汽车 消费：每周一次赶集可以买到食材，日用品需前往 15 分钟车程外的村子购买 娱乐：仅有少部分妇女跳广场舞
		马街镇	铁厂村			20000	10000	8500	经济：当地居民以务农为主，种植烟叶和玉米，村落发展规模较周围村落较大 教育：当地孩子一般只在村里上幼儿园和小学，初高中到县城或市区，家长普遍支持孩子的教育 交通：有大巴、中巴等公共交通联通村县，不少家庭有小汽车
	保山	潞江镇	新寨村	地势较为平坦	靠近中缅边境	59760	28000	2008	经济：当地居民以务农为主，发展咖啡产业，辅以热带水果产业，收入较为可观 消费：当地物价水平较低，非早市时间购买生活物资，需要驱车前往镇上的市场 娱乐：新寨当地居民为汉族还有傣族和傈僳族，会共同庆祝某些民族节日，平时夜晚会自发跳起广场舞，娱乐生活较为丰富

续表

地区				自然	地理位置	经济状况		总人口（截至2022年）	社会状况
省份	市/州	镇/乡	村庄			年人均生产总值（元）	年人均收入（元）		
云南	保山	潞江镇	知青社区	地势较为平坦	靠近中缅边境	15700	18413	353	经济：当地居民以务农为主，种植杧果和蔬菜 教育：村民文化水平低，村内学习氛围差，但家长比较重视教育；学生平时住校 消费：物品购买不便，只能买到比较常见的日用品 娱乐：娱乐生活较少
	怒江州	独龙江乡	迪政当村	高山峡谷地貌，地势起伏大，自然灾害较多	与缅甸相连，北邻西藏，地处偏远乡村	不详	14000	560	经济：当地居民以务农为主，有部分居民外出务工 教育：当地有一所小学，规模较小，父母普遍比较重视子女教育 消费：村内仅有一家小卖部可以买到日常需要的物品 娱乐：居民基本无娱乐生活 交通：交通极度不便，外界难以到达
		丙中洛镇	秋那桶村	高山峡谷地貌，地势起伏大，自然灾害较多	两省交界处，地处偏远乡村	3000	9000	1050	经济：当地居民的主要生产方式为耕田和上山采集菌子、松茸、药材，生活上自给自足，部分外出务工或者跑车，当地居民大部分信奉天主教，多数家庭比较清苦 教育：当地集中办学，有政策补贴，小学在镇上念书，一周回来一次，初中两周休一次四天的假。家长对孩子的学习教育很支持 娱乐：当地村民娱乐方式富有民族特色，闲暇时唱跳民族歌舞、演奏民族乐器等

续表

<table>
<tr><th colspan="4">地区</th><th rowspan="2">自然</th><th rowspan="2">地理位置</th><th colspan="2">经济状况</th><th rowspan="2">总人口（截至 2022 年）</th><th rowspan="2">社会状况</th></tr>
<tr><th>省份</th><th>市 / 州</th><th>镇 / 乡</th><th>村庄</th><th>年人均生产总值（元）</th><th>年人均收入（元）</th></tr>
<tr><td>云南</td><td>怒江州</td><td>丙中洛镇</td><td>小茶腊村</td><td>高山峡谷地貌，地势起伏大，自然灾害较多</td><td>两省交界处，地处偏远乡村</td><td>不详</td><td>不详</td><td>159</td><td>经济：当地居民家庭分工明确，多数男性在附近进行工程作业，少部分会进山打猎、种植灵芝、核桃等，女性在家中养殖家禽、种植玉米核桃等作物
教育：当地的父母重视子女教育，但多数家长无法给予孩子足够陪伴和有效引导；小孩的自主能力和独自生活的能力强于普通的城镇孩子
消费：村里有两个小卖部，商品仅有饮用水、饮料和零食等，主要的生产生活资料通过网购或者前往镇上采购
娱乐：该地民风朴实，热情豪放，喜聚会、饮酒且极为好客</td></tr>
<tr><td rowspan="5">广东</td><td rowspan="3">肇庆</td><td rowspan="3">凤村镇</td><td rowspan="3">古杏村</td><td rowspan="3">丘陵地貌，以台风、洪涝灾害为主</td><td rowspan="3">粤西北偏远乡村</td><td>不详</td><td>8000</td><td>1230</td><td rowspan="3">经济：当地以务农为主，全镇已基本步入小康
教育：只有古杏这样的大村才有小学和初中，其他小村落没有学校，镇上有一所中学
消费娱乐：镇上消费娱乐项目比较多，有西餐厅、奶茶店、饭店、麻将馆等</td></tr>
<tr><td>不详</td><td>不详</td><td>1300</td></tr>
<tr><td>不详</td><td>不详</td><td>1300</td></tr>
<tr><td rowspan="2">河源</td><td rowspan="2">浰源镇</td><td rowspan="2"></td><td rowspan="2">丘陵地貌</td><td rowspan="2">两省交界处</td><td>不详</td><td>不详</td><td rowspan="2">22614</td><td rowspan="2">经济：居民以务农为主，多山耕地少，村落发展规模较周围村落小
教育：当地有一所深圳大学捐款建成的村小，一部分孩子会留在村子里上幼儿园和小学，另一部分孩子会跟父母一起在打工城市（较多是深圳）就读；家长普遍认为孩子需要接受更多的教育
交通：一般都是家用电瓶车和摩托车，有部分家庭有小汽车</td></tr>
<tr><td>不详</td><td>不详</td></tr>
</table>

续表

地区				自然	地理位置	经济状况		总人口（截至2022年）	社会状况
省份	市/州	镇/乡	村庄			年人均生产总值（元）	年人均收入（元）		
广东	汕尾	螺溪镇		丘陵地貌，以台风、洪涝灾害为主	两市交界处，交通较便利	不详	不详	38991	经济：当地居民多数外出深圳等地务工经商，一部分在当地加工厂工作，少部分务农，村内有家具城、养鸡场、锯木厂、鞋面加工厂 教育：当地干部重视教育，新修小学、规整制度 娱乐：村内娱乐生活较少
江西	吉安市	涧田乡	益富村	丘陵地貌，以山洪、滑坡、冰雹、旱涝、低温灾害为主	两市交界处	10000	12000	2626	经济：村集体经济收入 29 万元 教育：辖区设有一个中心小学 交通：辖区设有候车厅，距万安县城 60 公里、兴国县城 65 公里、赣州 70 公里 消费：益富村设有一个农贸市场 娱乐：益富村设有一个娱乐场所
	赣州	上堡乡		地势西高东低，西有峻峭的诸广山脉	两省交界处	不详	不详	不详	经济：以农业为主，并开发了红色旅游产业 教育：当地有小学和中学 交通：道路条件良好，居民住宅已经翻新改造，但通往外界的道路仍是山路

续表

地区				自然	地理位置	经济状况		总人口（截至 2022 年）	社会状况
省份	市 / 州	镇 / 乡	村庄			年人均生产总值（元）	年人均收入（元）		
江西	赣州	思顺乡		山地面积占比大，地势起伏大	三省交界处	4183	12550	13200	政治：居住地是当地的安置房，乡政府给人整体的感受是井井有条、比较规范 经济：村内居民以务农为主，多数壮年外出务工获取经济来源。当地基本没有营利性店面 / 大型工厂，有部分轻工业的小型工厂，为当地人提供简单加工的岗位 消费：当地除基本所需之外没有太多其他商品 / 服务提供，消费基本围绕衣食住行展开 教育：孩子要从很远的村子来到中小学上学，有部分家长会租房陪读，当地家长大都支持孩子上学 出行：依靠乡里的通勤巴士，出乡需要半小时到一小时
广西	桂林	绍水镇	柳甲村	丘陵地貌，该村地势较平坦	两县交界处，交通较便利	33000	30000	3000	经济：当地居民以务农为主，发展柑橘产业 教育：柳甲有小学、幼儿园，附近镇上有小学，家长重视孩子的教育问题 消费：基础设施较为完善，商铺、菜市场、超市、公园、饭店、酒店都有，当地物价较低，消费不高

续表

地区				自然	地理位置	经济状况		总人口（截至2022年）	社会状况
省份	市/州	镇/乡	村庄			年人均生产总值（元）	年人均收入（元）		
湖南	衡阳	白果镇		有河溪、平原，其地貌组合具有带状阶梯式分布特点，石膏矿藏丰富	地处衡山县北部	不详	不详	51890	经济： （1）工业：白果镇盛产石膏，储量位居湖南省第一，目前已形成了石膏生产、加工、运输供销一条龙的特色工业 （2）农业：以黄花菜、湘黄鸡、黄贡椒、茶油、茶叶等一批特色农产品种植为主 教育：白果镇周边6个乡镇62个村多“缺三亲”的孩子，即“缺亲人、缺亲情、缺亲伴”，父母多在外务工，在小朋友成长过程中陪伴相对较少；但父母们支持孩子参加课外阅读营与兴趣班，通过读书争取一条发展道路 交通：村内交通多以乡间小道为主，正在规划一条白果至曲兰的高速公路
西藏	林芝市	察隅县	邓许村	高山峡谷地貌	靠近中印、中缅边境	4000	不详	270	经济：主要为林下资源，如松茸、虫草、贝母 教育：村民文化水平较低，学生到察瓦龙乡中心学校上小学，每周末回家一次
		墨脱县	贡日村	高原地貌，地势险峻，三面环绕着高山	靠近中印边境	不详	不详	不详	经济：贡日村全村为移民村，人员相对集中，当地有牧场，村民大多在乡务农 教育：村里的教育资源相对较少，需要到县里上学，缺少教育资源和条件，村里学龄儿童相对较多 交通：全县仅一条公路，单双号限行出入，道路以崎岖山路为主，经常发生泥石流等自然灾害，道路经常被毁坏，交通不便

时光益读乡村公益图书馆分布地址信息

（截止到 2023 年 9 月）

一、云南省

①“时光之初”图书馆——曲靖市罗平县九龙镇舍恰村
②“时光之林”图书馆——曲靖市罗平县九龙镇恩勒村
③“时光之恰”图书馆——曲靖市罗平县九龙镇大舍恰村
④“时光花语”图书馆——怒江傈僳族自治州贡山县丙中洛镇秋那桶村
⑤“时光之虹”图书馆——怒江傈僳族自治州贡山县丙中洛镇小茶腊村
⑥“时光之青”图书馆——保山市隆阳区知青社区
⑦“时光之粒”图书馆——保山市隆阳区新寨村
⑧“时光啡阅”图书馆——保山市隆阳区小平田
⑨“时光之梦”图书馆——曲靖市罗平县九龙镇铁厂村
⑩“时光之纳”图书馆——曲靖市罗平县九龙镇大鲁纳村
⑪“时光之境”图书馆——怒江傈僳族自治州贡山县独龙江乡迪政当村
⑫“时光之琅”图书馆——保山市腾冲市猴桥镇猴桥社区

二、广东省

①“时光之潭”图书馆——河源市和平县俐源镇曲潭村
②“时光之螺”图书馆——汕尾市陆河县螺溪镇各安村
③“时光之杏”图书馆——肇庆市德庆县凤村镇古杏村
④“时光之禄”图书馆——肇庆市德庆县凤村镇禄村村

三、西藏自治区

①“时光一隅”图书馆——林芝市察隅县察瓦龙乡邓许村
②“时光之瓦”图书馆——林芝市察隅县察瓦龙乡前中瓦村
③“时光之格”图书馆——林芝市察隅县察瓦龙乡格布村
④“时光梦扎”图书馆——林芝市察隅县梦扎村
⑤“时光龙普”图书馆——林芝市察隅县龙普村
⑥“时光昌西”图书馆——林芝市察隅县昌西村
⑦“时光阿丙”图书馆——林芝市察隅县阿丙村
⑧“时光目巴”图书馆——林芝市察隅县目巴村
⑨“时光隅你”图书馆——林芝市察隅县上察隅镇
⑩“时光之珞”图书馆——林芝市墨脱县达木珞巴民族乡贡日村

四、湖南省

①“时光之丘”图书馆——衡阳市衡山县白果镇

五、江西省

①“时光之结”图书馆——赣州市崇义县麟潭乡两杰村
②“时光之梯”图书馆——赣州市崇义县上堡乡
③“时光之思”图书馆——赣州市崇义县思顺乡
④“时光翠影”图书馆——赣州市崇义县思顺乡
⑤“时光之涧”图书馆——吉安市万安县涧田乡
⑥“时光之晓”图书馆——吉安市万安县涧田乡晓东村

六、广西壮族自治区

①“时光之柳”图书馆——桂林市全州县绍水镇柳甲村

七、内蒙古自治区

①“时光之灵”图书馆——包头市土默特右旗双龙镇阳向营村

后　记

在推广乡村儿童阅读的道路上，有过坎坷，有过困苦，可更多的是播种希望，收获成果的欢欣和喜悦。这样的美好，让心怀大爱的伙伴们如流水般自然而然地汇聚，共同为守护乡村儿童的阅读梦努力奋斗，各位付出辛勤汗水的时光交织在一起，不断结出时光益读充满爱的果实。

本书上篇基于时光益读 2022 年全国 30 多个自然村开展的 2732 份问卷调查展开分析目前乡村儿童阅读的基本特点、存在的主要问题，为各方制定和采取解决对策提供参考和支持；下篇呈现了一份份独特的时光记忆，也融合了大家对阅读事业的思考和反省。我们希望读者能在阅读完这本书后，对乡村儿童阅读发展有所认识和思考。

全书作者分别是：上篇第一章高越，第二章谭楚尧，第三章谭楚尧和何佳玲，第四章何佳玲、高越和谭楚尧，第五章胡振宁，第六章江良宇、郭彦辰和段达凡。下篇感谢投稿的师生志愿者用文字讲述一个个时光故事，用真情传播大山深处的感动。文中已有个人简介，在此不再列出。另外，还要感谢赵思颖、王立弦、杨昕怡、陈凤英，他们为完成约稿审稿工作付出了辛勤的劳动。

本书宏观指导：张晓红，张颖，陈泽佳，高志威，李沛燊，毛成。

本书修改和统稿：自如早，谭楚尧。

除了上述作者，在此我们也郑重向众多幕后作者表示诚挚的谢意！

首先是全国各地超 600 名时光益读师生志愿者，由于人员过多在此不便一一列出，他们不辞辛苦，奔波于条件艰苦的乡村，开展公益图书馆建设、儿童趣味阅读营、问卷调研和资料整理等实践活动，在此过程中采集了大量乡村一线情况数据，有助于各方共同探寻乡村儿童阅读的更多可能。

其次是为时光益读实践团队进行调研考察提供各方面支持的政府机关、乡村基层干部、学校老师和热心村民，他们的积极支持和辛勤付出，使得调研顺利开展并持续进行。

衷心感谢深圳大学为时光益读公益项目提供了良好的孵化土壤。感谢深圳大学各职能部门和学院的老师们一直以来对时光益读的包容与厚爱。另外，还要感谢深圳市汇心承爱慈善基金会、深圳市荣昇信息科技有限公司、深圳市青少年发展基金会等单位的高度信任和支持。

最后再次感谢这些年来所有参与和支持时光益读公益活动的老师、同学、广大校友及社会各界爱心人士。正是大家的爱心铸就了我们共同的公益事业，时光益读将会带着每一份爱与希望，不忘初心，砥砺前行。

受限于我们的研究时间、水平和能力，疏漏之处在所难免，恳请读者多多批评指正！

深圳大学语言文字工作委员会时光益读项目组

2023 年 9 月 22 日于深圳大学丽湖校区冼星湾畔